武汉大学985工程“中国企业国际化战略与竞争力”建设项目资助
教育部人文社会科学研究规划项目（批准号：08JA630057）研究成果

# 中国制造业国际竞争力评价方法与提升策略

## Measurement and Enhancement to International Competitiveness of China's Manufacturings

陈立敏 / 著

WUHAN UNIVERSITY PRESS
武汉大学出版社

图书在版编目(CIP)数据

中国制造业国际竞争力评价方法与提升策略/陈立敏著.—武汉:武汉大学出版社,2008.10
ISBN 978-7-307-06631-1

Ⅰ.中…　Ⅱ.陈…　Ⅲ.制造工业—国际市场—市场竞争—评价模型—中国　Ⅳ.F426.4

中国版本图书馆 CIP 数据核字(2008)第 164302 号

责任编辑:范绪泉　　　责任校对:刘　欣　　　版式设计:马　佳

出版发行:**武汉大学出版社**　(430072　武昌　珞珈山)
(电子邮件:cbs22@whu.edu.cn　网址:www.wdp.com.cn)
印刷:武汉中科兴业印务有限公司
开本:720×1000　1/16　印张:14.25　字数:203 千字　插页:1
版次:2008 年 10 月第 1 版　　2008 年 10 月第 1 次印刷
ISBN 978-7-307-06631-1/F·1207　　定价:28.00 元

# 摘　要

本书的写作旨在填补两个方面的空白：一个空白是国家竞争优势理论的实证空白。在国家竞争优势理论的实证部分中，虽然已经有了美国、英国、德国、瑞士、瑞典、丹麦、意大利、日本、韩国和新加坡等10国的研究资料，但缺少对世界经济影响重大和采样意义典型的中国。该理论创立者迈克尔·波特本人和其他学者后来又向加拿大、新西兰、中国香港等国家和地区做了拓展研究，但其理论框架和评价模型仍然没有触及中国。另一个空白是中国优势产业的选定空白。在中国的产业研究中，尽管开始讨论和选择"高增长产业"、"新兴主导产业"和"新兴支柱产业"，还没有进行对具有国际竞争力产业和优势产业的甄别。优势产业和支柱产业（或说主导产业）及高增长产业的含义是不相同的：支柱产业注重产业的"大"，从主观逻辑出发，因为它大所以我们要把它做强；优势产业看中产业的"强"，据客观事实起步，因为它强所以可以把它做大。高增长产业强调的是产业的增长性，而并不深究这种增长性因何而来，可能确实是因为产业的自身竞争力和内在优势，也可能仅仅是由于经济周期的复苏和市场需求的旺盛。

优势产业选择工作对特定的时空具有特别的意义。它之所以在现在、对中国特别重要，时间方面是因为身处新经济时代，信息技术等使各国竞争范围日益全球化，产业结构更加专业化，比较优势原理的作用越来越显著，各国在进行国际分工时必须凸显自己的有竞争力产业、定位于国家价值链的优势环节；空间方面，由于世界制造业目前面临着深刻的战略重组，第三次世界制造业中心的转移即将形成，作为极有可能承接这次转移的世界第四位制造业大国和第三位贸易大国，中国要认清这次转移的特点，即不会再产生英美式包揽全部种类的世界工厂，只会诞生几个或多个部分制造业品种的生产基地，因此需要以自己的优势产业类别来抓住这一难得的战略机遇期。

本书从三个方面做了以下这些创新性的工作：在理论方面，应用比较研究法，梳理了产业竞争力的理论基础——比较优势理论和国家竞争优势理论的关系，指出了二者在定义、原理和主张等方面的相同点和相似点：从定义来看，不管是比较优势还是国家竞争力，实质都是生产率；从原理来看，比较优势的基本含义就是每个国家都出口本国具比较优势的商品从而使各国都通过国际贸易获益，竞争优势的获取关键也是要进行歧义定位、产业取舍及优势整合；从主张来看，波特和李嘉图都主张经济自由主义，政府的作用在于营造软环境。本书深化了生产要素的概念，扩展了生产要素的范畴，将技术正式作为第四要素，加入原来仅包括自然资源、劳动力、资本三者的生产要素基本含义，从而使比较优势理论各主要模型形成一个统一的体系。基于国家竞争优势理论只论述高级和专业型生产要素对生产率的作用，而放弃了对初级和一般性生产要素的解释，它实际上只相当于以自然资源、劳动力、资本和技术四个要素阐明生产率的比较优势理论的一部分。

比较优势原理在技术要素发挥越来越重要作用的今天依然是有效的，同时，钻石模型的四个因素中却存在着一些值得注意的问题：“要素条件”因忽略了初级和一般性生产要素而不够全面；“需求条件”因定义为内需市场，在市场全球化的今天对外向型小国并不适用；“相关与支持性产业”常在特定地区依传统资源和技术出现，正说明产业竞争力不能随时随处创造，而需按比较优势定位；和需求条件相仿，“企业战略、结构和同业竞争”也由于资源配置全球化之后的资本全球化和竞争全球化，使企业竞争力与其母国对手的关系越来越小。为更好地解释产业竞争力和国家优势的产生机制，本书同样采取菱形图的形式，建立了以比较优势的来源——自然资源、劳动力、资本、技术四项生产要素为支点的分析框架，力图更有说服力地解释国家竞争力的产生和强化机制，及其与生产率提高和政府作用的直接关系，并结合中国背景讨论新菱形模型的政策含义：要达到提高生产率的目的，针对四个支点即四项生产要素的政府工作应该是：实行自由的国内外贸易和开放的对外投资政策，以降低自然资源成本；实施完善的教育培训制度和人才、劳动力的自由流动，以降低劳动力成本；提倡储蓄，进行资本积累，改善环境吸引外资，以降低资本成本；加大 R&D 投入和各种引智投资，以降低技术成本。

在方法部分，本书应用内容分析法，对有关国际竞争力评价方法的文献资料，特别是关于中国制造业国际竞争力评价的实证文献进行了详尽分析。通过对竞争力的四个层次的划分，即竞争力的来源——投资与环境、竞争力的实质——生产率、竞争力的表现——市场份额和竞争力的结果——利润，本书对众多的评价方法进行了向四类方法——多因素法、进出口数据法、生产率法和利润法——的归类研究，这四类方法也正好和产业竞争力的四个层次相对应。由此找出了评价中国制造业国际竞争力的恰当指标——劳动生产率、产业利润率和市场占有率，及可行的产业分类法：相当于 ISIC 二分位的国内 30 个制造业部门。此外，本书也拓展分析了波特的国家竞争优势理论及其整个竞争力体系中存在的问题：一是在其理论体系中，存在着企业层面利润出发点与国家层面生产率出发点之间的不一致；二是在其评价方法中，存在着应用多因素法建立钻石模型与应用进出口数据法进行实证测定之间的矛盾；三是在其理论与方法的联系中出现了更大的出入，即实证研究部分将理论体系中的生产率和利润两个基点都摈弃，和大多数学者一样使用出口指标；四是认为企业国籍并不重要的制度环境说与其剔除 FDI 作用的实证处置原则严重冲突。

在实证部分，本书应用统计分析法，根据 1980—2005 年世界贸易组织和《中国统计年鉴》的数据，计算了中国各类制造业的显示性比较优势指数 RCA 和显示性竞争优势指数 CA 值，并进行回归预测和时间序列图分析。数据分析表明，在衡量产业竞争力的指标中，RCA 虽然得到最广泛的应用，但该指标在优点明显的同时存在忽略国内市场与进口因素的缺陷，实际上是在评价产业的出口竞争力而非国际竞争力。对产业国际竞争力进行全面准确评价需应用生产率、市场占有率和利润率三个层次的指标；即便在市场份额层次，显示性竞争优势指数 CA 也因为考虑了国内市场和进口因素的作用而比 RCA 更有效。分析结果证明中国制造业的出口竞争力和国际竞争力确实具有不同的变化趋势，存在两者变动方向背离的制造业种类。实证研究还对市场占有率之外的产业竞争力评价的其他层次指标如劳动生产率、产业利润率等进行了相关分析，并对中国制造业的 30 个种类进行了聚类，根据这些分析结果提出了中国制造业国际竞争力的提升方略。

同时，本书还采用在华三资企业群体作为参照物，对 2003 年的 28 个制造业行业进行了实际评价与结果分析，找出了其中的竞争力强者与弱者，发现了中国制造业存在的规模与优势背反问题，即竞争力强（劳动生产率和产业利润率双高）的一般是销售收入低的“小产业”，而竞争力弱（劳动生产率和产业利润率都低）的大多是销售收入高的“大产业”。三个评价指标的不一致结果可以预示下一步各个产业的发展趋势：劳动生产率和产业利润率双低产业的市场份额会随着外资企业的充分进入而下降。由此得出本书的产业政策结论：对纺织、服装、烟草、金属制品、塑料制品等竞争力强而规模较大的制造业门类，应重点发展与强化；对仪器仪表、文体用品、皮革毛绒、木材加工、家具制造等竞争力强而规模尚小的产业，应大力拓展全球市场；电子通信设备、电气机械和石油炼焦等中国现实竞争力一般但行业前景看好的产业，可做长期战略发展目标；对于交通运输设备、化学原料、普通机械、专用机械等目前虽具一定规模但中国处于明显竞争劣势的产业，政府则不宜过多扶持和投入，而应让企业在和国际强手的合作和竞争中锻造出自生能力。

最后，应用案例分析法，针对有关产业竞争力和政府作用的种种错误认识，本书以中国激光视盘播放机工业为例进行了一个详细深入的案例分析。分析说明，产业要有竞争力，一定要利用各国自身的比较优势，发展中国家和发达国家都是如此。但产业竞争力不等于企业竞争力，在具有比较优势的产业中，企业同样需要发展自己的生产、营销、技术开发等综合能力。在培育产业竞争力的过程中，政府的作用是因势利导，以市场为基础来降低目标产业的主导生产要素成本，而不是以政府为主体进行策划与干预。关于比较优势和政府作用的片面理解，将对产业竞争力的塑造和国家政策的制定形成危险的错误导向，容易使良好的愿望在盲目的升级和赶超中走向结果的反面，落入“竞争优势陷阱”。

针对比较优势理论在解释产业竞争力的源泉上依然具有的巨大效力和科学性，中国政府应谨慎防范用产业政策和技术政策去人为创造竞争优势这一陷阱。正是通过中国激光视盘播放机工业发展经验的分析证明，技术相对落后国家的企业要在开放市场条件下获得竞争优势，特别需要充分利用自己现阶段存在于自然资源和劳动力方面的比较优势。中国 DVD 工业目前被征收专利费的处境，更清楚地说明，即使是新科等领头企业目前也还不能定义自己的核心竞争力为技术能力和产品创新，而要进一步通过比较优势打造竞争优势。创造一个自由、开放和充分竞争的环境，纠正扭曲的市场结构而不是强化它，让遵循客观规律的企业获得强大的自生能力，是各国政府的首要作用。

# 目 录

# 引　言

国际竞争力研究的起源可以上溯到两个世纪前。由大卫·李嘉图（David Ricardo）在1817年出版的《政治经济学及赋税原理》中建立的比较优势理论，本质就是从国与国之间商品交换的角度来论述产业的国际竞争力。有关比较优势和国际贸易的基本原理是：如果每个国家都出口本国具有比较优势的商品，则两国间的贸易能使两国都受益。比较优势原理实际上通过产业的国际竞争力，解释了国际贸易的产生和国家财富的来源：各国之间产业竞争力的类别不同，引起了国际贸易的产生；而各国之间产业竞争力的强弱多寡，决定了国家财富的差异。李嘉图之后的国际经济学家们，如保罗·萨缪尔森（Paul Samuelson）、赫克歇尔和俄林（Hechscher & Ohlin）及保罗·克鲁格曼（Paul Krugman）等，也从国际贸易角度继续对国际竞争力进行了深入探讨。

国际竞争力研究得到蓬勃发展，主要是从20世纪八九十年代开始，发展不仅表现为学术沿革，而且体现于应用实践。迈克尔·波特（Michael Porter）1990年发表的专著《国家竞争优势》，是这一发展的理论标志。他认为，比较优势理论是长期以来在国际竞争分析中处于主流和控制地位的一种理论，但实际上竞争优势才是一国财富的源泉；主张国家的作用是创造一个良好的经营环境和支持性制度的国家竞争优势理论，应该对注重劳动力、自然资源、金融资本等物质禀赋投入的比较优势原理取而代之。他构建了一个进行国家层面优势分析的工具——钻石模型，通过研究每个国家都有的四项环境因素——生产要素，需求条件，相关和支持产业的表现，企业战略、结构和竞争对手——来了解一个国家为什么能在某种产业的国际竞争中占领优势地位。世界经济论坛（World Economic

Forum，WEF）的年度《全球竞争力报告》（Global Competitiveness Report，GCR）和瑞士洛桑国际管理发展研究院（International Institute for Management Development，IMD）的《世界竞争力年鉴》（World Competitiveness Yearbook，WCY），是该研究热潮的应用代表。这两项研究已经分别有 80 个和 49 个国家地区参评，涵盖了世界主要经济体，具有较大的民众知名度和政策影响力。

本书的写作目的，是通过对中国制造业国际竞争力的深入研究，得到对之进行评价的正确方法。这一正确方法既包括有效的评价指标，也不能缺少合适的产业分类法。在对中国制造业的主要门类进行了国际竞争力的评价后，实现确定其中优势类别的意图。优势产业确定的必要性，首先决定于信息经济的时代背景。信息技术的作用使得竞争的地理范围（geographical scope）日益广阔——全球化，同时竞争的产业范围（industrial scope）却越来越狭窄——专业化。比较优势原理在今天的作用更加显著，要求各国在进行国际分工时必须凸显自己的有竞争力产业，定位于国家价值链的优势环节。其次，优势产业的确定对中国这一地域背景又格外具有现实意义。发达国家纷纷进入后工业社会和信息时代，同时大多数发展中国家陆续启动工业化的进程，使世界制造业面临深刻的战略重组，第三次世界制造业中心转移即将在 19、20 世纪两次转移之后的 21 世纪形成。作为世界第四位制造业大国和第三位贸易大国，同时拥有地域广大、劳动力充裕等资源条件，中国极有可能承接这次制造业中心的转移，获得一个难得的战略机遇期。但需要注意的是，第三次制造业中心转移和前两次转移不同，世界经济总体规模的扩大和制造业内部结构的分工细化，使得这次转移不会再产生英美式包揽全部种类的世界工厂，只会诞生几个或多个部分制造业品种的生产基地。因此从这个意义出发，中国也需要明确自己的优势产业类别。

在国际竞争力的研究中，中外学者已经取得了不少的成果和进展。Balassa 在 1965 年提出的显示性比较优势（RCA）指数，是其他众多学者实证研究的首选；鉴于 RCA 指数忽略了进口因素和国内市场，Vollrath 等在 1988 年提出对其缺陷进行弥补的显示性竞争优势（CA）指数。荷兰格林根大学“产出和生产率国际比较”（ICOP）研究组提出了“生产法”，自1983年开始，应用产业来源法计算出各国产业产出的购买力平价数据，进行国际比较。此外，不少学者将国家竞争优势理论和钻石模型向其他国家和地区进行拓展研究，如Enright对瑞士和我国香港的研究；邓宁（Dunning）对钻石模型进行了考察和质疑；Rugman认为波特模型强调国内市场和国内企业，只适用于解释美国、日本和欧盟等大经济体的情况，但用来解释加拿大这样的外向型经济体就会出现大量的错误结论，等等。

国内相关研究则始自1989年原国家体制改革委员会与世界经济论坛和瑞士洛桑国际管理发展研究院（IMD）的联系，及1996年起原国家体制改革委员会经济体制改革研究院和中国人民大学、深圳综合开发研究院组成联合课题组，并出版中国国际竞争力发展报告。以赵彦云教授为首的中国人民大学竞争力与评价研究中心每年发表中国国际竞争力评价报告；和格林根大学合作的北京航空航天大学任若恩教授（1996，1998，2005），开国内学者用生产率法进行产业国际竞争力研究之先河；中国社会科学院工业经济研究所的金碚研究员，是最早应用国家竞争优势理论进行工业竞争力分析的国内学者（1996，2003，2006，2007）。

此外，中国社会科学院工业经济研究所张金昌博士的著作《国际竞争力评价的理论和方法》（2002），对前人的相关工作做了较为全面系统的考察和总结，用他本人的话来说，为国际竞争力专题研究提供了一个很好的“方法论平台”。笔者本人关于产业国际竞争力的评价方法（2003，2004）①和相关理论（2006，2007）②

① 陈立敏，谭力文．产业国际竞争力的评价方法研究：兼论波特体系的内在矛盾．经济管理．2003，24；评价中国制造业国际竞争力的实证方法研究：兼与波特方法与指标比较．中国工业经济．2004，5.

② 陈立敏．基于比较优势四个来源的新钻石框架及其政策含义：兼论波特模型的解释困难．国际贸易问题，2006，3；波特和李嘉图的契合点：比较优势理论与竞争优势理论的对比分析．南大商学评论，2007，8（11）.

及其政策含义（2006）的论文①在本领域也具有一定的影响力。

同时，林毅夫（1999，2002，2003）、洪银兴（1997，2001，2002）等关于比较优势和竞争优势理论及其对国家竞争力影响的探讨，为产业国际竞争力的评价进行了理论铺垫；郭克莎（2003，2004）、江小涓（2003）、刘世锦（2003）等关于中国工业发展战略、新型支柱产业和高增长行业的研究，为本著作关于中国制造业国际竞争力的研究提供了有益借鉴。

① 陈立敏．企业能力、产业竞争力、比较优势与政府作用：也论中国激光视盘播放机工业的发展启示．财贸经济，2006，3.

# 第一章 理论基础：比较优势理论和竞争优势理论的对比研究

本章着眼于全书理论基础的建立。产业竞争力与国家财富息息相关，正如迈克尔·波特教授所说："国家会影响到它的公司在某些特定产业的成功，而数以千计个别产业的竞争结果，又能折射出这个国家的经济状况和进步能力"①，国家财富理论的主题是产业竞争力。迄今为止最有影响力的国家财富理论是大卫·李嘉图建立的比较优势理论（David Ricardo，1817）和迈克尔·波特提出的竞争优势理论（Michael Porter，1990）。不管是从国与国之间贸易角度出发的比较优势理论，还是从国与国竞争角度出发的竞争优势理论，实际上探讨的都是商品的交换和产业的发展，即产业的国际竞争力问题。所以，本书理论基础部分将对这两个学说进行重点研究。

本章将通过对国家竞争优势理论与狭义的比较优势理论——传统的李嘉图模型，和广义的比较优势理论——整个贸易理论的对比研究，得出结论：国家竞争优势理论并不是对传统比较优势理论的取代，它对国家财富的解释力只是完整的贸易理论的一部分；贸易理论内部各模型可以通过引入劳动力、资本、物质资源外的第四要素——技术而统一，并将国家竞争优势理论兼容进来；同时，将比较优势概念从国家财富层次延伸到企业战略层次，其本质也就等于超额价值——企业竞争优势的来源，即企业层次的比较优势和竞争优势概念也是等价的；而波特理论的最大意义在于强调了在全部要素均可自由流动的经济全球化时代，吸引与组合要素的国家制度环

① 迈克尔·波特．国家竞争优势．华夏出版社，2002.

境的重要性。

## 第一节　比较优势理论的模型与统一

### 一、比较优势的概念

比较优势（comparative advantage）概念由大卫·李嘉图在1817年出版的《政治经济学及赋税原理》中提出，是国际经济学中最为核心的概念。比较优势又称相对优势，其提出建基于亚当·斯密在《国富论》（Adam Smith，1776）中的绝对优势（absolute advantage）：当一个国家能够以少于其他国家的劳动力投入生产出同样单位的商品时，我们就称该国在生产这种商品上具有绝对优势。李嘉图在《政治经济学及赋税原理》中并没有对比较优势直接定义，但在其后国际经济学的各种教科书中都有这项基本内容。在目前全球发行最广和最为权威的克鲁格曼《国际经济学》教材中，定义比较优势为："如果一个国家在本国生产一种产品的机会成本（用其他产品来衡量）低于在其他国家生产该种产品的机会成本的话，则这个国家在生产该种产品上就拥有比较优势"。由于机会成本的差异给世界生产提供了一个互利性重新组合的可能，这种生产上的重组将增大整个世界经济馅饼的规模，所以，有关比较优势和国际贸易的基本原理是："如果每个国家都出口本国具有比较优势的商品，则两国间的贸易能使两国都受益"。①

经过可以上溯到亚当·斯密的两个世纪的发展，比较优势理论被各家各派不断完善，日益成为成熟完整的体系，也是波特之前研究国家财富的主流工具，几种影响较大的学说分别从各自的角度对国际贸易的产生和国家财富的来源进行了解说。

① 保罗·克鲁格曼，茅瑞斯·奥伯斯菲尔德．国际经济学．第五版．中国人民大学出版社，2002：12-13.

## 二、比较优势理论的主要模型

1. 大卫·李嘉图的单一要素模型

李嘉图在1817年首先提出了比较优势的概念。在他的模型中只有一种生产要素——劳动力，用单位产品劳动力投入来表示劳动生产率。李嘉图模型的两个主要含义是：国家间劳动生产率的不同是国际贸易的唯一决定因素；贸易的获益取决于比较优势而非绝对优势。光凭绝对优势是无法确定贸易模式的，因为在本国两个部门的单位产品劳动力投入都比外国低（即劳动生产率比外国高）或都比外国高的情况下，两国仍然可以通过国际贸易获益。国际贸易使得世界产出增长的原因是：它允许每个国家专门生产自己有比较优势的产品。由于世界作为一个整体比以前生产了更多，则在理论上可能提高每个人的生活水平。国际贸易的互利性存在于两个方面：一是将国际贸易看作一种间接的生产方式，这种间接生产方式比直接生产的效率高；另一方面是各国通过国际贸易可以消费与其产出不同的产品组合，即国际贸易扩大了各国消费者选择的范围，提高了各国居民的福利水平。

2. 萨缪尔森-琼斯（Samuelson-Jones）的特定要素模型

保罗·萨缪尔森是1970年诺贝尔经济学奖得主，他和琼斯一起除劳动力（L）这种流动要素外，引入了资本（K）和土地（T）两种特定要素，特定要素指在一定时期内只能用来生产制造品或粮食一种产品的生产要素。李嘉图模型说明了贸易的潜在利益，在这一模型中，由于劳动是唯一的生产要素，而贸易使各国的劳动力从劳动生产率相对低的部门转向劳动生产率相对高的部门，所以不仅所有的国家从贸易中获利，而且每个人的福利也都得到改善。然而在现实中，虽然国家整体会从贸易中获益，内部各个利益集团收入分配情况却不一样：出口部门特定要素的所有者会受益，与进口产品竞争部门特定要素的所有者会受损，流动要素所有者的影响不确定。原因是国际贸易对国家内部的收入分配有着巨大的影响：其一，特定资源不可能马上无成本地从一个部门转移到另一个部门；其二，各部门对生产要素的需求有所不同。

3. 赫克歇尔-俄林（Hechscher-Ohlin）的要素比例模型

贝蒂尔·俄林是1977年诺贝尔经济学奖得主，他在赫克歇尔观点的基础上，假定生产中的多种要素都可以在部门之间自由流动，同时，把资本、劳动力及土地等资源供应的相对充裕程度，和生产各种产品时使用这些要素的相对密集程度，与贸易模式联系起来。和李嘉图模型认为产生比较优势的唯一原因是各国劳动生产率的差异不同，要素比例模型认为各国间的资源差异是产生贸易的唯一原因，比较优势受到国内各种资源（生产要素的相对充裕程度）和生产技术（影响产品生产中不同要素的相对密集使用程度）之间相互作用的影响。结论是：各国倾向于出口国内充裕资源密集型的产品；对外贸易会使不同国家的要素价格趋于均等。所以，本国和外国进行贸易往来，不仅是简单的商品交换，同时也是在间接地进行生产要素的交换。国际贸易的收入分配效应是：一个国家充裕要素的所有者从贸易中获利，稀缺要素的所有者因贸易而受损。

4. 保罗·克鲁格曼（Paul Krugman）的新贸易理论

新贸易理论改变了前面三个模型中规模报酬不变的假设，探讨边际收益递增引起的规模经济和垄断竞争的市场结构对贸易模式的影响。国际贸易使各国既能利用规模经济来生产有限类别的产品，又不牺牲消费的多样性。贸易能够扩大市场规模的思想成为垄断竞争模型在贸易中运用的基础，一个更大的市场导致更低的平均价格和更多的商品种类，使参与国际贸易的各国都获得利益。所有的人都能从一体化市场得到好处，而要实现一体化带来的好处，各国必须参与国际贸易。为了达到规模经济，各厂商必须集中生产，要么在本国、要么在外国，但必须在两个市场同时销售，最终任何产品均只在一国生产并出口到另一国。由此它很好地解释了与要素差别无关的、在资本—劳动力和技术水平相似的国家间进行的行业内贸易。目前，随着主要工业化国家在技术水平、资本、技术工人、资源储备上日益相似，许多国际贸易采取了由规模经济推动的行业内双向贸易形式，这种情况下贸易对收入分配的影响将会很小。这个理论同时用外部经济解释了厂商的地理集中，即马歇尔（Alfred Marshell）提出的“行业地区”和波特所说的“产业集群”现象。

## 三、一个统一体系的描述

经过200年的发展，比较优势理论更丰富了，解释范围更广、解释能力也更强了，但由于几个主要理论模型对生产要素的研究各有侧重而没有很好地统一起来，一些疑惑也由此产生了：到底什么是比较优势的来源？究竟是劳动力、生产率？还是土地、资本、资源？抑或是生产技术、规模经济和产品差异？

例如，20世纪30年代以后长期占据贸易理论主流位置的要素禀赋理论，就使许多人，包括波特教授产生误解，认为比较优势理论只研究物质资源投入、不分析高级要素竞争，从而给波特留下试图推翻比较优势的攻击点和建立竞争优势的切入点。在要素禀赋理论中，赫克歇尔和俄林说明，两国即使生产技术条件相同，但生产要素供应不一样，对外贸易仍可发生，从而作出对李嘉图的重要补充，成为近代比较优势理论的蓝本。但要素禀赋理论并不是比较优势理论的完整内容和准确表述。李嘉图在创立比较优势理论时所重点阐述的，正是生产技术导致的生产率差异。更为重要的是，传统比较优势理论模型虽然简单（只有一个要素），但解释力很强，在赫克歇尔-俄林模型遇到现实反证（里昂惕夫悖论与丢失的贸易①）情况下，单一要素模型依旧得到众多统计支持和实证依据②，说明其中蕴涵着依然最有效的真理。

构建一个统一的理论体系，则比较优势的这些来源之间并无矛盾。比较优势的本质是李嘉图提出并经克鲁格曼完善的生产率和工资率之比，这个比率越大，说明一国或一产业的比较优势越强。要

① 见 Leontief（1953）Domestic production and foreign trade：The American capital position re-examined，Proceedings of American Philosophical Society，97：331-349；Daniel Trefler（1995）The case of the missing trade and other mysteries，American Economic Review，85：1029-1046.

② 如 Bella Blassa（1963）An empirical demonstration of classical comparative cost theory，Review of Economics and Statistics，4：231-238；以及 G. D. A. MacDougall（1951）British and American exports：A study suggested by the theory of comparative costs，Economy Journal，61：697-724.

素禀赋理论和新贸易理论都可以看成是对这一本质的说明。即一国要产生比较优势，可以有两种途径：一种是先天具有丰富的要素资源，如劳动力、资本、土地等；另一种是扩大共同市场规模，进行行业内分工和专业化生产。这两种途径都能提高生产率、降低工资率，从而增强比较优势。

如图 1-1 所示，赫克歇尔和俄林的要素资源和克鲁格曼的规模经济，可以看作各描述了比较优势来源的一个侧面：比较优势既可能来源于丰富的资源、廉价的劳动力或是充裕的资本等先天优势，及其形成的行业间生产专门化（如资源密集型、劳动密集型或资本密集型产业）；也可能来自历史原因或偶然因素形成的行业内分工，及此后各国在大规模专业化生产中形成的技术差异等后天优势。但比较优势的本质还是生产率与工资率之比，即比较优势要么存在于同样工资的产业有更高的生产率，要么存在于同样的生产率只拿取更低的工资。这也解释了发达国家中一些技术已经成熟的劳动密集型产业，在一段时期内生产率无法提高的情况下要继续获得比较优势，必须从高工资率的发达国家转向低工资率的发展中国家。

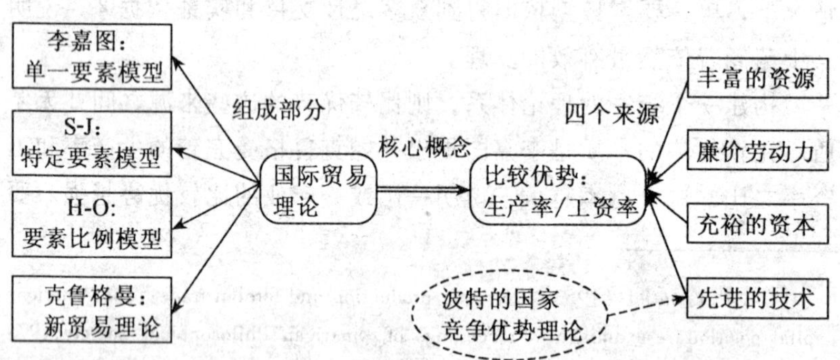


图 1-1　贸易理论的统一体系及比较优势对竞争优势的兼容

要素禀赋理论和新贸易理论可以看作对生产率和技术差异的说明，同时，经典单一要素模型中的生产技术也可以归结为一种要素。也就是说，如果我们把“要素”的含义进行扩展，不把它仅仅理解为自然资源、劳动力、资本等物质生产要素，而加上第四要素——生产技术，我们就可以在贸易理论内部营造一个完整的统一体系。这一体系反过来将生产率不同和规模经济解释成一种要素差异——技术差异，从而融入H-O模型，使“各国倾向于出口包含自己充裕要素的产品”在任何时候都适用。

因此，作者认为，只要将生产要素的定义拓展，从自然资源、劳动力和资本三种，拓展到第四要素——技术，贸易理论的各种解释模型是一致的，并且可以将国家竞争优势学说包含进来（本章第三节将就此进行进一步论述）。同时，如果将比较优势概念从国家财富层次延伸到企业战略层次，其本质也就等于超额价值——企业竞争优势的来源（见本章第四节）。

## 第二节 竞争优势理论的提出及内容

### 一、竞争优势的概念

比较优势概念来自国际经济学中的贸易理论，竞争优势概念来自企业管理学中的战略理论，在进行国家财富的研究时，两者发生了会合。

迈克尔·波特给竞争优势（competitive advantage）所下的定义是：“竞争优势归根结底来源于企业为客户创造的超过其成本的价值”。其中“价值是客户愿意支付的价钱，而超额价值产生于以低于对手的价格提供同等的效益，或者所提供的独特的效益补偿高价而有余”。竞争优势可以和三种基本竞争战略（competitive strategy）——成本领先、标歧立异和目标集聚——相联，因为竞争优势的两种基本形式是低成本或歧异性；竞争优势也可以和价值链（value chain）直接相联，因为“价值链将一个企业分解为战略性相关的许多活动。企业正是通过比其竞争对手更廉价或更出色地开展这些重要的战略活动来赢得竞争优势的"。①

将对企业利润的研究扩展到对国家财富的关注，波特1990年提出了国家竞争优势理论，将国家竞争力和国家竞争优势分别定义为生产率和"良好的经营环境和支持性制度"，同时认为，长期以来在国际竞争分析中处于主流和控制地位的比较优势理论已经过时，因为在全球化快速发展的今天，竞争优势才是一国财富的源泉。所以，应该用注重高级生产要素作用的国家竞争优势理论取代只强调物质禀赋投入的传统比较优势理论。该书1998年再版介绍中声明："本书冠以国家竞争优势力图揭示以下两个概念之间的关键区别：竞争优势与比较优势。比较优势理论是长期以来在国际竞争分析中处于主流和控制地位的一种理论，而我则力主竞争优势应该是一国财富的源泉。比较优势理论一般认为一国的竞争力主要来源于劳动力、自然资源、金融资本等物质禀赋的投入，而我认为这些投入要素在全球化快速发展的今天作用日趋减小。一国的竞争力不可能由其国土的大小和军队的强弱来决定，因为这些因素与生产率大小没有直接的关系。取而代之的是，国家应该创造一个良好的经营环境和支持性制度，以确保投入要素能够高效地使用和升级换代"②。可见，国家竞争优势的定义建立在误解比较优势理论的基础上。从上节的分析已经可以看到，比较优势理论并不主张竞争力主要来源于物质禀赋，更没有认为竞争力由国土和军队决定。恰恰相反，确保要素效用的环境与制度也是比较优势理论的重要内容。

显然，根据国家竞争优势理论的观点，该理论是对以往国际贸易比较优势理论的取代，这一观点也被其他一些学者拥护，如国家竞争优势概念在我国的最早引入者洪银兴教授③。那么，竞争优势理论到底是对比较优势理论的全新超越，还是如人所言，只是比较

① 迈克尔·波特．竞争优势．华夏出版社，1997：2，33.

② 迈克尔·波特．国家竞争优势．华夏出版社，2002.

③ 洪银兴．从比较优势到竞争优势——兼论国际贸易的比较利益理论的缺陷．经济研究，1997，6.

优势各种观点的老调重弹①？本章希望通过对两种理论框架及其核心概念的剖析在如下方面有所发现：①在主要观点和主张上，比较优势理论和国家竞争优势理论有何重大异同？②从企业竞争优势理论演变到国家竞争优势理论，其内在逻辑是怎样的？③如果波特的新瓶中装的全部是李嘉图的旧酒、竞争优势观点是对比较优势观点的完全老调重弹，为什么会在170年后引起了如此之大的反响？如果不是，波特的创新之处又在哪里？

## 二、竞争优势理论的核心观点

1990年出版的《国家竞争优势》一书，形成了国家竞争力和产业集群两个研究热点，作者也藉此书宣称进入了一个以钻石模型为工具解读国家竞争优势的“新典范时代”，以及以李嘉图为创立者的传统贸易理论——“比较优势的退位”，和以克鲁格曼为代表的新贸易理论——“规模经济行不通”。通过对竞争优势理论核心观点的检视，我们可以看到其理论提出者所认为的超越之处。

### 1. 新颖的分析工具：含有四个支点和两个顶点的钻石模型

波特三部曲（Porter's Trilogy）的前两部，分别推出了产业结构的分析工具——五力模型（《竞争战略》，1980）和企业优势的分析工具——价值链模型（《竞争优势》，1985）。和这种研究特点一脉相承，《国家竞争优势》又提供了进行国家层面优势分析的工具——钻石模型（图1-2）。

波特认为，要了解一个国家为什么能在某种产业的国际竞争中占领优势地位，答案必须从每个国家都有的四项环境因素中寻找。这些因素可能会加强本国企业创造竞争优势的速度，也可能造成企业发展停滞不前。它们各自独立，又能系统地组合成国家优势的钻

① Rugman, Alan M. and D' Cruz, Joseph R. (1993) The "Double Diamond" Model of International Competitiveness: the Canadian Experience, Management International Review (Special Issue), 33: 17-39; Dunning, John H. (1993) Internationalising Porter's Diamond, Management International Review (Special Issue), 33: 8-15.

石体系。这四个因素分别是：①要素条件，指一个国家在特定产业竞争中生产要素的状况，如人工素质或基础设施；②需求条件，指本国市场对该项产业所提供产品或服务的需求；③相关和支持产业，指该国是否具备这项产业的上游产业和其他相关产业，它们是否具有国际竞争力；④企业战略、结构和竞争对手，指支配企业进行创造、组织和管理的国内条件，以及国内市场竞争对手的表现。钻石体系是一个双向强化的系统，其中任何一项因素的效果必然影响到另一项的状态。拥有钻石体系中的一项优势不必然等于拥有了国际竞争优势；要能将这些因素交错运用、形成企业自我强化的优势，才是国外竞争对手无法模仿或摧毁的。

在国家环境与企业竞争力的关系上，还有机会和政府两个变数。产业发展的机会通常要等基础发明、技术、战争、政治环境、国外市场等出现重大变革或突破时出现。各层次政府部门通过法律法规、教育制度、保护措施、经济政策等，也对钻石体系造成重大影响。

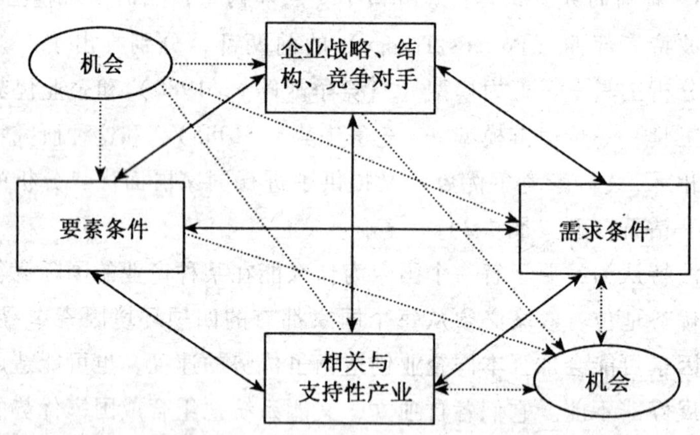


图 1-2　迈克尔·波特用以解释国家竞争优势的钻石模型

2. 生产要素的转变：从先天继承的一般性初级要素到后天创造的专业型高级要素

波特认为，要根据钻石模型的四因素构建一国强大而持久的竞争优势，最关键之处是放弃传统上对初级产品和要素资源的依赖思想，发展高级生产要素和专业型生产要素。反之，如果国家把竞争优势建立在初级与一般性生产要素时，这一优势通常是浮动不稳的，一旦新的国家踏上相同的发展阶梯，也就是该国竞争优势结束之时。

要获得专业型、高级生产要素，必须摈弃先天继承的传统观点而注重对生产要素的后天创造。因为，正如一般性和初级生产要素基本是先天形成的，专业型和高级生产要素通常是创造出来的，甚至往往由不利的初级要素迫使产生。资源匮乏而以独特技术形成高层次竞争优势的日本是一个最好的说明，它进口原材料和简单的加工零件，出口高附加值产品；黄沙遍地却成为高效率农业生产者的以色列也是一个典型例证。

3. 政府作用的关键：开发硬资源让位于营造软环境，制定社会政策而不是应用经济政策

既然专业型和高级生产要素都是通过后天创造出来的，就需要国家对发展环境——既包括交通、通信等基础设施，也包括教育、研发等社会人文环境——进行投资建设，特别是要针对环境中最不利的部分进行大量、持续的投资。能拥有高级研究环境的国家，其竞争力也将提高。所以，土地、矿山等硬资源对国家财富的重要性让位于国家制度软环境。

由于依靠硬资源的比较优势已经没落，政府行为中加强比较优势的经济政策，如扶植性的产业政策，补贴性的贸易政策，都不会真正起作用。国家不能干预经济，应该让企业和产业自由发展，培养和显示出自己经过市场考验的真实竞争力。政府应在创造良好环境上大有作为，完善制定教育、培训、研发、法制、基础设施等各项社会政策，这是能够提升企业和产业竞争力，从而提升国家整体竞争力的行为。

以上三项内容是存在着紧密的内在逻辑关系的：要根据钻石模型分析国家竞争优势的产生，首要工作是了解生产要素，因为生产要素是钻石模型的第一个支点；由于对国家优势起最大作用的生产要素是专业型的高级要素而不是一般性的初级要素，所以后天创造

比先天继承更重要；既然硬资源对国家竞争力的影响让位于软环境，所以政府的作用是应用社会政策来营造一个有利的竞争环境，而不是用经济政策干扰企业的自主活动。

## 三、与比较优势理论的对比分析

这些观点是言之成理的，不仅如此，还经由分别来自发达国家、发展中国家的多个国家和地区以及城市、区域集团的应用而获得了实践的检验①。问题是，它们是否真的和比较优势理论对立，并使后者在国际竞争分析中过时？

1. 关于生产要素

事实上，比较优势理论并未将生产要素局限在波特所言的“劳动力、自然资源、金融资本等物质禀赋的投入”，也从未否定波特定义的在国家层面上竞争力的唯一意义——生产率。比较优势理论的创立者李嘉图，衡量比较优势时用的就是单位商品投入劳动时间——生产率。比较优势理论的产生最早可以上溯到亚当·斯密在1776年《国富论》中提出的绝对优势概念，经由大卫·李嘉图1817年《政治经济学及赋税原理》（以下简称《原理》）而奠基，之后又于1933年经俄林在赫克歇尔基础上修正②，并自20世纪下半叶至今经萨缪尔森和克鲁格曼等人不断完善。比较优势的广义理解涉及整个贸易理论的范畴，既包括李嘉图模型中的劳动力、生产率和技术优势（这些优势也被克鲁格曼的标准贸易模型所讨论），也包括赫克歇尔和俄林模型中的资源优势、萨缪尔森模型中的资本优势。

在先天继承与后天创造问题上，比较优势理论虽然也讨论天然

① 对波特国家竞争优势理论的应用和实证很多，如 Michael Enright，E. Scott and D. Dodwell（1997）The Hong Kong Advantage，Oxford University Press，New York. Michael Enright，Antonio Frances and Edith Scott Saavedra（1996）Venezuela：The Challenge of Competitiveness，St. Martin's Press，New York.

② Bertil Ohlin 于1933年在 Heckscher 论文 The Effect of Foreign Trade on the Distribution of Income（1919）的基础上发表了专著 *Interregional and International Trade*（《区际和国际贸易》）。

要素在创造国家财富过程中的重要性，但是从来没有忽略过人为要素的作用。其理论体系中，既包含了自然形成的生产要素，如赫克歇尔-俄林要素比例模型侧重研究的土地、矿山等物质资源，也包含了后天创造的生产要素，如克鲁格曼新贸易理论中由规模经济和历史因素形成的技术优势，而李嘉图单一要素模型中的劳动力和萨缪尔森-琼斯特定要素模型中的资本，应该是兼具先后天特点的。可以说，波特所说的技术创新、生产率提高等后天优势，和李嘉图的观点完全一致，《原理》有专门章节（第三十一章）《论机器》①。反过来，倒是波特只强调对生产要素的后天创造有失偏颇。纵观工业化国家的发展历史，有竞争力的产业总是从劳动密集型或自然资源密集型产业开始，然后向资本密集型产业过渡，最后再向技术知识密集型产业过渡。原因是，要获取高素质专门人才和技术优势等高级生产要素，必要条件是进行教育投资、加大研发开支，但这些都需要资本。资本并不是与生俱来的，在大多数情况下，是要一国先通过初级要素如丰富的资源、廉价劳动力的作用，发挥比较优势积累而来的。

可见，比较优势理论没有错解生产要素概念，把它仅仅限于物质资源和禀赋，相反是竞争优势的概念外延狭小，摈弃了初级生产要素，局限于技术创新优势，同时，也曲解了比较优势概念，将其简化为比较优势理论中众多模型之一——赫克歇尔-俄林要素比例模型所着重解释的初级要素资源。误解的原因也许是该模型在20世纪30年代之后直至80年代新贸易理论成名之前，曾长期占据国际贸易理论的主流位置，并成为一些国家政府制定贸易政策的重要依据；也许仅仅是因为国家竞争优势理论的提出需要寻找一个攻击切入点和超越的目标。

---

① 不仅是波特，通过研读李嘉图的《政治经济学及税赋原理》，笔者认为克鲁格曼的新贸易理论很多也承继了李嘉图，例如李嘉图在《论对外贸易》一章中，分析了对外贸易所带来的市场扩张，相当于机器降低商品的生产费用，这两个方面都会增加物品的数量和种类，但不会增加利润率。市场扩张和机器作用两者是和克鲁格曼的规模经济和波特的高级要素完全一致的。

2. 国家职能与政府作用

将国家制度环境结合国际竞争分析，并作为获取优势的最重要因素，是国家竞争优势理论的一大创新点，但究其实质也是比较优势的继续推演，且和亚当·斯密关于国家职能的论述相一致：《国富论》第五编第一章“论君王或国家的支出”，说明国家的职能主要在国防、司法、公共工程、教育（所有年龄的国民）和青年教育机构（即科学研究）①，这和当代经济自由主义者的观点是完全一致的。

经济自由主义是比较优势理论自诞生到现在一直不变的主张。斯密和李嘉图对重商主义都是旗帜鲜明地进行批判的。斯密《国富论》的第四编就是专门针对重商主义主张的贸易政策进行驳斥的，包括第二章反对“限制能在本国生产的外国货物的进口”、第三章反对“对来自贸易差额被认为于我不利国家的几乎所有货物进口施加的特别限制”、第四章反对（出口）“退税”和第五章反对“奖金”（出口补贴）。李嘉图《原理》的第二十二章和第二十三章也是专门反驳出口补贴、进口禁令和谷物生产补贴的。在讨论出口补贴和进口禁令时李嘉图表示：“无论是工业制造品还是谷物的高额进口关税和出口补贴，其唯一的结果就是使一部分资本转移到任其自然时不会投入的行业去。这样会使社会总基金的分配十分有害，无异于贿赂制造业者使其开始或继续经营好处较少的行业。”在讨论生产补贴时李嘉图写到：“这样一种财政措施必然会改变各行业的自然分配状况。这的确会有利于外国，而对于采取这种荒谬政策的国家却非常有害”②。

承接下来至今，以克鲁格曼为主流的国际经济学经典教科书的权威论点，都是对种种政府干预措施持反对态度。克鲁格曼作为20世纪80年代以来国际贸易的一个重要领域——战略贸易政策的提出者和重点研究者，其本人对战略贸易政策就持谨慎的反对态

① 亚当·斯密. 国富论. 陕西人民出版社，2001.

② 彼罗·斯拉法. 李嘉图著作和通信集（第一卷）政治经济学及赋税原理. 商务印书馆，1962：267，278.

度。原因是，首先，“积极的政府政策需要一种特殊的依据，即它必须是为抵消某种事先已经存在的国内市场失灵”。“如果没有任何市场失灵，我们就可以指望通过市场使国民产值最大化，任何企图改变资源用途的干预措施都只能降低而不是增加国民收入”①。其次，对于所谓战略贸易政策实施得最成功的国家——日本，克鲁格曼的看法也不是肯定的。“我们不能确定，日本政府的积极参与是否比自由放任在事实上更快地推动了日本重工业的发展”。“换一句话说，政府可能一直在进行明智的投资决策，但是，如果让市场自己去决策，也许会获得同样的结果。”政府进行的明智决策和市场效果相同，那么如果政府的决策不是明智的而是错误的呢？显而易见一定比市场结果糟糕得多。日本的发展成功了，但原因可能是另外一些因素如储蓄、教育、文化等，而不是战略贸易政策，对此一个佐证就是日本一些最成功的产业如汽车和家电，并不在政府优先照顾之列。所以可以说，“日本政府对钢铁工业的支持，是把资源导向了低收益的领域，从而阻碍了经济增长”。最后，战略贸易政策是一种以邻为壑的政策，有被外国报复的危险。

因此，《国家竞争优势》一书中“主流的思想界所提出的用国家干预来取得竞争效果的做法”的说法令人疑惑：主流的思想界意指何人？一些国家确实存在着补贴出口的战略贸易政策和保护民族工业的扶植性产业政策的鼓吹者，但可以肯定的是，不能把他们作为比较优势理论者来加以反驳，以获得竞争优势理论全面超越的结论。

3. 关于钻石模型

该模型给我们解释国家竞争优势提供了一个系统化的思路，因此也自1998年起被WEF（世界经济论坛）的微观国际竞争力分析所采用，并由波特本人亲自主持这项工作。但是，钻石模型的几个主要因素中，存在着一些值得注意的问题。

（1）要素条件。经过上节的分析我们已经清楚地看到，自然

---

① 保罗·克鲁格曼，茅瑞斯·奥伯斯法尔德．国际经济学．第五版．中国人民大学出版社，2002：262-279.

资源、劳动力、资本和技术等生产要素，是比较优势理论的主要内容。根据比较优势理论的观点，这四者是产生生产率差异的原因，也是比较优势的来源所在。说比较优势理论认为国家竞争力主要来源于物质禀赋是对其的极大误解，因为比较优势源于生产率和技术差异，是李嘉图最重要的观点。国家竞争优势理论提出的高级和专业要素，本来就是比较优势理论的讨论范围，而且只是其中一部分。波特将生产要素分为初级生产要素和高级生产要素，认为包括了“天然资源、气候、地理位置、非技术人工与半技术人工、融资等”的初级生产要素已经没落了①，对一般要素的作用持否定观点，专门侧重于高级要素的讨论。这样，一是没有比较优势理论全面：即使在发达国家中，优势也并不是全部存在于高级要素中；二是忽略了生产要素和产业结构的转变机理：高级要素作用的发挥是从初级要素作用发挥中提升的，利润丰厚的技术密集型和资本密集型产业不能一蹴而就，需要资源和劳动密集型产业的先行发展和技术、资金积累。

（2）需求条件。国家竞争优势理论的有关论述是矛盾的，它对内需市场非常强调，将需求条件定义为：“本国市场对该项产业所提供产品或服务的需求”，认为“国内需求市场是产业竞争优势的第二个关键要素。本书所研究的每一种产业几乎都可以看到母国市场的影响力”。但在论证过程中又自己举出了反面证明：“在内需市场不存在的情况下，日本的英文打字机不但出口旺盛，而且还进行大量的海外投资”，这真正可以算是“相矛盾的解释观点”②。事实是在市场全球化的今天，国内的需求条件如何已经并不重要。日本打字机现象是有代表性的，与之类似的还有瑞士手表业和荷兰花卉业，这几个产业虽然内需市场都很小，但由于面向整个世界市场，一样产生了强大的国际竞争力。这充分说明了国内需求条件不是产业竞争力的主要成因。

（3）相关与支持产业。相关与支持产业对于某一特定产业竞

---

① 迈克尔·波特．国家竞争优势．华夏出版社，2002：72-73.

② 迈克尔·波特．国家竞争优势．华夏出版社，2002：67，81，24，3.

争力的作用，其实正好说明了比较优势原理的没有过时和依然正确。为什么相关与支持产业对产业竞争力的产生重要？为什么产业竞争力不能随时、随处人为创造？或者说，为什么会有产业集群的存在？为什么产业的发展出现地理性的集中？这些，都正说明了自然资源、劳动力或技术等比较优势，在特定一国或地区的存在。所以产业集群、相关及支持产业的出现，也在很大程度上是按这种比较优势来进行地理定位的。

（4）企业战略、结构和竞争对手。经济全球化使得钻石模型的这一要素在今天和以后发挥越来越小的作用，而基本不能成为产业竞争力和国家竞争优势产生的一个决定性因素，因为经济全球化不仅包括上面需求条件中所讨论的市场全球化，还包括资源配置全球化、技术全球化、资本全球化等，而且其中有着紧密的内在联系。市场全球化使企业得以面对全球用户而扩大销售，同时，它自己也可以成为一个用户而面向全球采购，寻找最低的成本和最优的配置，更好地获取资源。市场全球化由技术进步在全球扩散而来，同时它又会导致资本全球化的形成。火车、飞机、轮船等交通工具，以及电话、电报、因特网等通讯工具，日益把整个世界变成一个越来越小的地球村，在紧密联系的统一体中进行销售和采购。除资源之外，资本和人力也可以发生自由流动，形成了以跨国公司为载体的对外投资和资本全球化。资本全球化所导致的竞争全球化，使企业技术不出国门也面临着众多合资企业、独资企业所带来的全球竞争。也就是说，企业的竞争能力，与其母国企业的战略、结构和竞争对手的关系越来越小。

可见，用来说明产业竞争力和国家优势产生的钻石理论四要素，有的和比较优势理论相比内容不全面（如要素条件），有的虽然正确但正好说明了比较优势的内容（如相关和支持产业），还有的虽然并不错误，但在经济全球化的今天作用日益不典型，并没有强有力地说明产业竞争力和国家竞争优势的成因（如国内需求条件和国内竞争对手）。因此，钻石模型并未推翻比较优势理论，而且其本身的构建也存在问题。

## 第三节 国家层次的关系：比较优势理论包含竞争优势观点

### 一、比较优势理论和国家竞争优势理论的一致之处

综合上节所述，国家竞争优势理论并不能构成对比较优势理论的推翻；即使波特是正确的，他的正确也并不建立在李嘉图错误的基础上，而是更多地建立在对李嘉图理论的发挥之上。国家竞争优势理论的主要观点和比较优势理论存在着相当的一致性，这种一致性表现在如下几个方面：

1. 定义的相似

李嘉图指出，“国际间劳动生产率的不同是国际贸易的唯一决定因素”，这一表述被称为李嘉图模型①；而波特也认为，“在国家层面上，竞争力的唯一意义就是国家生产力”②。前句中的生产率和后句中的生产力，译法不同，原文都是“productivity”。可以发现，两者不仅含义相同，连句式都相仿。

2. 原理的相同

波特应用自己的国家竞争优势理论得出结论：“经济发展进程的基本条件就是：出口高级产业的产品，进口本国生产力偏低的产品”，以及“没有哪个国家能在所有产业中所向无敌，理想的状态是，有限的资源被运用在最有生产力的领域”③，这也是和比较优势原理完全一致的：如果每个国家都出口本国具有比较优势的商品，则两国间的贸易能使两国都受益。实际上，波特总结的企业战略本质“歧异、取舍、整合”，对国家也完全适用，其含义就是比较优势原理。

---

① 保罗·克鲁格曼，茅瑞斯·奥伯斯法尔德．国际经济学．第五版．中国人民大学出版社，2002：12-13.

② 迈克尔·波特．国家竞争优势．华夏出版社，2002：6.

③ 迈克尔·波特．国家竞争优势．华夏出版社，2002：533；迈克尔·波特．竞争论．中信出版社，2003：167.

3. 主张的相同

如前所述，国家竞争优势理论的政策结论主张社会政策完善而经济自由主义，同时，经济自由主义也是比较优势理论自诞生到现在一直不变的主张。斯密和李嘉图对重商主义都是旗帜鲜明地进行批判的。斯密《国富论》的第四编就是专门针对重商主义主张的贸易政策进行驳斥的，李嘉图《原理》的第二十二章和第二十三章也是专门反驳出口补贴、进口禁令和谷物生产补贴的。承接下来至今，以克鲁格曼为主流的国际经济学经典教科书的权威论点，都是对种种政府干预措施持反对态度。克鲁格曼作为 20 世纪 80 年代以来国际贸易的一个重要领域——战略贸易政策的提出者和重点研究者，其本人对战略贸易政策就持谨慎的反对态度。

## 二、国家竞争优势理论是比较优势理论的一部分

1. 投入要素的 1/4

从图 1-1 同时可以看出，第四要素——技术的引入，除了在贸易理论内部形成统一体系外，还可以将国家竞争优势理论包容进来，作为比较优势理论的一个部分。波特所强调的后天的、内生的、专业的高级要素，也正是资源、资本、劳动力之后的第四要素——生产技术。

2. 解释角度的 1/2

一国或一个产业比较优势的大小，由生产率/工资率决定。钻石模型只用高级要素解释了高生产率的形成，而放弃了对低工资率的解释。低工资率的获得一般依赖丰富、廉价劳动力等资源要素，这正好是波特的盲区和国家竞争优势理论的缺失部分。

可见，被包容进比较优势体系的国家竞争优势理论，其解释力是有限的，内容是不完整也不科学的。不完整在于，它放弃了对初级、一般性要素（即前三种要素）带来的比较优势部分的解释，对国家竞争优势的说明实际上只相当于新贸易理论部分，但是它又并不像克鲁格曼那样说明自己是对原有科学体系的补充（行业间贸易之外的行业内贸易），而是断言传统比较优势理论的过时，使得这种不完整成为一种错误。不科学在于，就比较优势的本质来

说，它放弃了解释工资率的决定，只说明了生产率部分，而实际上任何一国或产业的竞争力都是生产率与工资率之比，单讲分子一项是不严密的。劳动密集型产业从高工资率的发达国家转向低工资率的发展中国家的现象，就是分母工资率影响产业竞争力和一国比较优势的典型例证。

## 三、国家竞争优势理论与新贸易理论的联系和共同点

1. 从对生产要素的研究侧重来看

国家竞争优势理论强调对后天、高级、专业型要素，而不是先天、初级、一般性要素的培育和利用；新贸易理论侧重对行业内分工引起的技术差异，而不是导致行业间分工的劳动力、资本、资源差异的研究。这两者是同一的。克鲁格曼对战略贸易政策和产业政策的研究，旨在获得国家控制高级生产要素的方法，和波特注重R&D投入、注重技术优势是一致的。

2. 从研究假设和出发点来看

都承认或默认收益递增的假设，因而国家和企业都需要建立在规模经济基础之上的行业内分工和贸易；都建立在垄断竞争的市场结构之上，因而存在超额利润，企业和国家的竞争优势都来自技术创新和产品差异。

3. 从对产业集群的研究来看

产业集群都是两者的研究重点，波特更提升产业集群为国家产生比较优势的原因。新贸易理论的相关研究虽然也很多，原因是产业集群作为规模经济的两类——外部规模经济和内部规模经济——之一，直接秉承其新贸易理论的内容，但克鲁格曼对内部规模经济即大型企业的垄断是肯定的，对外部规模经济的观点却是两面的，因为外部经济即产业集群也可能导致一国被锁定在某种不愿意的专业化生产模式之中，使该国因国际贸易而蒙受损失①。

---

① 如克鲁格曼的举例：目前瑞士在手表业的垄断是由先期进入的历史因素带来的，泰国也许比瑞士更具手表制造的比较优势。一旦泰国获得政府等的支持而决定进入，瑞士的手表业有可能崩溃。

可见，两个学说的代表人物虽然因为互相不认同而论战——波特说“规模经济行不通”，克鲁格曼说“竞争力是危险的偏执”①，但从某种程度上说，两者是从不同角度对传统贸易理论和国家财富理论的同类推进。

## 第四节 企业层次的推论：超额价值就是一种比较优势

通过上面的分析我们已经看到，在国家层面上，国家竞争优势观点实际上是比较优势理论的一部分。进一步，我们将比较优势概念从国家层次扩展到企业层次，会看到它实际上等同于企业竞争优势的来源——超额价值。

### 一、波特三部曲的内在逻辑

波特的国家竞争优势理论是从其基于企业层面的竞争战略理论和竞争优势理论扩展而来的。自 1983 年在里根政府担任产业竞争力委员会主席以后，波特加大了对国际竞争的研究，将研究领域从企业层面延伸到了国家战略与优势。通过剖析波特三部曲（Porter's Trilogy）我们可以看到，由于波特有着深刻的产业经济和企业战略的背景，其理论体系有着紧密的内在关联：

1980 年的《竞争战略》还留有明显的产业经济学痕迹。这部著作如其副标题“分析产业和竞争者的技巧”所示，研究的是企业的外部环境，核心内容是通过分析五种竞争力的作用——进入威胁、替代威胁、供方砍价能力、买方砍价能力和现有竞争对手，得出三种基本战略——总成本领先、标歧立异和目标集聚。

1985 年的《竞争优势》对企业的分析由外部转向内部。阐明竞争优势的最本质来源是超额价值，而超额价值产生于价值链的 9 个环节中：基本活动——内部后勤、生产作业、外部后勤、市场和

---

① Paul Krugman（1991）Competitiveness：A Dangerous Obsession，Foreign Affairs，73（2）：28-44.

销售、服务，或辅助活动——采购、技术开发、人力资源管理、企业基础设施。

1990年的《国家竞争优势》从企业延伸到国家，但很明显受到前两部著作关于企业战略和竞争优势观点的影响。《竞争战略》的影响在于，钻石模型其实和五力模型有很大的相似性，如“需求条件”可以对应于“买方砍价能力”，“企业战略、结构和竞争对手”可以对应于“现有竞争对手”，“要素条件”和“相关和支持产业”的表现可以对应于“供方砍价能力”，以及“机会”可以对应于“进入威胁”和“替代威胁”。《竞争优势》的影响在于，国家竞争优势的来源在思路上其实和企业是一样的，本质都是超额价值。

## 二、比较优势概念和超额价值概念实质的同一

超额价值（superior value）是波特在《竞争优势》一书中创立的卓越概念，也是该书的最基本原理，价值链等众多篇幅不过是阐述如何通过各个环节的改进以形成超额价值，从而获取竞争优势。波特认为，企业竞争优势“归根结底来源于企业为客户创造的超过其成本的价值”（即超额价值），而超额价值“产生于以低于对手的价格提供同等效益，或者提供独特的效益补偿高价而有余”①。

我们也知道，比较优势的本质是生产率与工资率之比，即比较优势要么存在于同样的工资有更高的生产率，要么存在于同样的生产率只拿更低的工资。那么一国或企业要提高比较优势，可以有两种途径：一种是先天具有丰富的物质资源，如要素禀赋理论中的矿山、土地、廉价劳动力等一般性初级要素，可以“以低于对手的价格提供同等效益”；另一种途径是具有新贸易理论阐述的技术创新、产品差异、专业人才等高级要素，可以“提供独特的效益补偿高价而有余”。引号内的两句话正是波特给超额价值所下的定义，因此，把“生产率/工资率”放到企业层面就是一种超额价值，而如果将超额价值移至国家层面正是一种比较优势（见图

① 迈克尔·波特．竞争优势．华夏出版社，1997：2.

1-3）。实际上两者都是一种产出投入比。

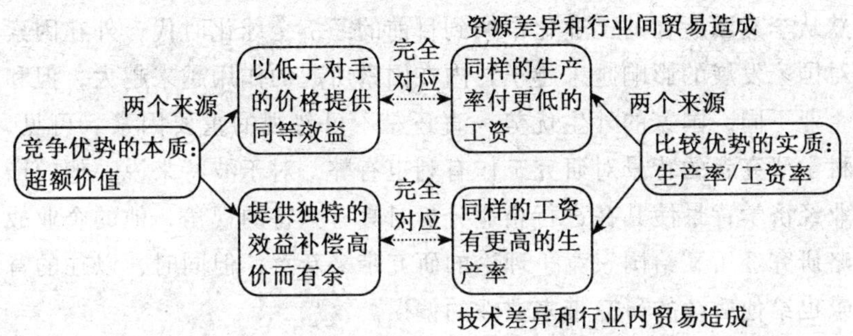


图 1-3　超额价值是企业层次的比较优势

## 三、国家竞争优势理论与企业竞争优势理论的不统一

遗憾的是，波特本人将竞争优势分析从企业层面扩展到国家领域时，却没有延续这个思路，使国家竞争优势理论与企业竞争优势理论出现了不统一。在探讨国家竞争优势时，他放弃了自己创立的超额价值概念，反复强调的是如何通过后天创造的高级要素获取优势，只相当于"提供独特的效益补偿高价而有余"部分；而推翻了阐明初级要素作用的传统比较优势理论，即否认了"以低于对手的价格提供同等效益"的优势来源。在这里，波特将企业理论部分一直秉承的竞争优势的来源忽视了一半，将一直沿用的五力模型和价值链模型中的盈利出发点丢掉，不考虑成本因素，只考虑动态比较优势，完全忽视静态比较优势，使得其整个理论体系的分析方法和基本定义不统一。

波特教授为什么会在分析国家竞争优势时偏重技术差异等内生优势而忽略自然资源等外生优势的作用？我认为这和他多年企业战略研究的背景直接相关。对于各个竞争的企业来说，外在环境是基本相同的，即劳动力、资本、土地等各项资源都可以通过市场获得，差异只存在于对资源的分配和使用，所以，企业经营成功的关键是是否有良好和持续的资源配置能力，重要的是内生优势。对于国家来说情况就不一样了，资源贫富、气候优劣、物产多寡等众多环境差异，决定了国家的发展必然会受到许多外在因素的影响。虽然从李嘉图所在的工业化早期到目前的经济全球化时代，外在因素对国家发展的影响越来越小，内在因素所起的作用越来越大，但和企业不同，国家的外生优势一直还是不可忽视的重要因素。可见，科学研究者的背景对研究工作有利也有弊，对于波特来说，他的产业经济学背景使其在进行企业分析时具有独特的视角，他的企业战略研究经历又给国家竞争理论的研究带来新意，但同时，以往的背景也给他后续的研究带来惯性的偏误。

## 第五节 波特之新：经济全球化时代的制度环境

波特关于国家竞争优势的理论虽然不是全新的，存在许多对传统比较优势理论的继承和与新贸易理论的同一；他的体系也是不完整的，同时却有许多对更完整的比较优势理论的曲解和指责；他的学说即使从内部看来也是不统一的，前后著作中的定义和分析方法缺乏连贯性；但是，波特的工作还是非常有意义的。对于国家竞争优势理论来说，最重大之处，就是提出了在全部要素均可自由流动的经济全球化时代中制度环境的重要性。

### 一、制度环境说的特定时代背景

将国家制度环境结合国际竞争分析，并作为获取优势的最重要因素，是国家竞争优势理论的论述重点。斯密从国家开支的角度论述过制度环境，李嘉图也从国家职能出发论述过制度环境，但囿于时代的限制，他们对国家制度环境重要性的理解，不可能达到波特这种程度。如李嘉图，在论述影响对外贸易的因素时，总是会优先考虑劳动力、资源、气候地理条件等，因为这些都是直接决定贸易发生的条件，而制度环境毕竟是在间接地起作用。但将近200年过去了，在经济日益全球化的今天，随着劳动力、资本、资源等各项生产要素均可实现自由流动，李嘉图时代所必须考虑的“种种因素阻碍着资本移出"① 等条件，已经变得越来越不重要。目前，不能流动的只剩下国家制度环境，因为还没有实现世界大同。一个好的国家制度环境可以把劳动力、资本、资源、技术都吸引来并组合好，在本来处于资源劣势的基础上建立国家优势，于是最重要的比较优势存在于国家制度。

所以，工业化国家的传统发展历史，即有竞争力的产业总是从劳动密集型或自然资源密集型产业开始，然后向资本密集型产业过渡，最后再向技术知识密集型产业演进——在经济全球化时代的今天，并不一定作为唯一的发展路径而必然重演。一国要获取资本除了进行积累外还有另一途径，即通过良好的制度环境和基础设施吸引外来投资，因为资本已经突破了国界的限制而可以完全地跟随自己的逐利本性，在更好的投资环境中追逐更高的投资收益。经济全球化是波特制度环境说具有伟大意义的特定时代背景，在这个背景之中，一国可以不通过循序积累而实现跨越性的发展。

也就是说，一国的竞争力已经不仅仅体现在对外贸易（foreign trade）上了，更体现在吸引外国直接投资（foreign direct invest, FDI）上。事实上各国政府的经济观念也的确在发生转变，一个明显例证就是衡量经济发展的速度越来越多地使用 GDP（国内生产总值）指标而不是 GNP（国民生产总值）指标，说明在对一国经济发展所做的贡献中，各国越来越重视别国资本和企业在本国规模的扩大，而不仅仅是本国企业向海外的出口和扩张。只要有别国资本来本国投资或兴办企业，它所带来的税收、就业、技术、管理一样可以使本国走向繁荣。

## 二、制度环境说的遗憾与缺陷

遗憾的是，波特教授本人似乎没有意识到其制度环境说的重要

① 李嘉图在《政治经济学及赋税原理》第 113 页说："在同一国家内，利润总处在统一水平上……但在不同国家间情形就不如此。"在第 115 页又说："在一切其他情形下，只要资本能自由流向运用最为有利的国家，利润率就不会有任何差别……不过经验表明，有种种因素阻碍着资本移出……"说明了彼时资本流动并不自如。

性与对外贸易之外的吸引 FDI 息息相关，并没有从国家制度环境向外国直接投资做合理的推论。他虽然以大量篇幅论述制度环境的重要性，也提到企业的国籍是次要的，说“即使是外资企业，如果它能像本地企业一般，在当地维持有效战略、不断创新并保持技术竞争力，当地经济必然会因此而获益。因此，一个国家能持续并提高本身生产力的关键在于，它是否有资格成为一种先进产业或重要产业环节的基地。”① 但是，在进行确定一国有国际竞争力的产业的实证工作时，他还是将出口作为衡量产业国际竞争力的唯一因素，而将 FDI 部分扣除②。这进一步增加了其体系中理论和方法的内在矛盾，也降低了制度环境作用说的重要意义。

制度环境的重要性在于，它本身虽然不是生产要素之一，但决定着各项生产要素如何发挥作用。不过，还是要对波特做出修正的是，制度不是只对高级生产要素起作用，而是对所有要素都影响重大：技术作为一种后天生成的高级要素，固然需要良好的制度环境作为其大量产生的温床，但国家制度和政府决策同时决定着廉价劳动力和矿山、土地等初级资源能不能在正确的产业政策和就业政策下顺利、完全地发挥出比较优势，贸易政策和金融政策等也决定着能否实现资本积累和有效吸引外资，实现国家财富的良性循环和产业升级。可见，资源靠利用，人才靠培育，资本靠积累，技术靠投入，所有这些都有赖于良好的制度环境和正确的政策制定。

## 第六节　本章小结

通过对国家财富领域影响最大的两种理论——比较优势理论和

---

① 迈克尔·波特．国家竞争优势．华夏出版社，2002：18．类似的说法还有〈On Competition〉p157：“A nation was considered the home base for a company if it was either a locally owned, indigenous enterprise or managed autonomously although owned by a foreign company or investors.”

② 《国家竞争优势》第 724 页中，波特特别将以下这点作为筛选的三项基本原则之一：“检查该项产业的出口是否被其国内的外商所主导控制”，如是就加以剔除。

竞争优势理论的对比研究发现：

1. 贸易理论内部的各个模型分别从生产率、物质资源、规模经济等不同的角度对比较优势的来源进行了说明，但可以统一为一个整体。引进自然资源、劳动力和资本之外的第四要素——技术后，所有理论都符合出口本国要素资源（包括技术）丰富的要素禀赋理论，同时要素禀赋理论和新贸易理论也是对传统比较优势理论中生产率的说明。

2. 国家竞争优势理论并不是对比较优势理论的取代，传统的比较优势理论也并没有过时。波特对竞争力的定义和李嘉图对比较优势的定义完全一样，都是生产率；原理内容也一致，强调对产业取强舍弱。国家竞争优势理论在对传统比较优势理论继承和发挥的同时，也和新贸易理论有许多共同之处。

3. 竞争优势理论在国家层次上是比较优势理论的一部分，只探讨了比较优势四个来源之一的高级专业型要素——技术，而否定了自然资源、劳动力和资本的作用；在企业层次上的本质含义和比较优势概念等价，企业竞争优势的来源——超额价值，可以直接对应于比较优势的实质——生产率/工资率。

4. 国家竞争优势理论的重要意义在于提出了经济全球化时代制度环境的重要性。在劳动力、资源、资本、技术等生产要素全部可以自由流动的条件下，最大的比较优势存在于不同的国家制度环境。制度环境会对全部要素起作用。

5. 国家竞争优势理论存在如下遗憾和缺陷：①钻石模型的主要因素中，对要素条件的论述不全面，仅侧重高级生产要素；对需求条件的定义不正确，内需市场在全球化条件下不起决定作用。②在从企业竞争优势延伸到国家竞争优势时，将竞争优势来源的一半——“以低于对手的价格提供同等效益”的超额价值放弃，只讨论“提供独特的效益补偿高价而有余”，对国家竞争优势理论来说意味着不完整，对整个竞争优势理论（含企业部分）体现出体系不统一。③制度环境说的重要性本来在于，经济全球化时代外国直接投资和对外贸易的作用一样重大，但在进行产业国际竞争力的实际衡量时，却把 FDI 部分全部扣除，还是以出口为唯一标准，这体现出正确理论下的方法错误。

对于比较优势理论和竞争优势理论存在的众多相同点，即使是波特著作《竞争论》中译本的封底介绍中也有共识——全球权威财经杂志 World Business 认为："波特几乎完全赞同国际经济学领域传世不朽的信条：比较优势原理。在这一理论的基础上，他发展出了一个完备的竞争优势理论。"确实，虽然比较优势理论和竞争优势理论的出发点看起来是不一样的——比较优势理论讨论贸易交换，竞争优势理论讨论如何胜出，但它们又在下一步汇合了：对于前者来说，有了胜出部分才能进行交换，而对于后者，只有进行分工取舍才能达到胜出。

# 第二章　研究意义：信息技术、制造业竞争力与中国

在信息技术影响下，竞争范围发生了四个方面不同的变化：细分范围、产业范围和纵向范围三个方面是缩小的，地理范围是扩大的。和企业一样，在信息技术作用下，国家的竞争范围将发生深刻的变化。地理范围扩大了，每个国家都将面对全球市场；产业范围缩小了，各国的产业结构将更加专业化；纵向范围也缩小了，各国将更加依赖于商品交换。在李嘉图时代就被发现的比较优势原理——各国专门生产自己最有优势的产品，然后进行国家交换——在信息经济时代将更加显著地发挥作用。波特教授所总结的企业战略本质“歧异、取舍与整合”对国家也完全适用，其含义就是比较优势原理。在经济全球化时代，每个国家必须找出自己与其他国家不同的优势产业，将所有资源配置向其倾斜并放弃劣势产业，在全球价值链上找准自己的定位。

产业选择和取舍战略对中国这一地域背景又是格外必要，因为未来20年是中国发展的重要战略机遇期。第三次国际制造业转移的趋势将为中国提供难得的历史机遇，中国也具备了承接制造业中心转移的初步条件。同时，加入WTO后，中国现有的产业体系将在更大程度上与国际分工联系在一起，有优势的产业得到更快发展，一般性产业基本维持现状，处于劣势的产业则可能收缩。有进有退的产业结构调整是入世题中应有之义。

国家竞争优势理论的实证研究部分中，缺少对世界经济影响重大和采样意义典型的中国；中国目前也没有用基于国家竞争优势理论的产业国际竞争力标准对自己的全部制造业进行评价，以确定自

己具有竞争力的优势产业。现存的研究领域空白，加强了本课题的研究意义。

## 第一节　时间：产业国际竞争力与信息经济

### 一、信息技术对企业和国家竞争范围的影响

信息技术对企业竞争范围具有重大影响。按照战略管理的理论体系和分析框架，一项因素对企业竞争战略的影响由分析产业结构即五力模型得来，对企业竞争优势的影响由分析价值活动即价值链模型得来。因此，信息技术之所以能对企业的竞争战略和竞争优势发生重大影响，从企业外部来看，是因为改变了宏观方面的产业结构；从企业内部来看，是改变了微观方面的价值链。产业结构和价值链之所以会改变，根本原因是信息技术使竞争范围发生了变化：细分范围缩小了，敏捷制造取代大规模生产；地理范围扩大了，全球化取代区域化；产业范围缩小了，专业化取代多元化；纵向范围也缩小了，外包联盟取代纵向整合。

国家竞争范围也同时发生了上述的巨大改变。比较优势原理在网络经济时代具有更大的效力。在市场日益全球化、分工越来越细化的今天，任何国家都不可能全面发展完整的产业结构，正如任何企业都没有足够的资源和能力进行全球市场的产品多元化。国家也需要正确定位，在全球价值链中专攻一两个环节，而不是展开上下游一体化的内部纵向整合。经济全球化时代对国际分工的要求比工业经济时代更甚，这种分工甚至不建立在资源差异的基础上，资源相同的国家之间也要根据其他差异有意识地从一些产业中退出，而重点发展自己最有优势的产业。

### 二、企业的竞争范围

迈克尔·波特教授于 1985 年在他的竞争三部曲之二——《竞

争优势》（1985）一书中提出了竞争范围（competitive scope）① 的概念，意指对价值链（value chain）的结构造成影响从而改变竞争优势的企业活动范围。要分析一项因素对企业战略和优势的影响，应分别分析它对企业内部价值链的九个环节、企业外部产业结构的五种竞争力和企业外部竞争范围的四个方面的作用。竞争范围的这四个方面分别是：

**细分范围**（segmentary scope）：是指企业生产的产品种类和所服务的顾客范围。在狭窄的细分范围中企业采取集聚战略，只服务于某一细分市场，通过不同细分市场价值链之间的差异获得竞争优势；在广阔的细分范围中，企业服务于多种不同的细分市场，通过发现各个价值链之间的关联、实现共享而获取竞争优势。

**纵向范围**（vertical scope）：说明了企业和其供应商、销售渠道及买方之间的活动分工，决定企业采取纵向整合还是外购分包。在狭窄的纵向范围中，企业可以向供应商外购零配件而不是自制，可以让销售渠道代替企业实施许多分销、服务和市场功能，也可以让买方承担一些价值活动。在广阔的纵向范围中，企业可以选择实行纵向整合，在内部从事所有这些活动。

**地理范围**（geographical scope）：决定企业是否可以共用或协调服务处于不同地理区域的价值活动，即采取全球化还是区域化战略。采用狭窄的地理范围时，企业主要为一个国家或一个地理区域服务；采用广阔的地理范围时，企业可以在对许多国家或地区分别进行销售和服务的同时，利用价值链的相互关系，共用一部分价值活动如基础设施、采购、技术开发等，达到削减成本、增强竞争优

① 竞争范围是波特竞争理论的基本概念中不太容易理解的一个，这种理解的难度因为目前在中国流传最广、影响最大的华夏出版社 1997 年版译本的处理而加大，该译本为 scope 的翻译而生造了一个词语——“景框”，让阅读者一时无法把握。其实，scope 的最直接含义就是“范围”，波特在这里也是使用其范围之意，并在 1985 年发表的另一篇文章《如何利用信息形成竞争优势》（“How Information Gives You Competitive Advantage”）中说明：competitive scope 就是 the breadth of activities。所以，competitive scope 的含义可以明确地说是活动范围，应该翻译成“竞争范围”。

势的目的。

**产业范围**（industrial scope）：是指企业各个业务单元（SBUs）之间是否存在着相互关系、可以共享一部分价值活动。这个概念和地理范围有类似之处，不同的是地理范围确定不同地理区域之间对价值链中部分环节的共享，而产业范围确定不同业务单元之间对价值链中部分环节的共享。狭窄的产业范围中可以共享的价值活动较少，企业倾向于实行专业化；广阔的产业范围中不同业务单元间关联密切，企业可以通过共享后勤系统、销售队伍等多个价值活动而降低成本、增强歧异性，即在多角化中获得竞争优势。

可以看到，所有四个竞争范围的作用，都是给企业用来进行或狭窄或宽泛的范围选择；目的也是一致的，都是降低成本或增强歧异性，通过范围的定位获取竞争优势。范围的宽窄与企业战略的对应关系见表 2-1。

表 2-1　**四种竞争范围的宽窄与企业战略选择**

| | 细分范围 | | 纵向范围 | 地理范围 | 产业范围 |
|---|---|---|---|---|---|
| | （科特勒用语） | （波特用语） | | | |
| 广阔 | 差异或无差异战略 | 成本领先或标歧立异战略 | 纵向整合与内部一体化 | 全球化 | 多元化 |
| 狭窄 | 集中性战略 | 目标集聚战略 | 外包与联盟 | 区域化 | 专业化 |

由以上分析可见，竞争范围的概念对企业竞争战略和竞争优势是很重要的，它的含义也是非常丰富的，包括上述四个方面。但是，也许是由于原创者对此概念的阐述不够详细和清晰，其他研究者对竞争范围的讨论和引用比波特理论中的其他重要概念都要少，有限的相关论述中还存在一些错误。以国内论文“基于信息技术的企业竞争战略”① 为例，这篇文章的难得之处是，把信息技术对

① 方家平．基于信息技术的企业竞争战略［OL］．全文见 http://www.toppoint.com.cn“资料中心”之“理论研究文库”，2003 年 7 月 18 日访问。

企业竞争战略的影响和竞争景框结合起来研究，即意识到信息技术之所以能够对竞争战略和竞争优势发生重大影响，追根溯源是改变了竞争范围。但该文对竞争范围的理解存在偏误，没有区分竞争范围的四个方面，笼统地提信息技术导致竞争范围的扩大。而实际上，信息技术对竞争范围四个方面的影响是不一样的。结合上下文，可以发现错误原因是对竞争范围的准确含义尚不清楚，以为竞争范围的扩大就是地理分布的广阔（全球化），也就是成本领先和差别化战略，将竞争范围整体和它的一个四分之一——地理范围，及另一个四分之一——细分范围，不加区分地等同起来，完全忽略了产业范围和纵向范围，也没有意识到地理范围和细分范围的变化并不总是一致的，即采取区域化战略不一定同时采取目标集聚战略，全球化也并不就是成本领先。

## 三、战略、优势与IT：波特的观点与局限

波特把互联网、信息技术、新经济和自己竞争理论相联的观点，主要集中在两篇文章中：一篇是发表于1985年的《如何利用信息形成竞争优势》，那时信息技术的影响才露端倪，网络社会刚具雏形；另一篇就是2001年的《战略与互联网》。

后者被刊登在《哈佛商业评论》2001年第3期上，并获得当年的麦肯锡最佳文章奖①。在这篇文章里，波特发表的“技术论”（认为IT不过是蒸汽机、电力之后的另一次技术革命），和“合一论”（认为所谓“新经济”将和“旧经济”相结合、传统企业和IT企业间也会消失界限），掀起了自己和以托夫勒为首的另一派——“网络改变一切”观点的争论。

---

① 自1956年设立该年度奖以来，麦肯锡奖获奖文章几乎囊括了所有改变我们经济管理思想的最重要观点，如Theodore Levitt的《营销近视》（1960），Peter Drucker的《我们该向日本管理学什么》（1971），Henry Mintzberg的《管理者的工作》（1975），Gary Hamel and C. K. Prahalad的《战略意图》（1989）和《公司的核心竞争力》（1990），David Garvin的《缔造学习型组织》（1993），以及波特教授本人的《战略是什么》（1996）等。

1. 两篇文章的主要观点

（1）《战略与互联网》。该文主要包括这样几个层次：首先，建议所有的企业，包括网络企业和传统企业，都应回归基本面（return to fundamentals）。要获得持续的盈利性，必须创造价格与成本的差额——经济价值。其次，该文将基本论点与原有理论体系相结合，提出决定盈利性的两个基本因素是产业结构与持续竞争优势，产业结构仍然由在传统经济中起作用的五种竞争力决定，竞争优势也仍然由运营效率（operational effectiveness）和战略定位（strategic positioning）决定。最后，对新经济的未来以及它和“旧经济”的关系给出了结论性的意见，认为透过现象看本质，新经济其实更像是使用新技术的旧经济，甚至新经济和旧经济这两个术语都正在丧失其相关性，传统企业的旧经济和网络公司的新经济正在融合，用不了多久要对其进行分辨将变得困难。

（2）《如何利用信息形成竞争优势》。维克多·米拉（Victor Millar）的这篇合著文章触觉灵敏，领风气之先，较早较全面地说明了信息技术对企业的影响，特别是信息技术对价值链九个环节的影响。那时价值链模型和竞争优势理论也刚刚成型，可以说关于信息技术影响的讨论对于价值链模型的产生起到了启发推动和完善定型的作用。该文主要从三个方面重点论述了正在发生的信息革命对竞争的影响方式：

●改变价值链（transforming the value chain）。最开始企业应用信息技术主要是用于制作账表和储存记录，也就是价值链中的订货流程；到后来已经扩张到整个价值链中的所有价值活动，如基本活动中的进料后勤采用自动化仓储，生产经营采用弹性制造，出货后勤采用自动订货流程，市场销售采用电话和业务员的远程联系设备，服务采用远程服务设备、维修车辆排班与路线的电脑化；辅助活动中的采购采用在线采购零件，技术开发采用电脑辅助设计和电子化市场研究，人力资源管理采用自动化人事日程，企业基础设施采用规划模型。我们可以看到，与撰写该文时相比，经过十数年的时间，企业所采用的信息技术工具又进一步更新了，如销售环节现在可以采用依托于国际互联网的电子商务 B-C，所以目前信息技术对价值链的影响更加深入了。

● 改变产业结构（changing industrial structure）。信息技术可以改变决定产业结构的五种作用力，从而增强或减弱这个产业的吸引力。例如，在那些将所购零件予以组装的产业，信息技术可以增加采购者的力量；自动化的物料报价单及行情资料，可使采购者更容易评估物料来源，决定买不买；采购者还能以零散数量达到集团客户的地位。再如，需要在复杂软件上进行大量投资的信息技术，提高了进入壁垒。还有，弹性化的电脑辅助设计和制造系统，能够以更快、更容易、更低廉的方式提高产品的功能，对许多产业发生替代威胁。

●改变产品与业务范围（transforming the product，spawning new businesses）。这种改变有三种方式。首先，信息革命让新的业务在技术上变得可行；其次，信息技术通过新产品的衍生需求而孕育新的业务；最后，信息技术在老行业中创造出新行业。产品的改变在于，传统上产品的实体要素比信息要素更重要，但现在产品中拥有越来越多的信息要素。

我们可以看到，该文前两点秉承波特的一贯思路，企业内部分析用价值链模型，行业分析用五力模型，是良好全面的分析框架和结果。但有关重大影响的最后一点，该文没有用竞争范围来进行外部环境分析，这样，既和原有理论体系不一致，又使该文的分析不全面。实际上，关于信息技术改变产品与业务范围的观点，只相当于论述了竞争范围中产业范围变化这一个方面，而遗漏了信息技术对细分范围、地理范围和纵向范围影响这其他三个。

2. 观点局限

关于信息技术与竞争范围的关系，上述观点存在如下问题与局限：

首先，并没有明确说明对应于竞争范围的四个层面，信息技术到底有着怎样的影响。通过举例我们可以看出文章对其中两个层面的看法：一是地理范围，认为信息技术可以使企业有力量以更广阔的地理幅员创造竞争优势，这和大多数观点包括笔者的看法是一致的；二是产业范围，认为信息革命造成原本疏离的产业重新整合，使原来专精于一个行业的企业现在能够混业经营。如 AT&T 以电讯业为跳板进入计算机工业，金融服务业中银行、保险、经纪业务合并经营，办公设备中打印、复印、数字和话音通讯可以合而为一。结合其第一节“改变价值链”中的叙述，可以看出波特教授认为产业范围将扩展，这是和本文的观点不相符的，下面将详细论述。至于细分范围和纵向范围的变化，文章则没有明确说明其在信息技术影响下的宽窄变化。

其次，对于竞争范围的变化简单地用广阔（broad scope）或狭窄（narrow scope）进行泛指，而竞争范围四个层面的变化并不总是一致的。比如，在信息革命条件下，本书的观点是：细分范围会缩小，产业范围会缩小，纵向范围也会缩小，只有地理范围会扩大。①

## 四、信息技术对竞争范围的影响

本书认为，信息技术将使企业和国家竞争范围发生如下四个方面的重大转变：

1. 细分范围：缩小，从大规模生产（large-scale production）到敏捷制造（agile manufacturing）

亚当·斯密的劳动分工造就了工业社会。专业化的生产提高了劳动生产率，降低了单位成本，形成了规模经济。可以说，工业社会相对于农业社会的特征和优势就存在于大批量生产。然而，大批量生产并不是尽善尽美的：在农业经济时代，生产者与使用者距离非常近，甚至是合一的，生产者可以制作出非常合乎使用者要求的东西；到了工业经济时代，分工越来越细，环节越来越多，生产者与使用者的距离越来越远，使用者的声音常常由于过长的生产-销

① 本书讨论直接引用 How Information Gives You Competitive Advantage 一文的原文或笔者的译文，因为 2003 年中信出版社的《竞争论》中竞争范围发生了数次错译：被译为第 74 页的“竞争规模”、“经营规模”和第 86 页的“竞争规模”，让人误解原文是 competition scale 或 operation scale 等而不是 competition scope，偏离了本来的含义。

售链而传不到生产者的耳中。

从五代市场营销观念的演进，我们可以看到工业社会为克服生产者和消费者的分离而做出的努力：从亨利·福特的生产观念到产品观念，从推销观念到市场营销观念及至社会市场营销观念。但由于科技手段或曰时代的限制，此种分离只能在一定程度上得以缓和，却无法完全消除。

信息技术革命让使用者重新加入到生产中。通过因特网提供的企业与顾客即时双向的交流通道，全球各地的顾客可以随时了解一个企业的产品或业务，获得基于信息的服务，提出反馈意见，发出订单乃至根据自己的需求参与产品的设计。这样，企业的产品虽然可能由于顾客的个性化订制而各不相同，但由于网络的作用而仍然享有大批量生产的规模经济，即所谓的“敏捷制造”。生产者和消费者因为工业革命而离异，现在却由于信息时代的敏捷制造而破镜重圆。融合了农业经济时代和工业经济时代生产制作的优点，敏捷制造使得信息经济时代的产品不仅享有更低的成本，而且无比贴近顾客需求。因为藉着信息技术，使用者和生产者已经合二为一。

如果要以两个人（其人名也恰巧是公司名）来形象地说明这一转变，则最好的选择是“从福特（FORD）到戴尔（DELL）”：正如亨利·福特首倡了大规模生产并成为其代表一样，戴尔是敏捷制造或曰大规模订制（mass customization）的先驱者和典型。

2. 地理范围·扩大，从区域化（regionalization）到全球化（globalization）

在网络经济时代，全球经营的几大障碍，如运输成本、需求差异、沟通不便等，都由于革命性的交通和通讯工具而不断减弱，另一方面，全球经营的动因和利益正在被加强。

全球化战略最重大的优点在于能够实现生产、后勤、营销、采购等各个价值链活动的规模经济。这一战略在网络经济时代尤为重要，原因是经营方式从大规模生产向敏捷制造转变、从商品经济向服务经济转变——敏捷制造中的个性化订制使得市场进一步细分，为了在某一产品市场拥有足够数量的顾客、达到最小有效规模（MES），企业必须在全球范围内进行搜寻；而在服务经济中，个性化的需求一定会比商品经济中更多。这两点都从规模经济的角度对全球化战略提出了客观要求。

可以说，在网络经济时代，全球化战略已经不是各企业权衡之后决定是否采用的一项选择了，而是信息技术带来的不可逆转的历史潮流。以互联网为代表的全球一体的运输和通讯网络，已经把国内和国际市场融为一体，任何力量都很难再把世界市场人为地分割成一个个的国家或地区疆域。所有企业都要面向全球是必然趋势。对于地理范围在信息技术作用下将扩大这一点，本书和波特以及几乎其他所有观点都是一致的，可以说是时代的共识。

3. 产业范围：缩小，从多元化（diversification）到专业化（specialization）

今天的全球化战略不同于以往，它摈弃了“宽系列的全球竞争”，采取一种“全球集聚”①，这意味着企业在扩大经营的地理范围的同时，缩减经营的产品门类，以便在更狭窄的产品区域占领更广阔的地理市场。

企业依靠建立核心专长来获得持久的竞争力和竞争优势，这一著名观点是由 Hamel 和 Prahalad（1990）首先提出并形成重大影响的。网络经济时代，面对疆域辽阔的全球市场，即使是资源丰富、能力高强的大型企业，也会感到资源与能力的有限，而采取更加专业化的战略，以成为新型组织结构——企业网络中不可替代的一个节点。

地理范围的扩大和产业范围的缩小是一个互相作用的循环过程。我国 20 世纪 90 年代之前的企业多元化现象，很大程度上来源于地方保护主义和市场的条块分割。当面向统一的国内大市场后，企业不约而同地走向专业化。将优势资源通过专业化集中之后，企业也才更有力量占领全国甚至世界市场。统计数据表明②，中国和

---

① 迈克尔·波特. 竞争战略. 华夏出版社，1997：283-284.

② 金晓斌，等. 公司特质、市场激励与上市公司多元化经营. 经济研究，2002，9；Chris Zook，Paul Dipao la. 持续增长：从核心业务开始. 财富. 中文版，2002，5：70-77.

世界范围内的企业现在都有从多元化走向专业化以获得盈利和增长的趋势，这是信息技术缩小产业范围的实际证明。

上文中波特的看法是和本书的观点不相符的。关于产业范围，波特认为将扩大，并举信息技术造成的产业融合使 AT&T 等企业进入原来没涉及的领域为例。笔者认为，产品功能的日趋强大——如融打印、复印等多功能为一体的复合式办公设备，并不是企业采用了多元化战略的论据。企业战略到底是日趋多元化还是越来越专业化，衡量标准应该是战略业务单元（SBUs）的多少和产品线（product line）的长短。在革命性信息技术的作用下，功能强大的新产品使原来的多个产品变为现在的一个。例如，融打印、复印等多功能为一体的复合式办公设备，就是一个产品。对于以前只从事打印机或复印机产品经营的企业，它的产品线没有变化，还是一个，但业务范围更广了；对于以前从事打印机、复印机等多种产品经营的企业，它的产品线应该是变短了。因此，在信息革命的影响下，为良好服务于地理范围扩大了的全球客户，以核心技术在激烈的竞争中立于不败之地，企业的产品线会更短，分散资源与能力的跨行业经营的企业集团也是越来越难以生存。信息技术对产业范围的影响应该是使其更狭窄。

4. 纵向范围：缩小，从纵向整合（vertical integration）到外包联盟（outsourcing & alliance）

不只是地理范围和产业范围有着紧密的逻辑关联，实际上，竞争范围四个方面的变化都是环环相扣的。前面已经提到，细分范围的缩小——敏捷制造和个性化订制，使得市场进一步细分，为了在某一产品市场拥有足够数量的顾客、达到最小有效规模（MES），企业必须在全球范围内进行搜寻，导致地理范围的扩大；而面向全球市场后，即便是大企业也会发现自己的资源与能力有限，明智的做法是缩减产品线进行目标集聚，也就是专精生产，即缩小产业范围；精细的专业化分工又要求企业摈弃反应迟钝的金字塔式的层级组织结构，采取灵活的有机式网络组织，以保持对技术、市场和竞争对手都更为灵敏的反应优势，也就是缩小纵向范围，以战略联盟的形式加强和供应商、客户乃至竞争对手之间的合作。

企业之间结成战略联盟常会因时因势而出于多种不同的考虑，例如 1987 年摩托罗拉和东芝结盟是为了顺利进入日本市场；还有一些行业领导者结盟以制定有利于自己的行业标准，等等。而在信息经济时代，如下几个结构性因素成为必须考虑的最重要原因：

（1）联盟化有助于降低结构性成本。将涉及制造一个产品全过程的上下游都整合到一个企业内部，形成钱德勒所说的现代工商企业结构①，无疑有很多好处，确保了供应和需求、回避了市场交易成本是它的经济性所在；然而，在减少了外部市场成本的同时，它又新增了内部管理成本，如增加了固定成本，提高了退出壁垒，降低了灵活性，弱化了内部激励，以及增加了管理难度。联盟这种组织结构似乎以一种最巧妙的方式同时避免了这两种缺陷：既由外包把层级制企业的内部管理成本降到最低，又因联合消除了市场频繁变动所带来的交易成本。

（2）联盟化有助于实现联盟各方的优势互补。信息经济时代，这一点成为企业战略联盟化的最重要原因。和工业经济时代不同，在信息经济时代，企业结成战略联盟已经不仅仅是以对方的长处来弥补己方的短处了，而是以对方的“有”来弥补自己的“无”，即联盟各方只专注于传统价值链 9 个环节中的 1 个或 2 个，完全放弃其他的职能，将这些职能转为外包，以一种紧密的多边战略联盟的形式（而不是工业经济时代的内部化）来实现涉及一种产品或服务完成的全过程。这种联盟的形成有赖于互联网提供的物质基础，实现的是一种虚拟经营，所以更被称为虚拟企业。

（3）联盟化有助于企业分摊新产品和新工艺开发的固定成本及相关风险。信息经济时代，产品的附加值更高，即体现在产品中的知识含量更多；同时产品更新换代的速度也加快，这些都意味着投入到研发中的人员和资金更多、更频。因此，企业和供货商、销售商、其他合作关系甚至同行、竞争对手结成技术开发联盟，有助于分摊成本、共担风险以及共享收益，维持产业结构的相对稳定和

① 小艾尔弗雷德·钱德勒．看得见的手——美国企业的管理革命．商务印书馆，1987.

整个行业的良好利润。

彼得·德鲁克在2001年英国《经济学家》周刊发表文章，也认为未来公司的模式将不再单一。① 一个企业应该致力于最大限度一体化的传统原则现在几乎已变得一无所用了，亨利·福特的无所不包的福特汽车公司已证明是难以管理的灾难。原因是，任何活动所需要的知识已变得高度专门化；在新的信息技术——互联网和电子邮件——已基本消除了通讯的物质成本的条件下，进行组织的最富有成效和最有利可图的方式是分解。即使是已经一体化了的公司，如德鲁克的举例，通用汽车公司，也走向分解和联盟，用控股或持股集团的方式组织企业。

## 五、新国际分工与国家价值链

综上所述，本节的结论是：

1. 根据波特教授的理论体系和分析框架，要分析一项因素如信息技术对企业战略和优势的影响，应分别分析它对企业内部价值链的九个环节、企业外部产业结构的五种竞争力和企业外部竞争范围的四个方面的作用。但在分析信息技术对企业的影响时，波特教授却偏离了自己的原有思路，对竞争范围变化的论述并不全面和完全正确：他只述及信息技术对地理范围和产业范围的影响，没有提到另两个方面——细分范围和纵向范围的变化；同时笼统地提竞争范围的扩大或缩小，而竞争范围四方面在外力作用下变化并不总是一致的。

2. 本书认为，在信息技术影响下，竞争范围发生了如图2-1所示四个方面不同的变化，其中，细分范围、产业范围和纵向范围这三个方面是缩小的，只有地理范围一个方面是扩大的。

我们还可以用战略流派的术语对四个范围作另一个角度的理解，所使用的正是波特教授创立的定位学派的关键词：定位。我们可以看到，地理范围实际上用的是这个词语不管从中文（定位）

① 彼得·德鲁克．公司模式将不再单一——彼得·德鲁克论公司的未来．国外社会科学文摘，2002，2.

来说还从英文原文（positioning）来说的最原始含义——地点的定位；细分范围用的是被菲利普·科特勒扩展了的含义——市场的定位；产业范围则是被波特教授本人所拓展的概念——产业的定位；而纵向范围可以看成是一种组织的定位，在信息技术的作用下，也将发生巨大的变化。

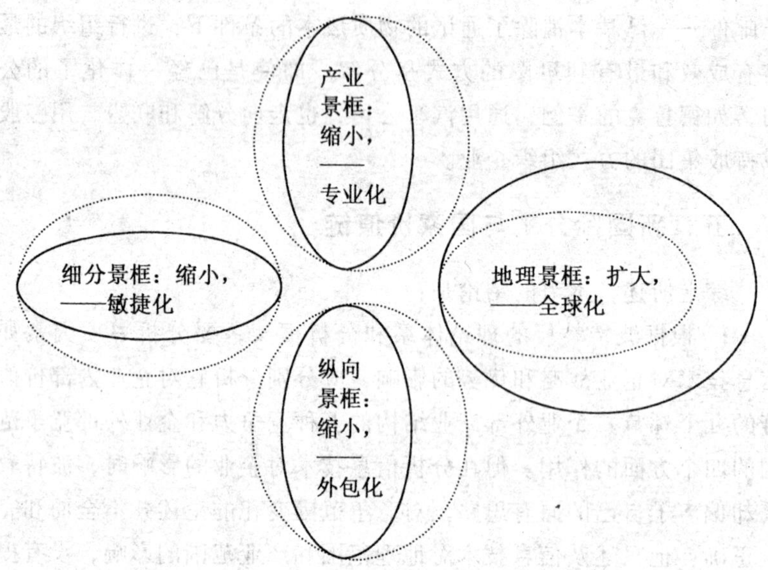


图 2-1　信息技术使企业和国家竞争范围产生的变化

3. 和企业一样，在信息技术作用下，国家的竞争范围将发生深刻的变化。地理范围扩大了，每个国家都将面对全球市场；产业范围缩小了，各国的产业结构将更加专业化；纵向范围也缩小了，各国将更加依赖于商品交换。在李嘉图时代就发现了的比较优势原理——各国专门生产自己最有优势的产品，然后进行国家交换——在新经济时代将更加显著地发挥作用。

波特教授所总结的企业战略本质①："战略是歧异，是取舍，

① Michael Porter (1996): What is strategy? Harvard Business Review, November-December.

是整合”，对国家也完全适用，其本质就是比较优势原理。在经济全球化时代，每个国家都必须找出自己与其他国家不同的优势产业，将所有资源配置向其倾斜并放弃劣势产业，在国家价值链上找准自己的定位。

## 第二节　空间：产业国际竞争力与中国

上节论述了信息经济的时代背景使得比较优势原理的作用比以往时期更加显著，因而应贯彻有所侧重和有所放弃的产业歧视战略。这节将论述产业选择和取舍战略对中国这一地域背景的格外必要性。

### 一、制造业中心转移带来的战略机遇期

“战略机遇期”的说法由江泽民同志在2002年“5·31”讲话中首先使用；十六大提出未来20年是中国发展的重要战略机遇期；胡锦涛同志在讲话中也指出要“紧紧抓住和切实用好重要战略机遇期”①。这一战略机遇期主要由第三次制造业中心转移带来。

1. 有关世界工厂的讨论

随着我国经济总量和对外贸易在世界经济比重的增加，自2001年日本通产省发表的白皮书提出“中国已成为‘世界工厂’”起，中国将成为“世界工厂”、“世界制造业中心”的讨论在国内外日益热烈。如何积极而又理智地应对国际制造业区域结构的变化，需要我们认真回顾和研究世界制造业中心崛起、演变、替代、升级的历史，对现代制造业和整个产业在我国进行一个科学的定位。

世界工厂、制造业中心和现代制造业基地，是世界制造业发展层次不同的空间布局，其结构和功能都不可同日而语。回顾历史，只有19世纪中叶的英国被称为“世界工厂”，后来的美国、日本

① 胡锦涛．在中央人口资源环境工作座谈会上的讲话．新华社，2004-04-04.

则是制造业中心或基地，或说世界经济增长的重心。

19世纪上半叶，随着工业革命的完成和机器大工业的普遍建立，英国就以其发达的纺织业、采掘业、炼铁业、机器制造业和海运业确立了它的“世界工厂”地位，成为世界各国工业品的主要供应者，世界各国也不同程度上成为英国的原料供应地。1860年前后，它的制成品产量为全球的2/5，生产了全世界53%的铁和50%的煤，并输出了美国和欧洲大陆各国工业革命所需的技术装备。可以看到，处在农业向工业转型的时代背景中，英国的产业优势是全方位的，既有纺织、冶炼和机器制造的制造业，也有采掘业等其他非制造业工业和海运业等建立在先进工业基础上的服务业。

19世纪下半叶完成工业革命并凭铁路、电话等又一次电气化革命而崛起的美国，取代了英国的地位。19世纪80年代美国制成品首次排名世界第一，此后一直保持了这一地位，并在1929年达到了全球制造业43.3%的最高点。第二次世界大战后，美国的经济实力进一步增长，成为全球经济霸主，并确立了世界制造业中心兼科技创新中心的地位。

第二次世界大战后日本经济的增长令其他国家望尘莫及，但其制造业占全球的比重从未达到英国和美国曾经的绝对控制地位。日本作为新的世界制造业中心之一，主要表现在重点行业、重点技术领域取得领先于美国的局部优势，而不是在整体上取而代之，如1990年日本轿车产量995万辆（同年美国605万辆），占全球产量的近30%。

2. 第三次制造业中心转移的成因与特点

经济全球化的深入使世界制造业面临深刻的战略重组，第三次转移即将在19、20世纪两次转移之后的21世纪形成。美国、日本、欧洲等发达国家在努力争取本国高新技术产业地位的同时，从降低生产成本和争取更大市场考虑，将劳动密集型的加工制造业和科技制造业，以及部分资本密集型重化工业等向发展中国家转移。发达国家进入后工业社会和信息时代，加上大多数发展中国家启动工业化的进程，这两者结合的结果，便形成了制造业生产基地从发达国家和地区向发展中国家和地区转移的重要趋向。

需要注意的是第三次制造业中心转移和前两次转移的不同。在前两次转移发生的工业化早期，世界经济规模不大，制造业的内部结构也比较简单。随着全球经济一体化的深入，国际分工也越来越细，这使得世界上任何一个国家的所有产业或大部分产业几乎不可能再在世界市场上占有绝对的份额。所以，这次转移不会再产生英美式包揽全部种类的世界工厂或世界制造业中心，只会诞生若干个部分制造业品种的生产基地。

实际上，自德国、日本崛起之后，现代世界制造业已经进入多中心时代。交通运输的高度发展和信息技术的广泛运用，使世界进入时空结合更紧密的新时代。世界各地区经济发展水平的普遍提高，引起工业品采购、研发和制造、销售形式的巨大变化。经济全球化的推动者跨国公司在世界各地寻找最低成本的生产点，使每个国家和地区都可能成为某类产品的制造中心，世界制造业的空间布局从单一化走向多元化和均衡化。经济全球化的过程就是化掉世界工厂、化掉世界制造业中心的过程，其结果是用全球制造取代美国制造、日本制造或中国制造。

3. 第三次制造业中心转移对中国的意义

国际制造业转移的趋势为中国提供了难得的历史机遇，中国也具备了承接制造业中心转移的初步条件。中国要抓住这一机遇，在这一波经济增长中成为新兴工业化经济体（NIES），实现迟到的起飞。

中国具有其他发展中国家难以具备的条件：①中国已经是第四位制造业大国，制造业规模在发展中国家中居首，有一定技术含量的以组装加工为重点的制造业优势正在逐步形成。②中国还是贸易大国，居世界贸易第三位，并在近几年成为吸引外资最多的发展中国家。③中国拥有13亿人口，且处在经济快速成长期，在众多产品和服务上具备世界上最大的需求增长潜力，具有支持制造业发展的广阔国内市场。④中国地域广大，限制了发达地区地价过快攀升；源源不断、近于无限供给的廉价劳动力，使中国可以持续地保持人力资源总体上的低成本优势，且高素质的劳动力资源比其他发展中国家大得多，每年有上百万名理工大学毕业生；传统的高储蓄倾向促进了中国资金紧缺状况的缓解，近年来资金成本也有了一定幅度的下降。⑤工业基础设施如电力、交通、通讯等较雄厚，已建立起包括部分高新技术在内的多门类工业体系，工业配套能力较强，等等。与农业和服务业相比，中国制造业的开放度和竞争力总体上高一些，有希望在某些领域成为世界性的制造基地。

重要的是，中国需要认清第三次转移的时代背景和自身的低起点，不要不切实际地将自己定位于要做下一个“世界工厂”或“世界制造业中心”。这种目标实现对中国的不可能，除了上面已经分析的时代变迁外，中国自身的技术劣势也是重要因素。作为不同时代的中心，英国、美国和日本都拥有当时技术含量和附加值最高的拳头产品——纺织品、汽车和半导体，也借力于恰逢其时的革命性创新机会，如英国执世界之牛耳是利用了蒸汽机为动力的第一次产业革命——机械化，美国成为全球老大是利用了电力为动力的第二次革命——电气化，日本的崛起也是利用了微电子技术的第三次产业革命——信息化。对于科技实力远远达不到英美地位、对比日德也非常落后的中国，制造中心或科技中心都是很长一段时期内不可企及之事。其他的明显差距还有：我国制造业的产值在世界上仅居第四位；产业的集中度过低，企业规模太小，不足以和发达国家相抗衡；在世界 500 强企业中，中国制造业企业为数寥寥，等等。

中国可以做也应该做的，是集中力量在自己的优势产业类别上突破，力争在 21 世纪最初 20 年（美国从 1860 年的第四位到 1880 年的第一位，就是用了 20 年的时间），成为部分制造业品种的世界生产基地。

## 二、入世影响及应对

另一对目前中国产业和国家竞争力影响重大的历史事件是中国加入世界贸易组织（World Trade Organization）。入世后的中国将更加融入世界经济体系，以往受到配额限制的纺织、服装等优势产业，将在世贸组织的统一规则下开展国际贸易，突破国别贸易保护政策，赢得更大的世界市场。但有机遇就有挑战，严峻的问题摆在劣势产业面前。

有人认为加入 WTO 后中国有的产业会垮掉，这种说法是将一个产业和现有的具体企业混为一谈。加入 WTO 后的开放市场条件下，更多的外国直接投资将进入中国。同时，国内实行国民待遇原则后，原来受限制的投资主体的市场准入条件也将得到改善。这样，竞争的强度和质量将从两方面提高。外资和以往受限制的内资进入增加，市场竞争必然加剧，现有的某些竞争力差的企业垮掉是非常自然的。与此同时，一批竞争力强的企业将会迅速成长，整个产业不仅不会垮掉，而且会发展得更好。原因是加入 WTO 后，企业可以在全球范围内更低成本地重新配置资源，使得配置效率提高。市场范围决定着分工程度，进而决定着资源配置的效率。入世所追求的正是扩大市场范围和改进资源配置的双重目标。

加入 WTO 后，中国现有的产业体系将在更大程度上与国际分工联系在一起，有优势的产业得到更快发展，一般性产业基本维持现状，处于劣势的产业则可能收缩。有进有退的产业结构调整是入世题中应有之义。作为一个大国，中国产业体系的完整性会高于小国，但在国际分工体系中处于劣势的产业或产业环节是肯定存在的。如果适当长的时间以后，中国处于劣势的某个产业或产业环节有所收缩，资源转向具有优势的其他产业或产业环节，这不仅没有什么值得担忧的，反而恰恰是中国产业结构调整成功的标志。

中国经济的主要特点是拥有资源上的比较优势和技术上的后发优势。比较优势存在于自然资源、劳动力方面的特点要求我们对产业进行取舍，全面发展，甚至对弱势产业进行扶持的做法则是错误的。十六大提出中国要走工业化加信息化的新型工业化道路，通过学习先进经验而具备技术、管理、体制等方面后发优势的特点正在于此。我们没有必要像西方国家那样在工业化完成之后才搞信息化，而是可以在工业化过程中就涉足信息产业所代表的高新技术产业。但是，用信息化带动工业化，决不是用信息化代替工业化。我们更需要做的，是用信息技术为代表的高新技术和先进适用技术改造传统产业。所谓“传统产业”如劳动密集型制造业或劳动力和资本、技术结合的制造业，对我国来说决不是什么夕阳产业，而是在很大程度上意味着我们的优势所在。

中国制造业的发展必须有全球眼光，在发挥自身比较优势和有利于国内产业升级的结合点上，培育出一批中长期内在国内外市场具有强竞争力的产业，对于竞争力不同的产业采取不同的调整和发展战略。对于那些具有竞争优势的产业，应鼓励其中的企业形成长时期可持续的核心竞争力。在这些产业中，最有希望成长起一批具备很强竞争力的大企业，包括若干具有全球影响力的跨国公司。不过，显而易见的是，这些大企业的成长，不可能依托于政府的扶持和保护，这不仅是 WTO 规则所不允许的，而且政府的扶持和保护不可能培育出真正有竞争力的企业。一个可以得到普遍验证的事实是，国家通过行政性垄断、进入限制等方式实行保护的行业，如金融、保险、汽车等行业，企业竞争力一般不强；反之，放开市场，鼓励竞争，甚至对外商也高度开放市场的行业，如家电、电信设备制造等行业，企业的国内国际竞争力普遍较强。这种现象的出现决非偶然，从中可以引出的基本规律是：开放市场，促进竞争，是提高企业和产业竞争力的唯一途径。政府所能做的，主要是为企业创造一个良好的市场环境。对于那些近期不具备竞争优势但行业前景广阔的产业，应当加快开放市场，鼓励竞争，发掘需求潜力，促进竞争对产业由弊到利的转化。对那些在可预见的将来缺少发展潜力的产业，可采取收缩战略。

入世，我们并不惧怕竞争，但也不意味着可以盲目竞争。中国企业和产业需要的是高明竞争，即集聚竞争，以己之长与人竞争。这就意味着中国企业要更加深入地参与国际分工，中国产业要在全球价值链上准确定位。

## 第三节　研究意义：两个空白的填补

### 一、国家竞争优势理论的实证空白

从一个中国研究者的视角，很容易发现，在国家竞争优势研究中有这样一个遗憾：实证部分选用了 10 国的资料——美国、英国、德国、瑞士、瑞典、丹麦、意大利、日本、韩国、新加坡，但缺少对世界经济影响重大和采样意义典型的中国。

波特教授为什么没有进行中国实证研究？这也是一个令人感兴趣的问题。我暂时没有找到有关的资料或文献说明，包括他本人的官方网站，也没有这方面的话题或说明。根据有关情况试着揣测，原因是要进行这项研究，起码在写作《国家竞争优势》的1990年以前是很困难的：一是中国企业的国际贸易和对外投资没有大规模开展起来，从而使产业国际竞争力的评定缺乏现实基础。实际上，2001年由主要成员国投票通过的中国准入世界贸易组织，才意味着美国等正式承认中国作为一个市场经济国家的地位。二是中国的产业分类粗略而落后，直到现在，也和国际采行的四分位、五分位不接轨。不同的分类方法和数据依据出现在同一本书中，所得出的结论也会因此而和其他国家的结论格格不入。三是那时中国可能缺少可以和他合作的人员。《国家竞争优势》的10国实证中，每一国都是由该国的相关研究者和波特教授合作进行的。1990年以前的中国，战略管理理论远未普及，即便是在学术界。

这个遗憾或缺漏却给本研究造成了莫大的机会。入世之前的中国从市场结构、宏观管理到人员条件，使该项研究不可能；入世之后不仅出现了可能性，同时也大大增加了必要性。这无疑使本研究在对国家竞争优势理论的实证部分进行空白填补具有更大的意义。

## 二、中国竞争优势产业的选择空白

反过来从事情的另一面——中国——来看，就有一个更大的缺憾了。虽然身处信息经济时代并面临承接制造业中心的转移，竞争优势产业的判定和取舍战略具有非同寻常的必要性，但中国目前还没有用基于国家竞争优势理论分析的产业国际竞争力标准，对自己的全部制造业进行评价，以确定自己具有竞争力的优势产业。也可以说，中国在对应领域的研究还相对缺乏。

1. 优势产业的确定和高增长产业的确定不同

优势产业的选取是和“高增长产业”的选取不同的。高增长产业指拥有很高的增长速度从而带动经济快速增长的行业。找寻此类行业的研究者认为经济的快速增长与高增长行业的数量和增速密切相关，正是由于存在相当数量的高增长行业，这些行业的增长速度往往达到10%、20%乃至30%以上，国民经济总体的平均增长速度才达到7%以上的较高水平。比如，20世纪80年代初期和中期，对我国经济起带动作用的高增长行业主要是轻工、纺织等行业；经过80年代末的调整后，从1992年开始，经济进入新一轮快速增长，其间的高增长行业主要是基础设施和基础产业如公路、港口、电力、钢铁等，新一代的家电产品如彩电、冰箱、洗衣机、空调等，及房地产；1997年以后的增长趋缓，除金融危机之外的国内因素是90年代初崛起的高增长行业到后期作用力下降，而新的高增长行业未能及时跟上。

可见，高增长产业的主要关注点是产业增长率，并不追究增长原因。在高增长行业确定的住宅业、汽车制造业、电子通讯业中，产业出现高速增长的原因是不同的，可能是产业有竞争力，如中国电子通讯行业，那么这种高增长产业同时也是优势产业。但产业高速增长的原因还很可能仅仅是市场需求上涨，如汽车、住房等，身处其中的中国产业并无竞争力，只是在迅速扩大的市场蛋糕中分了一小杯羹。

本书认为，高增长产业主张的产业增长与经济增长的关系，有倒果为因之嫌。该研究选定的汽车、住宅等产业，不是造成经济高速增长的原因，而是经济高速增长时期市场需求旺盛的结果。20世纪90年代后期的中国经济的明显趋缓就是因为那些所谓高增长产业，在市场需求获得阶段性满足后增长停滞了，因为它们并没有真实的国际竞争力。高增长行业而不是优势产业的选取，不能解决经济持续增长问题。如《让高增长行业起作用》一文中的汽车、房地产、钢铁、城市轨道交通等行业①，都是严重依赖于内需市场状态的产业。如果对这些行业加以扶持和重点发展，在市场需求旺盛时容易产生泡沫经济，在市场需求趋缓只能是寅吃卯粮、预支需求，都是违背市场经济规律的做法。违背经济规律的惩罚的教训是

① 刘世锦．让高增长行业起作用．管理世界，2003，2.

深刻的，在20世纪90年代上一波经济高潮中留下的众多“烂尾楼”，经过十年才随着当前经济的再次高涨而逐步消化。如果这次经济繁荣期内，在不正确的产业政策指导下，产生类似的积压如超过民众购买力的汽车及其生产线等，社会损失将更加巨大。

2. 优势产业的确定和新兴主导产业的确定不同

具竞争力产业或者说优势产业的选取，也和“新兴主导产业”及“新兴支柱产业”的选取不一样。优势产业注重产业的现实竞争力，方法是衡量产业的生产率、国际市场份额、利润率等客观经济指标，目的是找寻中国产业结构最可能的突破点；而新兴主导产业的出发点是对兼顾各项综合效应产业结构的理想设计。例如，新兴主导产业研究采用了增长潜力、就业功能、带动效应、生产率上升率、技术密集度、可持续发展性以及国际比较等7个指标，对制造业进行比较排序，得出的结论是电子通信、电气机械、纺织服装和交通运输、普通机械、专用设备6类①。本书附录部分的数据分析将表明，主导产业的选择结论与优势产业出入很大，其前三项是优势产业，后三项则不是，甚至是劣势产业。新兴支柱产业的选择标准和新兴主导产业非常相似，也是应用增长性、带动效应、就业功能和资源消耗、环境污染（即可持续发展性）等多项综合社会指标，不同的是选择范围更广，从全部产业中选出了农业、物流业、旅游业、房地产业、社会服务业和基础设施业等几项，其制造业中的结论则和新兴主导产业完全一样②。

本书对产业的评价侧重于“强”而不是“大”，优势产业选取的逻辑是从客观出发：因为这些产业已经很强，所以我们可以把它们做大。支柱产业和新兴主导产业的评价则是侧重于“大”而不是“强”，他们的逻辑是从主观出发：因为这些产业作用巨大，所以我们应该把它们做强。很明显，后者能够实现的难度大大高于前

① 郭克莎. 工业化新时期新兴主导产业的选择. 中国工业经济，2003，2.

② （中国社会科学院课题组）江小涓，等. 抓紧产业结构调整升级 促进新兴支柱产业发展. 宏观经济研究，2003，5.

者。市场规模大、带动能力强的产业，是世界各国不约而同的理想发展目标。但问题是，这些产业之中我们的优势何在？我们凭借什么实现对竞争对手的超越？所以，我们需要做的是选取中国有国际竞争力的优势产业，为其创造良好的发展环境；对于不符合这个条件的其他产业，政府则不宜扶持，而应有所退出，让位于外国产品或外资企业；同时在开放、竞争条件下，任企业在和外资合作与竞争过程中自行锻造出自生能力，如十年来东风汽车公司与法国雪铁龙、标志和日本本田进行合作发展的历程①。

3. 中国的优势产业应在制造业中重点选择

在2002年8月16日举行的中国经济增长论坛新闻发布会上，中国国家统计局发言人表示：过去中国20多年的经济增长，主要依靠制造业的成长；目前中国经济的比较优势仍然在制造业；今后在相当长的时间内，中国经济还得靠制造业来牵引。

20多年来在中国经济的成长过程中，制造业已经成为经济增长的发动机。中国制造业增加值在国内生产总值所占的比重虽然有一定的起伏，但基本维持在40%左右。中国的财政收入一半来自制造业，制造业吸收了一半的城市就业人口和一半的农村剩余劳动力。并且，制造业自20世纪90年代以来的出口一直维持在80%以上，创造了3/4的外汇收入。所以，对于中国，无论是从制造业占国内生产总值和财政收入的比重，还是扩大就业、保持社会稳定来讲，至少在21世纪的前20年，制造业仍然是我国国民经济增长的主要来源。制造业集中体现了我国的优势所在：中国人口众多，劳动力的无限供给将会在很长时期内存在，并长期抑制中国制造业工资成本的上升。同时，中华民族具有十分突出的高储蓄传统，所以高就业人口条件下的高积累型增长方式是中国制造业发展的一个突出特点。

违反客观规律追求产业结构升级、较早地脱离制造业发展第三产业，存在着许多问题和弊病。韩国由于政府对产业结构调整重点问题上的认识失误，致使韩国当前制造业增速大减，第三产业也没

① 王南方，等. 十年东风恋. 长江日报，2004-03-12.

有大的起色①。中国的工业化尚未完成，更不可能强行超越工业化阶段追求和发达国家同样层次的产业结构。即使中国步入了信息社会，制造业与信息产业依然是相互依存、相互促进的关系。目前中国制造业居全球第四位，比较优势非常明显，这种比较优势在很大程度上已经形成了中国独特的国际竞争优势，在国际分工中已经争取到比较有利的地位。目前中国出口贸易产品结构中工业制成品已取代初级产品，占80%以上的比重。中国正在由跨国公司的加工组装基地向制造基地转变，在一些行业中，中国制造业已经拥有了与世界同行竞争的实力。

① 周松兰．韩国的脱工业化特点、产业结构调整重点及其启示．外国经济与管理，2004，2.

# 第三章 评价方法:现存问题与本书观点

本章全面分析了最常用的几种国际竞争力评价方法：包括IMD、WEF和钻石模型在内的多因素综合评价法，以ICOP项目组为代表的生产率法，以及被波特教授等众多研究者使用的进出口数据法，每种方法内又有各自众多的指标。重点研究了国家竞争优势理论的评价方法和指标，认为钻石模型和显示性比较优势指标（RCA）分别是多因素法和进出口数据法的代表。同时，各种不同的评价方法实际上是在评价竞争力的各个不同层次：竞争力的来源——产业环境，竞争力的实质——生产率，竞争力的表现——市场份额，竞争力的结果——收入利润。针对竞争力来源的多因素法虽然解释性强，但在准确性上逊于针对竞争力本质的生产率法、针对竞争力表现的市场份额指标和针对竞争力结果的利润指标。企业层面和国家层面、评价模型和实证测定之间的不一致，显示整个竞争力理论体系存在一些内在矛盾。

## 第一节 研究现状与回顾

对国际竞争力的研究，在国外可以上溯到世界经济论坛（World Economic Forum，简称WEF）从1980年开始的专题讨论，以及1986年形成的相对完整体系和发表的轰动性研究报告；在国内则始自1989年原国家体改委（即国家体制改革委员会）与世界经济论坛和瑞士洛桑国际管理发展研究院（the International Institute for Management Development，简称IMD）的联系，以及1996年起原国家体改委经济体制改革研究院和中国人民大学、深圳综合开发研究院组成的联合课题组出版的中国国际竞争力发展报告。

对国际竞争力评价方法的研究，是经济与管理领域最具深入价值和发展潜力的内容之一。短短20年的时间，多种评价方法伴随着大量的研究组织和研究报告纷纷涌现。其中最著名的，除了世界经济论坛的年度《全球竞争力报告》（Global Competitiveness Report，简称GCR）和瑞士洛桑国际管理学院每年6月出版的《世界竞争力年鉴》（World Competitiveness Yearbook，简称WCY）之外（这两项研究已经分别有80个和49个国家和地区参评，涵盖了世界主要经济体，具有较大的民众知名度和政策影响力），还有哈佛商学院的迈克尔·波特教授于1990年在《国家竞争优势》一书中提出的钻石模型，以及他对美国、日本、英国、德国等10国进行的产业国际竞争力的实证分析。波特教授对竞争力研究有重大影响的另一点，是世界经济论坛自1998年始，根据他关于竞争力和环境方面的理论，增加了微观经济竞争力指数（2000年改名为当前竞争力指数）。

不少学者将国家竞争优势理论和钻石模型向其他国家和地区进行拓展研究，如Enright对瑞士和我国香港的研究①；邓宁（Dunning）对钻石模型进行了考察和质疑②；Rugman认为波特模型强调国内市场和国内企业，只适用于解释美国、日本和欧盟等大经济体的情况，但用来解释加拿大这样的外向型经济体就会出现大量的错误结论③，等等。各国著名的国际竞争力评价机构还有：美国的商业风险评比公司，韩国的产业研究院，韩国的大宇经济研究所，日本的经济新闻研究中心等。其他有影响力的竞争力评价方法包括荷兰格林根大学(University of Groningen)“产出和生产率国际比较”(International Comparison of Output and Productivity，简称ICOP)研究

① Enright, M. and R. Weder (1995) Studies in Swiss Competitive Advantage, Bern: European Academic Publishers.

② Dunning, J. H. (1993) Internationalizing Porter's Diamond, Management International Review, Special Issue(2), pp. 8-15.

③ Rugman A. M. and D' Cruz, R. (1993) The "Double Diamond" Model of International Competitiveness: the Canadian Experience, Management International Review, Special Issue (2), pp. 17-39.

组所提出的“生产法”（Approach of Origin）。

在国内，除了以赵彦云教授为首的中国人民大学竞争力与评价研究中心每年发表中国国际竞争力评价报告以外①，和格林根大学合作的北京航空航天大学任若恩教授，以1996年和1998年分别发表在《中国软科学》和《经济研究》杂志上关于中国制造业国际竞争力研究的两篇论文②，开国内学者用生产率法进行产业国际竞争力研究之先河。中国社会科学院工业经济研究所的金碚研究员，是最早应用国家竞争优势理论进行工业竞争力分析的国内学者③，1997年发表的《中国工业竞争力分析》报告获“孙冶方经济科学奖”。中国社会科学院工业经济研究所张金昌博士2002年发表的以毕业论文为基础的《国际竞争力评价的理论和方法》一书，对前人的相关工作做了较为全面、系统的考察和总结，用他本人的话来说，为国际竞争力专题研究提供了一个很好的“方法论平台”。此外，笔者本人关于产业国际竞争力的评价方法（2003，2004）④和相关理论（2006，2007）⑤及其政策含义（2006）的论文⑥在本领域也具有一定的影响力。

一个明显的状况是，不管从国内，还是从世界范围来看，关于国际竞争力研究的前期观点并不统一，在评价方法的采用、指标体系的选择上还有一些争论和差异。差异产生的一个重要原因是，各

① （中国人民大学竞争力与评价研究中心）赵彦云，甄峰．2002年中国国际竞争力评价报告．经济理论与经济管理，2003，3.

② 任若恩．关于中国制造业国际竞争力的进一步研究．经济研究．1998，2；关于中国制造业国际竞争力的初步研究．中国软科学，1996，9.

③ 金碚．产业国际竞争力研究．《经济研究》，1996，11.

④ 陈立敏，谭力文．产业国际竞争力的评价方法研究：兼论波特体系的内在矛盾．经济管理，2003，24；评价中国制造业国际竞争力的实证方法研究：兼与波特方法与指标比较．中国工业经济，2004，5.

⑤ 陈立敏．基于比较优势四个来源的新钻石框架及其政策含义：兼论波特模型的解释困难．国际贸易问题，2006，3；波特和李嘉图的契合点：比较优势理论与竞争优势理论的对比分析．南大商学评论，2007，8.

⑥ 陈立敏．企业能力、产业竞争力、比较优势与政府作用：也论中国激光视盘播放机工业的发展启示．财贸经济，2006，3.

研究者对于包括研究对象在内的基本元素并没有清晰界定。比如包括上面提到的各项著名研究，虽然都是针对国际竞争力的，但并不在同一个层次上，有的是研究国家的竞争力的，有的是研究产业的国际竞争力的，还有的是研究产品的国际竞争力的。实际上，对国际竞争力不同主体进行评价的方法也确实有共同之处。另一方面，对相同主体的评价方法也会有不同的地方。一个典型例证是，对同一主体——国家竞争力进行评价的世界经济论坛和瑞士洛桑国际管理发展研究院，在一度联合工作后，也自 1998 年起分道扬镳，原因是前者越来越倾向于研究决定一国经济增长的因素，而后者更加重视国家向企业提供有竞争力环境的能力。

本书将研究重点置于产业国际竞争力的评价方法。这一点和波特教授在《国家竞争优势》中的出发点是一致的（但和他主持的 WEF 微观经济竞争力研究不一致，后者注重企业运作的微观经济运营环境，属国家竞争力层面）。笔者同意《国家竞争优势》一书 1998 年的再版序言中所说的："国家会影响到它的公司在某些特定产业的成功，而数以千计个别产业的竞争结果，又能折射出这个国家的经济状况和进步能力。"世界范围内学术界和政府机构对产业国际竞争力评价方法的关注和结论上的出入，增加了将此项研究深入进行的必要。

## 第二节　常用评价方法与指标分析

国际竞争力的评价方法和指标有多种，目前最具影响力和代表性的可以分为四类。

### 一、多因素综合评价法

多因素综合评价法，即多因素法，是应用范围最广泛的竞争力评价方法，可以被用于国家竞争力和地区竞争力的评价，也可以被用于企业竞争力和产业竞争力的评价。

1. 用于国家竞争力的评价

世界经济论坛、瑞士洛桑国际管理发展研究院、波特的钻石模型和微观经济竞争力评价，以及中国人民大学竞争力与评价研究中心的中国国际竞争力评价报告，应用的都是这一类方法。IMD 在 2001 年以前采用的是八大要素体系，2001 年改变了评价体系，建立了①经济运行、②政府效率、③企业效率、④基础设施和社会系统四大国际竞争力要素体系。中国人民大学竞争力与评价研究中心在做中国国际竞争力评价时，是选用的 IMD 的标准和结果，而且将新四大要素体系和旧 8 大要素体系同时采用，公布对照结果。WEF 自 1996 年至 2000 年陆续采用并确定了 4 个新排名指数：增长竞争力指数、当前竞争力指数、经济创造力指数和环境管制体制指数，其中当前竞争力指数是在 2000 年由 1998 年增加的微观经济竞争力指数更名而来，是依照波特教授对竞争力的看法和定义设定的。波特教授的钻石模型，也是根据“每个国家都有的四项环境因素”——要素条件，需求条件，相关和支持产业的表现，企业的战略、结构和竞争对手——来评价国家产生竞争优势的能力的。

可以看出，虽然内部还存在一些差别，如上文提到的 IMD 定义国家竞争力为支持企业竞争力的环境，而 WEF 定义为获得经济高速增长和当前高生产率的能力；IMD 对国家竞争力的评价建基于大量的统计和调查数据，而 WEF 使用更多的最新理论和定性指标，更像一个研究报告而非评价报告，但多因素综合评价法存在着显而易见的共同点，即通过众多的指标①、复杂的统计，来进行几乎包括国家所有经济因素的全面评价。这种方法的缺陷也比较明显，如指标体系过分庞大，指标的重复性较大，指标的确定有些武断，将对不同竞争主体（国家、企业）和竞争对象（制度、产品）的影响因素放在一起加权计算从而使最后的结果几乎失去了意义。

2. 用于地区竞争力的评价

结合西部大开发、地区经济差异、省际竞争力和城市发展战略

① 如 IMD 有 47 个子要素、180 个统计数据类硬指标和 110 个经营者问卷调查类评分指标，WEF 也在 8 大要素项目中各分布着数十个定性和定量指标，并且不同要素项目之间和同一要素内部不同指标之间，都有着不同的权重。

等现实问题①，这类研究国内做得比较多。代表者之一是中国社会科学院工业经济研究所的魏后凯研究员，他评价的是区域工业竞争力，采取的是这样5个指标：①市场影响力，用地区工业在全国工业市场的占有率来衡量；②工业增长力，用地区工业总产值的增长率来反映；③资源配置力，用工业销售利润率和全员劳动生产率加权平均来表示；④结构转换力，用高增长行业产值占地区工业总产值的比重（反映工业对市场变化的适应性）和加工工业产值占地区工业总产值的比重（反映工业层次升级能力）这两个指标表示；⑤工业创新力，用非国有工业产值占地区工业总产值的比重来反映该地区的制度创新能力，用企业科技经费支出占GDP的比重（即R&D投入比重）来反映地区的技术创新能力，以二者的加权平均来反映该地区工业的总体创新能力②。可以看出，相比起同类的其他多因素工业综合评价法，魏后凯的指标设计优良合理。然而这种方法，或者说这一类方法都存在的问题，是指标的选取缺少理论背景和科学基础。尽管单个指标不乏合理性，但深入研究可见，它将竞争力的表现——市场份额，竞争力的实质——生产率，与竞争力的来源——教育、设备和R&D投资这三个层次的内容（下文将详述）放在一起进行评价。如果指标的选取和设计是从主观推断出发而不是从一个科学的体系出发，再庞大的评价系统和再复杂的指标体系也无法穷尽所有方面，从而是既不科学也不完备的。

3. 用于企业竞争力的评价

企业竞争力的研究是企业管理理论的核心内容，各种企业理论的论述实际上都是围绕着企业竞争力的建立和提升的。张金昌博士的标杆测定方法③是一种典型的多因素综合评价法。这种方法的优

① 如袁瑞娟．中国城市竞争力问题研究综述．经济学动态，2003，1；张赛飞．珠江三角洲、长江三角洲24城市经济实力比较研究．宏观经济研究，2003.10；南振兴．我国省际工业竞争力的比较研究．经济管理，2004，1.

② 魏后凯，吴利学．中国地区工业竞争力评价．中国工业经济，2002，11.

③ 张金昌．国际竞争力评价的理论和方法．经济科学出版社，2002.

点是不但能够评价和判断竞争力的高低，找出竞争力高低的主要原因，而且还能够告诉我们为了提高竞争力应该如何去做，即可以将竞争力的评价和提高引向操作层面。它的进行方法是比较竞争力不同的两个企业间的业务流程并确定改进方案，信息来源是最佳企业分析。

4. 用于产业竞争力的评价

信息产业部电信研究院政策研究部产业竞争力项目组朱金周等在《通信信息报》上发表的《中国电信业国际竞争力发展报告(2002)》，是用多因素法评价产业国际竞争力水平的例子。该项目组选取了电信法律体系、行业监管体制、管制政策透明度等3个指标评价宏观（制度框架）国际竞争力水平，选取电信业务收入、人均电信业务收入、电信业务收入年增长率、全国主线普及率、年均电信投资、年均电信投资/GDP、国际话务量MOU以及ARPU等8个指标评价中观（市场表现）竞争力水平，选取该国进入《财富》500强电信公司数、全员劳动生产率、全员劳动生产率增长率等3个指标评价微观（企业规模效益）国际竞争力水平。前面提到的高增长产业、新兴主导产业和新兴支柱产业的选择和评价方法都属多因素法。

## 二、生产率法

定义为投入与产出之比的生产率，除了指劳动生产率（以人均GDP、单位工资产出、单位工作小时产出等表示）之外，还有资本生产率（单位资本投入的产出）和全要素生产率（技术变革对生产率的贡献）之分。为测定各个投入要素对产出的贡献，需要我们在计算生产率时使用多投入要素的生产函数 $Q=F(K, L, t)$，该式表示，产出 $Q$ 是资本投入 $K$、劳动投入 $L$ 和时间变量 $t$（表示随着时间的变化而存在的技术变化）的函数。由于存在着产出和投入的计量单位差异，生产率的计算问题非常突出，目前主要有三种计量方法：以实物量计算，以汇率换算的价值量来计算，以及用购买力平价换算的价值量来计算。

以购买力平价为基础计算生产率并进行国际比较，从理论上来说是准确的首选方法，原理是基于购买力平价（PPP）法（而非汇率法）对两个国家的产业产出进行比较研究，以确定产业层次的国际竞争力。具体操作在理论界存在着两种不同的方法，一种是用荷兰格林根大学“产出和生产率国际比较”（ICOP）项目组所提出的“生产法”。该方法以 Wagner，Van Ark，Baily 和 Freudenberg 为代表①，他们自 1983 年开始收集数据，包括世界主要大国和强国的制造业数据，将这些数据按统一的分类标准进行重新整理后，应用产业来源法计算出各国产业产出的购买力平价数据，进行国际比较。利用这些数据，还可以计算出劳动生产率、全要素生产率、单位劳动成本等指标来进行比较。另一种方法以 Dale Jorgenson 和 M. Kuroda 为代表，通常称为“支出法”②。他们在 1992 年提出了以计算 GDP 购买力平价时所使用的 153 组商品组数据为基础计算产业产出购买力平价数据的方法，并用这种方法计算了生产率和成本方面的数据，进行国际比较。这一计算方法比较复杂，但它不但能够计算出产业产出的购买力平价，而且能计算出投入要素的购买力平价，以更加准确地说明和解释相比较国家产业国际竞争力的变化及原因。

国内以生产率法进行产业国际竞争力研究的，主要是采用“生产法”的任若恩教授。他自 1993 年起和格林根大学有关人员合作进行中国制造业各产业部门的国际比较研究，并就中国和美国制造业各行业的生产率及其决定因素进行了对比分析。购买力平价法除了可以进行产业国际竞争力研究外，还可用于国家层次竞争力的评价，主要指标是计算各国的 GDP（国内生产总值）和人均 GDP。事实上，“支出法”所采用的 153 组商品组数据，就是根据

① B. Van Ark, Productivity and Competitiveness in Manufacturing: A Comparison of Europe, Japan and the United States, International Productivity Difference, edited by K. Wagner and B. Van Ark, 1996, North Holland, Amsterdam, the Netherlands.

② Dale Jorgenson and M. Kuroda, Productivity and International Competitiveness in Japan and the U. S., 1960-1985, edited by Bert G. Hickman, International Productivity and Competitiveness, New York, Oxford, 1992.

Kravis，A. Heston 和 R. Summers 在 1978 年提出的计算国家 GDP 和人均 GDP 的方法脱化而来。

需要指出的是，以生产率法进行产业国际竞争力研究存在不少问题和困难。其一是世界银行等组织公布在国家层次上计算 GDP 或 GNP 的购买力平价，可以进行国家层次的生产率比较，还没有一个正式的国际组织来计算产业层次的购买力平价。其二是应用上述几种方法计算购买力平价，不仅由于需要对国别之间的产品质量差异、结构差异做大量调整而工作量大、难于开展，而且因为产业产品构成在各个国家之间的差别较大（特别是在发达国家和发展中国家之间），还受到投入要素成本和汇率的影响，结果并不准确。因此，大多数学者进行产业层次的国际竞争力比较，主要是在两个相互竞争的国家之间进行，因为它们的可比性较大。但经合组织（OECD）和欧盟委员会（EUROSTAT）在组织成员国进行产业层次竞争力比较时发现可比性仍然十分有限，因为即使就单个产品来说国家之间差距也是比较大的，多个产品组合后则偏差更大①。可见，应用生产率法进行国别产业竞争力比较困难重重，这也是本书在后面选择在华三资企业群体为参照物进行中国制造业竞争力评价的原因，以获得统计方法的一致性和评价指标的可比性，减少系统误差。

### 三、进出口数据法

应用进出口数据计算有关指标，是产业国际竞争力评价的另一大类方法。关于这类方法，指标和实证研究都比较多。事实上，波特的《国家竞争优势》中，理论部分提出了钻石模型和产业集群的产业竞争力确定方法，而在实证部分，使用的就是以出口数据为基础的计算方法。在国内，张金昌、邹薇、蓝庆新、范纯增、范爱军等绝大部分关于产业国际竞争力的实证分析都采用了这种方法。

---

① Pilat and Prasada Rao (1991) A Multilateral Approach to International Comparisons of Real Output, Productivity and Purchasing Power Parities in Manufacturing, Research Memorandum, No. 40, Institute of Economic Research, Groningen.

进出口数据法最常用的主要指标有：

1. 显示性比较优势指标（revealed comparative advantage，RCA）

它还被称为相对优势指数，由 Balassa 在 1965 年提出①，是在衡量产业国际竞争力时最常被使用的一个指标，也是波特在《国家竞争优势》中没有明言的首选标准。它的算式是：RCA =（Ej / Et）/（Wj / Wt）②，式中，Ej、Et、Wj 和 Wt 分别表示一国 j 商品的出口值、一国商品出口总值、世界 j 商品的出口值和世界商品出口总值。它的含义是：一个国家某种商品出口值占该国出口总值的份额与世界此种商品出口值占世界出口总值的份额之比率。如果这个比率大于 1，说明该国此种商品具有优势；如果小于 1，证明该国此种商品没有优势。

2. 贸易竞争指数（trade competition，TC）

它还被称为净贸易比（Net Trade Radio，NTR）、净出口指数（net exports，NX）及贸易专业化系数（Trade Specialization Coefficient，TSC）。它的计算公式是：TC =（Ej - Ij）/（Ej + Ij）。式中 Ej、Ij 分别代表一国 j 产业的出口和进口额。TC 在 1 和 -1 之间变动，TC > 0 表示产业处于优势，TC < 0 表示处于竞争劣势，TC = 1 和 TC = -1 是一国该产业只有进口或只有出口的极端情况。

3. 国际市场占有率（market share，MS）

它的算式是：MS = Ej / Wj，式中，Ej 和 Wj 分别表示一国 j 商品的出口值和世界 j 商品的出口值。其值越高，说明该国此种商品的国际竞争力越强。

---

① Balassa, Bella (1965) Trade Liberation and Revealed Comparative Advantage, The Manchester School of Economic and Social Studies, 33, pp. 92-123.

② 根据迈克尔·波特的《国家竞争优势》第 723 页的文字表述，该书应用的计算公式实际是：临界值 =（Ei/ Wi）/（Et /Wt），这和标准 RCA 完全等价。译本此页有一个严重错误：倒数第三行“该国所有产业占全球出口总量的百分比”应为“该国该产业占全球出口总量的百分比”（即为上式的分子部分）。

4. 产业内贸易指数（internal industry trade，IIT）

它的算式是：IIT = 1 - （Ej - Ij）/（Ej + Ij），式中 Ej、Ij 分别代表一国 j 产业的出口和进口额。其值越大，表明产业内贸易水平越高。

5. 显示性竞争优势指数（competitive advantage，CA）

这是一个既包含 RCA 的功用，又以进口做出修正的很好指标，由 Thomas Vollrath and De HuuVo. 在 1988 年设计①，也被称为相对贸易优势（Relative Trade Advantage，RTA）。它的算式是：CA = (Ej / Et) / (Wej / Wet) - (Ij / It) / (Wij / Wit)，即 CA = RCA - （Ij / It）/(Wij / Wit)。Ej、Et 表示一国 j 商品出口值和一国出口总值，Wej、Wet 表示世界 j 商品出口值和世界出口总值，Ij、It 表示一国 j 商品进口值和一国进口总值，Wij、Wit 表示世界 j 商品进口值和世界进口总值。由于 CA 指标既包含了 RCA 的优点，又以同样方法分析了产业的进口状况从而弥补了 RCA 的缺陷，所以它的测定准确、性质优良。张金昌通过对中美两国 7 个产业的实证分析，显示了 CA 指标较之 RCA 和 TC 这两个指标更接近于产业优势的实际状况②。

6. 出口产品质量指数

算式为：质量指数 = （Et / Xt）/（Eo / Xo）③，式中 Eo、Xo 分别表示基期的汽车出口总额和出口量，Et、Xt 分别表示报告期的汽车出口总额和出口量。在做历时统计时，质量指数变大，说明出口商品的价格、附加值和技术含量提高，竞争力增强。

7. 进出口价格比

拟通过价格比这个指数，在一定程度上对我国出口商品的质量

---

① Vollrath, Thomas and De Huu Vo. （1988） Investigation the Nature of World Agricultural Competitiveness, U. S. Department of Agriculture, Economic Research Service, Technical Bulletin No. 1754, December.

② 张金昌．用出口数据评价国际竞争力的方法研究．经济管理，2001，20；国际竞争力评价的理论和方法．经济科学出版社，2002.

③ 采用该指数的研究有：罗云辉，何翔阿．我国汽车工业国际竞争力水平分析．汽车工业研究，2001.

与国外商品的质量进行比较。其算式为：价格比 = 出口商品单位价格／进口商品单位价格。该比值越高，说明我国国产该商品的档次较进口品越高。

8. 出口优势变差指数

实际上是产业增长率的一个变形①，算式为：变差指数 = Gj - Gt，其中 Gj 为 j 商品出口增长率，Gt 为一国出口增长率。该值越大，说明该产业具有越强的竞争力。

其他进出口数据法指标还有贸易条件指数（TOT）、国内资源成本系数（DRC）、等市场份额模型（CMS）等②。

## 四、利润法

利润法的研究者不多，尤其是专门应用这种方法的文献少。张金昌、蓝庆新、张其仔等在应用进出口数据法和生产率法的同时，对产业利润进行了评价③。

需要指出的是，同属进出口数据法，各个应用者，特别是国内和国外研究者的具体实证分析过程又有不同。例如，波特衡量的是四分位或五分位的产业，非常细致，涉及上千门类，他认为笼统的产业定义、粗糙的产业分类对商战实务没有意义④。国内的同类实证研究所依据的产业分类全都比较粗略，如邹薇、范纯增、范爱军衡量的是来自海关统计《国际贸易标准分类》（SITC）一位数的 9 或 10 类商品（包含或不包含第 9 类“未分类商品”），蓝庆新等衡

---

① 7、8 两个指标的采用参见金碚，等．竞争力经济学．广东经济出版社，2003.

② 参考邹薇．关于中国国际竞争力的实证测度与理论研究．经济评论，1999，5；李建平，罗其友．我国畜产品比较优势和国际竞争力的实证分析．管理世界，2002，1；帅国敏，程国强，张金隆．中国农产品国际竞争力的估计．管理世界，2003，1.

③ 蓝庆新，王述英．论中国产业国际竞争力的现状与提高对策．经济评论，2003，1；张其仔．开放条件下我国制造业的国际竞争力．管理世界，2003，8.

④ 迈克尔·波特．国家竞争优势．华夏出版社，2002：32.

量的是依据海关《商品名称及编码协调制度》（HS）2 分位的 11 类工业品，陈佳贵、张金昌衡量的是来自世界贸易组织公布的 International Trade Statistics 2000（《国际贸易统计年鉴（2000 年）》）中的 7 个产业。严格地说，这些分类方法不仅因为其粗略性降低了对产业政策制定的参考意义，而且因为它实际上并不是产业分类，而是一种商品分类，和国内进行工业管理的行业部门状况无法对应，从而大大降低了实证结果的指导意义。

## 第三节　与波特方法的研究比较

国家竞争优势理论中关于产业国际竞争力的评价主要有如下两种方法：

### 一、多因素综合评价法

在《国际竞争优势》一书中关于竞争力的评价方法典型地分为两种：一种以解释性的主观指标为核心，属于上一节谈到的多因素（环境）综合评价法。这种方法主要体现为钻石模型的应用，通过解析每个国家都有的四项环境因素——要素条件，需求条件，相关与支持产业，企业的战略、结构和竞争对手，以及机会与政府两个外生变量，钻石理论揭示出一国的某一特定领域中影响生产率和生产率增长的各因素。它也是波特在 WEF 主持微观经济竞争力评价工作的理论基础。

### 二、进出口数据法

评价方法中的另一类以显示性的客观指标为对象，属于上节提到的进出口数据法。对进出口数据的使用一是体现为对 10 国各个四分位或五分位产业显示性比较优势 RCA 的测定，二是对某产业出口占全球该产业总出口比重（share of world industry export，以下简称 SWIE）和占全国总出口比重（share of total country export，以下简称 SCE）的计算，并按由高到低进行前 50 名的排序。比较起钻石模型和产业集群解释方法，这几个来源于国际贸易指标的运用是存在一些问题的。

1. RCA 评价指标

这种方法简捷有力，结果比较符合事实，因而在以往的产业评价中被最广泛运用。它最大的问题是没有考虑进口和国内市场因素，因而在以下两种情况下会和实际情形偏离较远：

一是在大国的产业，特别是内向型产业中，原因是忽略了大国重要的国内市场份额。对于瑞士钟表业、荷兰花卉业这类小国外向性产业，RCA 的衡量很准确，因为它们的国内市场相对于国际市场来说很小，前者在整个市场份额中微不足道。但是，对于我国和美国等消费大国来说，国内市场是很重要的，不能忽略不计。举个简单的例子，美国的两个产业（假设都没有受到政府的任何限制或补贴政策），市场目标和经营业绩都不同，一个产业以本国市场为目标，成功地垄断了本国市场，把该产业的外国竞争者挡在门外；另一个产业在本国市场已大半被外国竞争者瓜分的艰难境地下，到中美洲某小国开拓新市场，也成功地占领了该国市场。显然，前者的竞争力远远大于后者，但 RCA 显示的结果却正好相反。RCA 方法缺陷的典型证明是美国，美国很多产业的 RCA 很小，但却极具国际竞争力。

二是在以加工贸易为主的产业中，原因是夸大了加工贸易对出口额的虚增。这点在中国很明显，那些以“三来一补”为主的简单加工制造业，因为出口额大，RCA 值显示很有国际竞争力。实际上，减去原产地不在中国的来料进口金额，这些商品在中国的增加值即该产业的真实产值是很小的。

2. SWIE 和 SCE 指标

前者实际上是国际贸易中另一个常用指标——国际市场占有率（market share，MS）。显然，这两种方法比 RCA 法简单，也更片面，对产业竞争力的反映和事实也会相差更远。例如，已经用 RCA >1 作临界值筛选过的 10 国优势产业，在这两个指标上都严重不一致：按 SWIE 排名，日本占全球出口 60% 以上的产业有 9

个，但这9个中有3个都没有进入按SCE排名的日本前50大产业；同时，按SCE排名，出口占日本全国2%以上的产业有7个，这7个中也有2个没进入SWIE前50名。出入更大的是德国，按SWIE排名，德国占全球出口50%以上的产业有6个，这6个中只有1个进入了SCE排名的前50名；同时，按SCE排名，出口占德国1%以上的产业有7个，这7个中也只有1个进入了SWIE的前50名①！

SCE反映的是产业出口绝对量的大小，SWIE相对来说更多地反映了产业在全球的出口优势。和很多指标一样，SWIE和SCE所能透露出来的信息已经涵盖在RCA中，在优良性上却比RCA差。这两个指标评价结果的出入，也在一定程度上说明了产业的“大”与“强”常常是不一致的。

## 第四节　产业竞争力四层次论

经过前面的讨论我们看到，关于产业国际竞争力的评价方法有几类，采用的指标众多，产生的结果也各不相同。那么，到底哪一种更科学、更合理？为了正确地评价产业的国际竞争力，我们应该应用何种方法、选择哪些指标？首先需要明确的一点是，方法或指标本身是无所谓对错的。有什么样的理论，就会应用什么样的方法，进行什么样的实证（理论—方法—实证）；同理，我们对产业国际竞争力下什么样的定义，就会选择什么样的指标，并且处理什么样的数据（定义—指标—数据）。

本书认为，竞争力是由表3-1所示四个层次的内容组成的：

① 根据迈克尔·波特的《国家竞争优势》第344页表7-7、第372页表8-1、第741页表Ⅱ-5和第744页表Ⅱ-6数据整理得出的结论。这两个指标评价结果的差别，也说明了产业的“大”（SCE高）和产业的“强”（SWIE高）的不同，即支柱产业和优势产业的差别。

表 3-1　　　　　　　　竞争力的四个层次

| 层 别 | 内 容 | 实 质 | 典型评价方法 |
|---|---|---|---|
| 第四层次 | 产业利润 | 竞争力的结果 | 产业利润法 |
| 第三层次 | 市场份额 | 竞争力的表现 | 进出口数据法 |
| 第二层次 | 生产率 | 竞争力的实质 | ICOP 法 |
| 第一层次 | 产业环境 | 竞争力的来源 | 多因素法 |

也就是说，产业竞争力的最终目的是产生利润，而产生利润首先要在贸易中显示出比别国产业有竞争力；提高贸易竞争力的基础是提高该制造业部门的生产效率，提高生产率则需要在技术创新、先进设备、教育培训等软硬环境的建设上进行投资；对环境进行投资的资本来源又有赖于产业利润。产业竞争力四个层次之间环环相扣的逻辑循环关系如图 3-1 所示，上面提到的几种评价方法正好分别对应于产业竞争力的各个层次。四个层次的竞争力指标有这样的规律，即越靠近底层，对竞争力产生的解释性越强，对竞争力变化的预见性越高，但同时不确定性也越大。

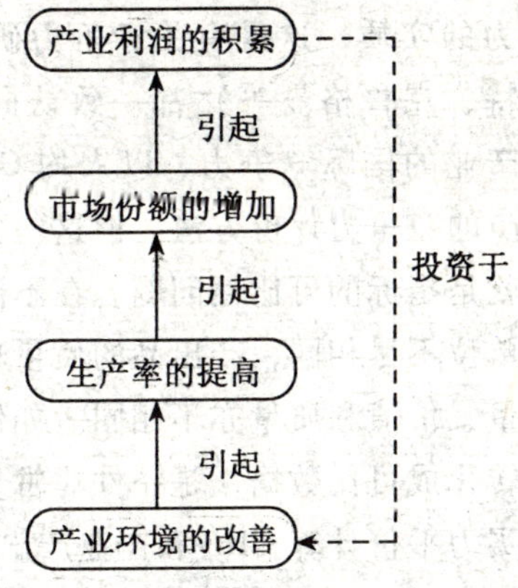


图 3-1　产业竞争力各层次间的关系

## 一、第一层次：产业环境

具体说来，最下层“投资”深入讨论了竞争力的来源，即一国或产业的竞争力最终来源于国家或私人对教育、科技、先进设备、基础设施等各方面的投资。要想获得竞争力，必须从这个最底层入手，创造良好的物质环境和制度环境，培养专业型高级要素，以利于企业产生和加强竞争力。对这一层次竞争力的评价方法很多，即IMD、WEF、钻石模型和标杆测定等多因素法。但是，以投资来评价国家或产业的竞争力是难以做到全面的，因为影响竞争力的各种因素不可能穷尽；同时也是无法做到准确的，因为从竞争力的潜力到实力的转化过程中存在着种种不确定的因素。同样的原因、同样的投入，不一定必然产生完全相同的结果。比如高创新能力（申请专利数多）和高品牌竞争力（申请商标数多）不一定意味着高生产率和高市场占有率。所以，以一国或产业的投资环节良好来判断它具有国际竞争力的多因素法是不尽合理的，只能说它具有获得国际竞争力的较大可能性或潜在能力。

## 二、第二层次：生产率

生产率是竞争力的实质，这是有关竞争力研究的各方（包括相互论战的名家波特、克鲁格曼等）都一致认同的共同观点。以产业生产率来衡量产业的国际竞争力、以人均GDP来衡量国家竞争力，是准确而同步的竞争力评价方法。但这一方法存在着一些应用困难，最突出的就是指标的可比性问题。在不同国家，一个产业产出的种类、计量单位不尽相同，产出品的质量也是有差别的，产业投入的种类、数量、价值和质量亦不相同。如何将不同国家一种产业的投入和产出转化成可比数据，是一件非常复杂的事情。目前的解决办法是用购买力平价计算GDP和产业产出数据，如ICOP项目组和任若恩教授的工作。相比起汇率法，用购买力平价计算的价格能够剔除通货膨胀等影响，比较真实地反映价格的国际竞争力水平，但使用起来比较复杂。

生产率法中还存在一个潜在竞争力与现实竞争力的问题。生产率=产出/投入或生产率=单位产品价格/单位产品成本。在市场竞争中，如果生产率提高了，意味着同样的产出或价格下有更少的投入或成本，会形成企业或产业的竞争优势。但是这种竞争优势能够转化为企业或产业在市场上的竞争力，还取决于产品能否顺利销售出去。如果能够销售出去，提高的生产率就转化成增强的竞争力；如果产品不能被消费者接受，则较高的生产率所生产出的更多产品不仅不能转化为现实的竞争力，反而会给企业造成更多的损失。

### 三、第三层次：市场份额

贸易指标是比生产率法更直接的衡量方法，因为贸易是竞争力的表现。进出口情况是成本竞争、价格竞争、市场需求规模、生产率等竞争情况的综合反映，它能够比较全面地揭示某一国家、产业或产品的国际竞争力。和利润指标相比，国际贸易中虽然也有应用倾销等扩大份额实际损害竞争力的行为存在，不过总的说来，国际贸易相对国内贸易等来说最市场化，也最接近完全竞争。而且，许多学者已经用经验数据证明了，在GDP或人均GDP增长与出口份额增长之间，存在着很强的正相关关系①。所以，贸易指标法是简捷有效的产业国际竞争力评价法。但是，应该对目前这种方法的具体操作过程做出更正的是，必须用全球市场份额（MS）指标来代替只重出口数据的显示性比较优势指标（RCA），原因是在前面已经分析过的，RCA忽略了国内市场和进口因素。对于国内市场容量大、不可忽略不计的大国产业，和以加工贸易为主、进口原料占总值比例较大的产业，RCA法的结果和事实偏差太大。当今世界全球已经成为一个统一的大市场，没有国内国外区别；重出口而轻国内市场的产业评价方法是不合理的。

---

① John Helliwell and A. Chung (1992) Aggregate productivity and growth in and international comparative setting, edited by Bert G. Hickman, International Productivity and Competitiveness, New York, Oxford, 49-79. 该文通过对1960—1985年期间OECD 7个工业大国和12个小国的贸易份额和经济增长进行了相关性分析，发现贸易份额增长很快的国家生产率增长也很快。

### 四、第四层次：产业利润

市场份额只是为企业获得利润创造了条件，企业是否真正具有竞争力，还需要通过利润指标来判断。产业利润既是产业拥有竞争力的结果，也是产业获取竞争力的终极目标，这和居民生活水平是国家竞争力的结果和目标的关系是一样的。利润是产出和投入之差，从单位产品来看，单位利润是单位价格和单位成本之差，价格反映出生产率和质量等产出水平，成本反映出产业的潜在竞争力。因此，产业利润无疑是评价产业国际竞争力最准确和最具决定性的指标。产业利润可以通过计算一国产业的平均资产利润率或产业内企业的总利润来揭示。

针对利润指标的准确性主要有两方面的指责。一是企业利润可能存在虚假成分，二是产业利润可能来源于政府的扶植性政策或保护性措施。对于这两点操作可行性怀疑的解释是：第一，从利润指标本身来说，是衡量企业投入产出经济效益的最好指标。各国建立和完善会计核算制度的根本目的是希望准确地核算出企业的利润，税务部门也会月复一月地核实企业的利润指标，利润造假会受到法律的惩罚。因此，个别企业利润作假并不能否定利润指标的价值。从制度安排上来讲，利润指标的真实性是有保证的，从而产业的利润指标是可信的。第二，一国产业扩大出口、提高生产率均是以获取利润为目的，如果不讲求经济效益去扩大出口（如倾销）或提高生产率，长期来看会有负面影响，反而降低竞争力。国家的扶持与保护在经济日益全球化的今天也是难以维持的。如中国的电力、通讯等行业，以往并没有和国外对手同场竞争，其高额利润是由于国家限价或行政性垄断经营获得，但这种状况随着市场经济的深入不可能存续。

## 第五节　波特竞争力体系的固有矛盾

上面已经通过对 RCA、SWIE 和 SCE 等出口指标的分析，指出国家竞争优势理论评价产业国际竞争力的进出口数据法中的一些问题。实际上，波特教授的整个竞争力体系中还存在着更重大和更深层次的内在矛盾。要清晰地分析这一体系的方法和指标不是一件很容易的事情，因为该体系混合了竞争力四个层面的内容，其理论和方法又各偏重其中两个层面。同时，其理论与方法各自不仅存在内部矛盾，而且相互矛盾。

具体地说，国家竞争优势理论中，有关产业竞争力的定义、理论模型和实证方法三个最重要的方面是不一致的：波特对产业竞争力的定义，是和李嘉图一样的生产率，根据本著建立的产业竞争力四层次模型，它属于竞争力的第二层次。但是，他关于产业竞争力产生和加强机制的理论模型——钻石模型，针对的是要素条件、需求条件、相关及支持产业、企业战略等多种因素，即产业竞争力的第一层次——产业环境。而他关于产业竞争力的实证测定，又是评价的出口数据，即产业竞争力的第三层次——市场份额（见图 3-2）。

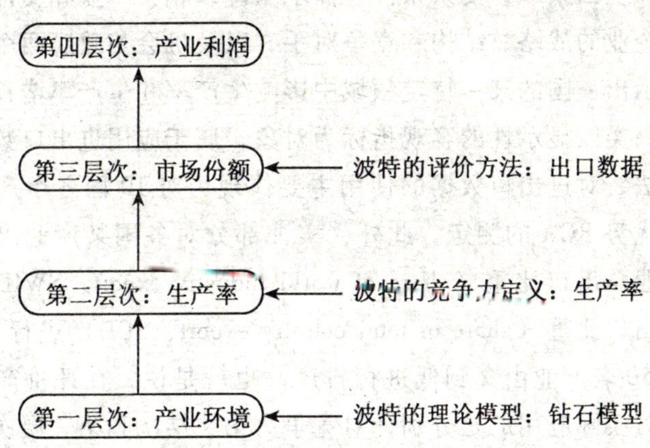


图 3-2　国家竞争优势理论诸内容与产业竞争力层次的对应关系

## 一、理论体系：企业层面利润基点与国家层面生产率基点之间的不一致

在理论体系中，波特教授认同竞争力的第二层次——生产率和

第四层次——利润。在《国家竞争优势》的理论内容中，他定义竞争力就是生产力①，钻石模型是通过六因素分析解释竞争力的来源。但在其以往的理论模式中，一以贯之的是盈利观点，如在《竞争优势》一书中，定义竞争优势来源于超额价值——“以低于对手的价格提供同等的效益，或者所提供的独特的效益补偿高价而有余”②。实际上，价值链模型就是为了解释企业盈利能力的来源。可见，波特教授关于企业和国家层面的竞争力理论，其模型和出发点并不一致。

## 二、评价方法：多因素钻石模型与进出口数据测定之间的矛盾

《国家竞争优势》一书关于竞争力的评价方法典型地分为两种。一种以解释性的主观指标为核心，属于分析竞争环境的多因素法。这种方法主要体现为钻石模型的应用，通过解析每个国家都有的四项环境因素——要素条件，需求条件，相关产业和支持产业的表现，企业的战略、结构和竞争对手，以及机会与政府两个外生变量，揭示出一国的某一特定领域中影响生产率和生产率增长的各因素。另一类以显示性的客观指标为对象，属于应用进出口数据的市场份额法，对进出口数据的使用主要体现为对 10 国各个产业显示性比较优势 RCA 的测定。此外，实证部分对各国某产业出口占全球该产业总出口比重（share of world industry export，SWIE）和占全国总出口比重（share of total country export，SCE）进行了计算，并将前 50 名产业由高到低进行排序。也就是说，在评价产业国际竞争力时实际应用的是分别针对竞争力第一层次和第三层次的产业环境法和市场份额法。

钻石理论的原旨是分析一个企业或产业如何在四项环境因素和

---

① 见迈克尔·波特的《国家竞争优势》“再版介绍”：“在理论和学术界，人们现在已经接受了竞争力就是生产力的定义”，以及第一章《新典范时代》题记：“从国家的层面来考虑时，竞争力的唯一意义就是国家生产力”。

② 迈克尔·波特．竞争优势．华夏出版社，1997：2.

两个外生变量的良性作用下，放弃传统上对初级产品和要素资源的依赖思想，通过发展高级和专业型生产要素，将国家的优势建立在更为坚实的竞争优势基础上，取得持久的国际竞争能力，即它偏重于分析国内竞争和后天创造型的内生优势。然而，该书的实证部分却和前半部的理论模型毫无一贯性，单纯采用出口指标来进行各国产业国际竞争力的分析，完全没有排除一国仅凭物质资源和廉价劳动力等初级一般性要素形成的只有数量而贸易条件恶化的出口，即还是将天然继承型的外生优势作为国家优势的重要部分，并没有实现所谓“新典范时代”对传统比较优势理论的超越。

## 三、理论与方法：实际评价中对利润和生产率两个理论基点的全部放弃

进一步的矛盾和令人困惑不解的是，该体系的理论和方法之间又出现了更大的出入。在进行国家竞争力的实证研究时，既没有采用符合竞争力定义的生产率指标，也没有选择从国家创造收益能力角度考虑的利润指标，而是和大多数学者一样，使用出口指标作为评价标准。波特教授对为什么不使用利润指标的解释是，利润指标的数据因为有贸易保护、会计报告制度和核算制度的差异等原因而在国家之间不可比。同时，利润数据也难以取得，当企业从事多元化经营时难以分清产业利润是多少①。但是，对为什么不使用生产力指标没有做任何解释。因此，波特教授有关竞争力的理论体系和评价方法，不仅各自内部存在着不一致，而且互相矛盾，体现出整个竞争理论体系的不统一。图 3-3 给出了一个更直观的表示。

## 四、创新与复回：FDI 处置原则与制度环境说的冲突

评价方法中还存在一个问题，即对外商投资企业的错误数据处

① 中国社会科学院工业经济研究所的张金昌博士在其经济科学出版社 2002 年出版的《国际竞争力评价的理论和方法》中指出，产业的盈利能力数据并不像波特教授所说的那样难以取得，大多数国家的统计年鉴均公布产业的盈利能力数据。

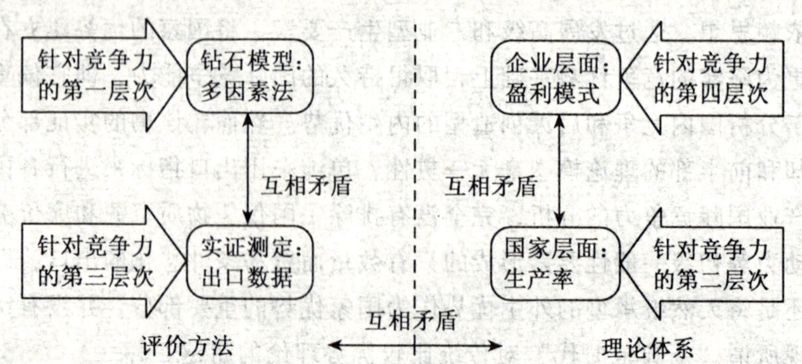


图 3-3　波特有关竞争力的理论体系和评价方法各自内部及之间的矛盾

置原则。国家竞争优势理论著作中多次出现观点，认为企业的国籍是次要的，跨国投资企业所产生的竞争力属东道国而不是母国①，但在同书附录“界定产业集群的方法”中，却设置了原则二“检查该项产业的出口是否被其国内的外商所主导控制”，而将外商投资企业的作用剔除②。这一矛盾之处，不仅给国家竞争力的实证部分带来缺陷，而且给整本著作的理论价值打了折扣。

本来，国家竞争优势理论较亚当·斯密和大卫·李嘉图的最具创新之处，就是提出了在全部要素均可自由流动的经济全球化时代中制度环境的重要性。一个好的国家制度环境可以把劳动力、资本、资源、技术都吸引来并组合好，在本来处于资源劣势的基础上

① 如迈克尔·波特的《国家竞争优势》第 18 页认为“企业的国籍其实是次要的”，因为“即使是外资企业，如果它能像本地企业一般，在当地维持有效战略，不断创新并保持技术竞争力，当地经济必然会因此而获益。因此，一个国家能持续并提高本身生产力的关键在于，它是否有资格成为一种先进产业或重要产业环节的基地”。第 23 页举例说明跨国公司产生的竞争力属于所在国：“在研究意大利的雪靴企业时，只问该公司是否在意大利研发、制造，而不问持有者是外国或当地本土企业，因为这项表现最后是归到意大利的国家竞争优势，与企业主是哪一国人并无关系。反过来说，假如一国的产业主要依赖海外制造，那么这个国家并不被视为在该领域上具有竞争优势。”

② 迈克尔·波特．国家竞争优势．华夏出版社，2002：724.

建立国家优势。也就是说，一国的竞争力已经不仅仅体现在对外贸易（foreign trade）上，更体现在吸引外国直接投资（foreign direct invest，FDI）上。确实，只要有别国资本来本国投资或兴办企业，它所带来的税收、就业、技术、管理一样可以使本国走向繁荣。遗憾的是，波特教授本人似乎没有意识到其提出制度环境的重要性与国际贸易之外的吸引外资息息相关，他并没有从国家制度环境向对外直接投资做合理的推论。他虽然以大量篇幅论述制度环境的重要性，也提到企业的国籍是次要的，但在进行确定一国有国际竞争力的产业的实证工作时，他还是将出口（对外贸易）作为衡量产业国际竞争力的唯一因素，而将 FDI（对外直接投资）部分扣除。这进一步增加了其体系中理论和方法的内在矛盾，也大大降低了制度环境作用说的重要意义。

## 第六节 本章小结

最后，对本章的一个归纳和小结是：

1. 由于针对众多的层次和主体——国家、地区、企业、产业等，有关国家竞争力评价方法的前期结论并不统一。

2. 目前最常用的评价方法主要有三种：包括 IMD、WEF 和钻石模型在内的多因素法，以 ICOP 项目组为代表的生产率法，以及被波特教授等众多研究者使用的进出口数据法，每种方法内又有各自众多的指标。

3. 各种不同的评价方法实际上是在评价竞争力定义的四个不同层次：产业环境、生产率、市场份额和产业利润。针对竞争力来源的多因素法虽然解释性强，但在准确性上逊于针对竞争力本质的生产率法、针对竞争力表现的市场份额指标和针对竞争力结果的利润指标。

4. 波特教授的钻石模型和显示性比较优势指标（RCA）分别是多因素法和进出口数据法的代表，但是，他不仅在进行指标计算的实证方法上有偏差，而且在整个竞争理论体系中存在较大的内在矛盾。

# 第四章　中国实证：合适的评价指标与产业分类法

本章应用内容分析法，对评价中国制造业国际竞争力的合适方法进行了探索性研究。用目标式或判别式的抽样方法，以近年来国内权威和核心期刊上符合文中三个要求的实证文献为研究单位，对自己的研究范围做了界定。

通过对文献的回顾和分析，本章探讨了这些实证研究中存在的问题和可取之处，并就两个关键点进行了探讨：一是在进行产业国际竞争力的评价时，应如何选取方法和指标；二是在对中国制造业的国际竞争力进行实证研究时，应当采取何种产业分类法。

根据内容分析法的编码与分类，本章得出了自己的分析与发现：找到了评价中国制造业国际竞争力的合适方法，以产业利润率、市场占有率和劳动生产率三者为评价指标；采取恰当的产业分类法，以相当于 ISIC 二分位的国内 28 个制造业部门进行产业分类。

## 第一节　研究目的与关注点

### 一、研究目的

作者的研究目的是对评价中国制造业国际竞争力的实证文献进行研究和分析，对评价中国制造业国际竞争力的合适方法进行探讨。根据社会研究的三个基本目的——探索、描述和解释①，本章

① 艾尔·巴比．社会研究方法．华夏出版社，2000：116.

属于典型的探索性研究，即探讨某个议题以提供有关的初步认识。

## 二、关注点

我们的基本关注点有以下两个方面：

1. 面对不同的竞争力主体和不同的竞争力层次，如国家竞争力、地区竞争力、城市竞争力、产业竞争力、企业竞争力、产品竞争力，等等，存在着多种评价方法和指标。在评价产业竞争力时，我们应当选取什么样的方法和指标？

2. 在对产业竞争力进行评价时，评价结果和我们选用的产业分类法息息相关。正如迈克尔·波特所说："很多关于产业竞争或国际贸易的讨论，常把'产业'定义得十分笼统，例如银行业、化工业或机械业等程度。但这些粗糙的产业分类对商战实务并没有意义，因为不同产业的资源或竞争优势，本来就有很大的差异。以机械业为例，它至少包含几十种明确的相关产业，像织布机、橡胶机械或印刷机等，每一种都有它独到的成功因素"①。那么，我们应该采用什么样的产业分类法，以便对中国制造业的国际竞争力进行正确评价？

# 第二节　研究方法与范围

作者的研究方法主要是非介入性研究中的内容分析法（content analysis），即用成文文献对社会人为事实进行考察。抽样方法采用目标式或判别式抽样（purposive or judgmental sampling）②。分析单位是研究文献，具体地说，是近年来国内权威与核心期刊上符合下述三个要求的实证文献：

## 一、文献中关于国际竞争力的评价必须是针对中国的

关于世界其他国家和地区的竞争力评价资料比较多，如波特教

① 迈克尔·波特．国家竞争优势．华夏出版社，2002：32.

② 艾尔·巴比．社会研究方法．华夏出版社，2000：392，248.

授的《国家竞争优势》中就收录了关于美国、日本、德国、韩国、瑞士、瑞典、意大利、英国、新加坡、丹麦等10国的评价内容。该书发表后，世界各地掀起了关于国家竞争力评价的热潮，最著名的有世界经济论坛（World Economic Forum，WEF）的年度《全球竞争力报告》（Global Competitiveness Report，GCR）和瑞士洛桑国际管理发展研究院（International Institute for Management Development，IMD）的《世界竞争力年鉴》（World Competitiveness Yearbook，WCY），分别收录了80个和49个参评国，但这些不属于本文的研究范围。

## 二、文献中关于国际竞争力的评价必须是针对制造业的

剔除掉关于其他国家和地区竞争力评价的资料，仅仅研究中国，我们还会发现很多关于产业之外其他层次和主体——包括国家、地区、城市以及微观层面的企业、产品等——的资料，例如，在近年的国内学术界，就形成了有关中国国家竞争力①、地区竞争力②、城市竞争力③等几个研究热点。

这些也不是作者的研究范围。作者关注的竞争力评价是产业层次的。做出这个主体选择的原因是，产业竞争力与国家竞争优势之间密切、直接相关，正如波特教授所说："国家会影响到它的公司在某些特定产业的成功，而数以千计个别产业的竞争结果，又能折

① 中国人民大学竞争力与评价研究中心．2002年中国国际竞争力评价报告．经济理论与经济管理，2003，3；潘照．国家竞争力研究．外国经济与管理，2003，4.

② 魏后凯，吴利学．中国地区工业竞争力评价．中国工业经济，2002，11；南振兴．我国省际工业竞争力的比较研究．经济管理，2004，1.

③ 袁瑞娟．中国城市竞争力问题研究综述．经济学动态，2003，1；张赛飞．珠江三角洲、长江三角洲24城市经济实力比较研究．宏观经济研究，2003，10.

射出这个国家的经济状况和进步能力”①。在产业中作者又选择了制造业作代表，而筛选掉了一些其他产业或产品的竞争力评价文献②。这一是因为制造业之外的服务业、农业等由于产品运输困难和即时消费的特点，国际性不明显，区域局限性大；二是因为目前有关中国入世、世界制造业中心转移、战略机遇期和新型工业化道路的热烈讨论，使得有关中国制造业国际竞争力的评价特别具有现实意义和应用价值。

### 三、文献中关于国际竞争力的评价必须是实证性的

在用“中国的”和“制造业的”两个条件对有关竞争力评价的文献做了筛选之后，我们还有必要应用另一个条件进行鉴别，以使研究范围进一步集聚，那就是：作者的研究只专注实证内容。由此将另一些关于中国制造业竞争力评价的偏重理论和方法研究的文献③剔除。

根据这三个条件，作者对自己的研究范围进行了定义和界定。

## 第三节 编码和分类

在本节中，笔者把1996年以来发表在《管理世界》、《中国工业经济》、《经济管理》、《经济研究》、《世界经济》、《中国软科学》、《经济评论》、《国际贸易问题》等国内重要权威和核心期刊

---

① 见迈克尔·波特的《国家竞争优势》的《自序》以及第533页的类似观点：“一般而言，国际竞争力是由许多产业与产业环节组成的，它们大都具有发展更高层次生产力的潜能。如果在这些产业上缺乏出口能力，也无力对抗进口产品，那么国家的生产力就受到了严重的打击。”

② 李建平，罗其友．我国畜产品比较优势和国际竞争力的实证分析．管理世界，2002，1；帅国敏，程国强，张金隆．中国农产品国际竞争力的估计．管理世界，2003，1.

③ 蔡舫，王德文，王美艳．工业竞争力与比较优势——WTO框架下提高我国工业竞争力的方向．管理世界，2003，2；张金昌．用出口数据评价国际竞争力的方法研究．经济管理，2001，20.

的12篇论文，以及2本专著中关于中国制造业竞争力评价的研究报告，分类编码后列示如下。这些研究都符合上节三个条件要求；在本领域中较有影响力，研究方法也具一定的创新性或代表性。

表4-1收录的是对我国按照《国际贸易标准分类》（SITC）或海关编码（HS）统计的主要出口产品，以及对国内主要制造业部门进行竞争力评价的10篇论文与报告。

表4-1　**编码01—10：主要出口产品或国内主要制造业部门的竞争力评价文献**

| 编码 | 作者 | 分类方法 | 评价指标 | 期刊或专题报告 |
|---|---|---|---|---|
| 01 | 邹　薇 | SITC一位数9类（不包括第9类未分类商品） | 显示性比较优势指数RCA | 《经济评论》，1999（5） |
| 02 | 范爱军 | SITC一位数10类 | 显示性比较优势指数RCA | 《中国工业经济》，2002（2） |
| 03 | 范纯增<br>姜　虹 | SITC一位数9类（不包括第9类未分类商品） | 贸易竞争指数TC、显示性比较优势指数RCA、国际市场占有率MS、产业内贸易指数IIT | 《经济管理》，2002（2） |
| 04 | 张其仔 | 28个制造业行业 | 2级8类指标：静态市场份额，静态效率（生产率、利润、资金周转率）；动态市场份额，动态效率（生产率、利润、资金周转率） | 《管理世界》，2003（8） |
| 05 | 任若恩 | 6个主要制造业部门，15个制造业主要分支部门 | 相对价格水平、劳动生产率、单位劳动成本、人均增加值 | 《中国软科学》，1996，《经济研究》，1998 |

续表

| 编码 | 作者 | 分类方法 | 评价指标 | 期刊或专题报告 |
| --- | --- | --- | --- | --- |
| 06 | 汪 斌<br>邓艳梅 | 20 类制造业部门 | 显示性比较优势指数 RCA、产业内贸易指数 IIT | 《世界经济》，2003（4） |
| 07 | 金碚等 | HS 二分位 11 类工业品；SITC1、2、3、4 分位混杂分类 6-16 类；包括采矿业和制造业在内的工业行业 39 类；主要出口商品 70 种；超过 1 000 万美元的出口商品 | 贸易竞争指数 TC，相对出口优势指数（即 RCA），国际市场占有率，进出口价格比，出口优势变差指数，工业集中度，研发投入，劳动生产率 | 专题报告《中国工业国际竞争力变化的新趋势》 |
| 08 | 蓝庆新<br>王述英 | HS 二分位 11 类工业品 | 贸易竞争指数 TC | 《经济评论》，2003（1） |
| | | 32 种出口主要工业品 | 国际市场占有率 MS | |
| | | 17 种制造业 | 产业利润率、劳动生产率 | |
| 09 | 张金昌 | WTO《国际贸易统计年鉴（2000 年）》中的 7 个产业 | 贸易竞争指数 TC、显示性比较优势指数 RCA、显示性竞争优势指数 CA，利润 | 专题《中美两国有国际竞争力的产业确定》 |
| 10 | 赵文丁 | 28 个出口额占全国 1% 以上的主要出口产品 | 显示性比较优势指数 RCA | 《中国工业经济》，2003（8） |

表 4-2 收录的是 4 篇对单一产业的国际竞争力进行实证分析的论文。

表 4-2　　**编码 11—14：单一产业的竞争力评价文献**

| 编码 | 作者 | 分类方法 | 评价指标 | 期刊 |
| --- | --- | --- | --- | --- |
| 11 | 卢艳秋等 | 单一产业：化工业 | 贸易专业化系数 TSC（即贸易竞争指数 TC） | 《国际贸易问题》，2003（4） |
| 12 | 王丽华<br>杨志勋 | 单一产业：中药业 | 出口竞争力指数（即贸易竞争指数 TC），竞争态势矩阵（由资源要素、需求要素、企业能力、政府行为评分加权合计） | 《国际贸易问题》，2003（2） |
| 13 | 杨 嵘 | 单一产业：石油业 | 竞争实力，竞争潜力，竞争环境，竞争动态 | 《经济评论》，2004 |
| 14 | 罗云辉<br>何翔阿 | 单一产业：汽车业 | 贸易竞争指数 TC、国际市场占有率 MS、国内市场占有率、出口产品质量指数等 4 个指标 | 《汽车工业研究》，2001 |

表 4-3 列示的是波特教授对产业竞争力进行评价的指标与方法，以便和上面 14 篇文章作一个对比，获得更清晰深入的认识。

表 4-3　　**波特教授的产业竞争力评价方法**

| 作者 | 分类方法 | 评价方法与指标 | 专著 |
| --- | --- | --- | --- |
| 迈克尔·波特 | SITC 五分位、四分位、三分位，按从前至后优先顺序 | 多因素法：钻石模型——要素条件，需求条件，相关和支持产业，企业战略、结构和竞争对手，机会，政府——6 个要素作用 | 《国家竞争优势》 |
| | | 进出口数据法：显示性比较优势指数 RCA，SWIE（某产业占全球该产业总出口比重）和 SCE（某行业出口占全国总出口比重）排名法 | |

## 第四节　分析与发现

对上述内容进行分析与归纳，可以得到一些发现。

### 一、对应产业竞争力四个层次的四种评价方法

1. 应用进出口数据法的实证文献

该法实际上衡量的是产业竞争力的第三层次——市场份额。在对中国制造业的国际竞争力进行评价的实证分析论文中，大部分运用的是进出口数据法。具体来说，在上述14篇论文中，除04张其仔文、05任若恩文、13杨嵘文这3篇外，01、02、03、06、07、08、09、10、11、12、14等11篇运用了进出口数据评价法。具体评价指标包括显示性比较优势指数RCA、贸易竞争指数TC、国际市场占有率MS、产业内贸易指数IIT等若干种，作者已经在第三章第二节中对它们进行了详细解释。其中最常用的是RCA和TC，均被7篇文章所采用；MS和IIT分别被采用了4次和2次，此外还有进出口价格比、出口优势变差指数、显示性竞争优势指数CA、出口产品质量指数等5个指标也被应用到（参见表4-4）。

2. 应用生产率法的实证文献及几篇重要文献的深入分析

生产率法衡量的是产业竞争力的第2层次。运用生产率法进行产业竞争力评价的是04张其仔文、05任若恩文、07金碚报告和08蓝庆新文。

张其仔文运用了静态和动态劳动生产率指标①，原因是意识到企业的国际市场份额会受到本币汇率、关税、配额、国产化要求和垄断力量操纵市场等多种因素的影响，作为评价标准来说具有一定的局限性，需要用效率指标作补充。这是非常有道理的。但他的工作也存在一些问题：

（1）该文的抽样“以国有及国有控股企业作为我国制造业企

① 后者是2001年劳动生产率和1995年之比，即实际上是在截面统计（cross-sectional statistics）之外附加的一个历时统计（longitudinal statistics）。

业的代表”。在私有经济成分占据较大比重的制造业种类中，这种样本选择方式会影响统计结果的正确性。

表 4-4　　抽样文献对进出口数据法各指标的应用

| 序号 | (1) | (2) | (3) | (4) | (5) | (6) | (7) | (8) |
|---|---|---|---|---|---|---|---|---|
| 指标名称 | RCA | TC | MS | IIT | CA | 出口产品质量指数 | 进出口价格比 | 出口优势变差指数 |
| 01 文 | + | | | | | | | |
| 02 文 | + | | | | | | | |
| 03 文 | + | + | + | + | | | | |
| 04 文 | | | | | | | | |
| 05 文 | | | | | | | | |
| 06 文 | + | | | + | | | | |
| 07 文 | + | + | + | | | | + | + |
| 08 文 | | + | + | | | | | |
| 09 文 | + | + | | | + | | | |
| 10 文 | + | | | | | | | |
| 11 文 | | + | | | | | | |
| 12 文 | | + | | | | | | |
| 13 文 | | | | | | | | |
| 14 文 | | + | + | | | + | | |
| 总计 | 7 篇 | 7 篇 | 4 篇 | 2 篇 | 1 篇 | 1 篇 | 1 篇 | 1 篇 |

（2）文中计算某产业的综合市场份额指数时，是“将国内市场份额指数与国外市场份额指数简单算术平均”，这种处理方式也是不妥当的。应该说，只有当某一产业的国内市场销售额正好是全球市场销售额的 50% 时，这种计算方法才正确。但更通常的情况是，某些产业是内向型的，主要面向国内市场；另一些产业是外向型的，主要面向国际市场。如此一来，应用这种计算方法，不是会

高估其全球市场份额就是会低估，使得各产业的综合市场份额指数之间没有可比性。完全一样的错误还有，该文还“构造了一个市场综合竞争力指数”，也是“由国内市场竞争力指数与国际市场竞争力指数简单算术平均”而成。

(3) 该文将我国制造业的竞争力与处于我国境内的“三资”企业所处同行业进行比较，认为这是“我国制造业的国际竞争力高低、强弱的最集中体现”，这是一种非常聪明的做法。结合上章可以看到其明智所在：将世界各国的制造业竞争水平进行比较如ICOP组的工作，一是太过复杂，涉及将不计其数的商品进行质量差异和结构差异调整的问题；二是有局限性，如可比性主要存在于竞争性两国间；三是结论存在争议，因为有实证表明即便在相似国家间（如欧盟成员国），以单个产品比较（而非多个产品组合），结果也有偏差。

但和三资企业比较的方法也不是十全十美的，明显的问题就是：“三资”企业行业并不是一国制造业诸种类的一个完整、准确和合理的样本空间。外商独资、中外合资及中外合作企业大多是跨国企业集团，它们的竞争力在企业总体中是偏强的。同时，“三资”企业所处的行业一般是易于进行对外直接投资并且没有或较少母国和东道国政策限制的，所以三资企业会集中于制造业的某些门类，而在另一些门类中较少。但我们并不能因为制造业中的某些种类“三资”企业少或竞争力不强，就认为与之对比的我国该产业的国际竞争力强，一个典型的例子是烟草制品业，一个极端的举例是专用设备制造业中的武器弹药制造和航空、航天及其他专用设备制造。如何将理想的评价方法落实到现实的数据支持？如何在最佳和满意之间求得一个平衡？作者将在附录中结合自己的数据分析继续论述。

任若恩两文是国内以生产率法进行产业国际竞争力评价的先行研究者。在和格林根大学合作进行中国制造业各产业部门的国际比较研究基础上，任若恩文运用“产出和生产率国际比较”（ICOP）项目组所提出的“生产法”，集中研究以生产率测量一国产业的国际竞争力。生产率当然是产业竞争力的实质，这是即使相互论争的两派——波特和克鲁格曼都认可的有关竞争力的核心观点，也为作者所赞同。但作者认为以生产率作为产业竞争力的唯一评价指标并不妥当。可以设问：生产率的高低是不是产业竞争力的最合适表征？换句话说，是不是生产率高的产业竞争力就一定高？作者的观点是否定的，后面将详细阐明。

金碚报告是在20世纪90年代中期进行的报告《中国工业国际竞争力分析》的延续。“沿着以前的分析思路，运用基本相同的分析方法和统计模型”，该文对最近5年来（数据大部分截止到2001年）中国工业国际竞争力状况进行了跟踪分析。①从表4-2和表4-4的列举可以看出，该文应用的分析方法和统计模型虽然并不复杂，但种类繁多。既有市场份额层面的各进出口数据法，也有生产率层面的劳动生产率指标，还有基于投资和环境层面的研发投入、工业集中度等指标，只缺少作者认为最为重要的利润层面指标。②各种指标的运用既没有优先顺序，也没有归类，又没有分配权重，因而出现了该文在结论中所说的状况：“表现出一些复杂的情况；有些似乎有相互矛盾之处。”③在计算贸易竞争指数时，该报告“将外商投资企业创造的部分从总出口额中减去”，这个问题在波特教授的评价过程中同样存在，上一章已详细分析。

蓝庆新文也应用了劳动生产率指标并与美国和世界平均水平作了比较。该文还应用了TC和MS等市场份额指标以及利润指标，是各论文中评价指标相对简捷但全面的一篇。

3. 应用多因素法的实证文献

显然，多因素法衡量的是产业竞争力的最基础层次——产业环境。如上所述，金碚报告在进出口数据法和生产率法之外，还应用了研发投入和工业集中度这样两个基于投资和环境层面的多因素法指标。应用多因素法的还有分别研究中药业和石油业的第12篇王丽华文和第13篇杨嵘文。王丽华文在出口竞争力指数（即贸易竞争指数TC）的评价之外，设计了一个竞争态势矩阵，由资源要素、需求要素、企业能力和政府行为四项评分加权合计而成。杨嵘文则选取了竞争实力、竞争潜力、竞争环境和竞争动态这四个指标，其次级指标是市场竞争能力、资金运用能力、技术创新及应用能力、技术创新潜力、资源优势潜力、经济贸易环境、技术环境、政治经济环境和相关产业发展水平，都是典型的研究产业竞争力环境和投资层面的多因素分析法。

4. 应用利润法的实证文献

利润水平既是产业竞争的目的，也是其竞争的结果。利润法衡量的是产业竞争力的最高层次。应用利润法的除了明确的04篇张其仔文、08篇蓝庆新文和09篇张金昌文之外，05篇任若恩文也隐含涉及。任若恩文除生产率外所选用的相对价格水平和单位劳动成本，实际上可以看成是利润指标的一个变形，原因是利润=价格-成本。

## 二、几种常见分类法及问题

1.《国际贸易标准分类》（Standard International Trade Classification，SITC）

邹薇、范爱军和范纯增三篇论文都是应用的SITC一分位进行分类，所不同的只是范爱军评价的是全部SITC一分位10类商品，邹薇和范纯增评价的则是剔除了第9类“未分类产品”之外的9类产品。这种分类法的应用比较常见，主要原因应该是相关数据容易获得，在国家统计局、海关和商务部的月度统计中，有完备的资料。但将这种分类法应用于中国制造业的竞争力评价存在几个明显的问题：

一是SITC所包括的范围比较广，不止制造业，之外还有2类“未加工材料，非食用，非燃料”和4类“动物和蔬菜油，脂肪和蜂蜡”等，属于初级产品而非制成品。二是这种分类实际上是一种商品分类而非产业分类，和国内的各个产业部门不对应，无法指导产业发展。如0类“食品，食用活牲畜”中，既包括属于制造业的加工产品，也包括属于畜牧业的初级产品；与之类似的还有3类“矿物燃料，润滑剂及相关材料”，一部分属制造业，一部分属采掘业。三是这种分类法太过粗略，众多的制成品基本上被分进了五大类中，如1类“饮料，烟草制品”、5类“化学制品及相关产品”、6类“以材料的划分制造品”、7类“机械制造和运输设备”、

8类“其余混合加工商品”，这种粗线条的评价难以产生实际指导作用和具体政策含义。

2. 接近于《国际标准产业分类》（International Standard Industrial Classification，ISIC）的国内制造业分类

其中，分类最全面的当属张其仔文中的28个种类，是将国内37种工业行业减去5种采矿业、3种水电气供应业及1种采运业得出，基本上相当于《国民经济行业分类》① 的二分位，不同之处是后者多出“工艺品及其他制造业”和“废弃资源和废旧材料回收加工业”两种，共30种。任若恩的两篇论文中分别应用的6类和15类制造业种类，也是按照这种分类法进行的，不过只相当于其中一个部分而非全部截面统计。

3. 海关合作理事会制定的《商品名称及编码协调制度》（HS）

应用这种分类法的主要有汪斌文中的20类商品，是根据《中国海关统计年鉴》中进出口商品类章总值表的22类98章，在工业制品部分选取主要行业及商品分为20类后进行考察。蓝庆新文评价贸易竞争指数时应用的是HS二分位的11类商品，但在评价产业利润率、劳动生产率和国际市场占有率时应用了另两种分类法：制造业部门的17类和32种主要出口工业品。金碚文也应用了HS二分位的11类商品，除此之外还应用了多种分类法，SITC一、二、三、四分位的任意组合6—16类，包括采矿业和制造业在内的工业行业39类，主要出口商品70种，超过1 000万美元的出口商品上百种，等等。需要指出的是，他的这些应用不同分类法得出的评价结果之间常常无法对应，可对应部分因指标不同也存在不一致。

4. 其他分类法

其他分类法还有赵文丁文中的根据联合国《贸易与发展报告》资料的28种出口比例大于1%的商品品种，以及张金昌文中的WTO《国际贸易统计年鉴（2000年）》分产业数据中的7种。其

---

① 国家统计局2002年7月公布，对应于国际标准产业分类ISIC第三版。

中后者可以和 ISIC 建立一个对应关系，但不是全部截面；前者依据的是具体出口商品而非产业类别，无法得到各个制造业竞争力的评价结果。

5. 与波特分类法的比较

波特教授进行产业分类时采用的主要是 SITC 五分位，数据受到限制的情况下采用四分位或三分位。有关方法在《国家竞争优势》附录 1 “界定产业集群的方法” 和文后注释部分可以看到直接说明：“产业的定义从严，尽可能按照统计分类的事业项目（如农场牵引机类），而非广义的产业部门（如农业机械类）”。“我们首先经由三位、四位、五位的标准国际贸易分类法（Standard International Trade Classification，SITC）中所得的产业项目加以计算”，“当产业在三位、四位分类法上同时出现时，我们只取它在四位分类法上的表现。”“产业的名称我们完全按照 SITC 的用法。当产业同时在四位、五位分类法出现时，作业方法比照前例。”以及第 1 章注释 53：“Trade patterns were measured at the five-digit level in the Standard International Trade Classification（SITC）”。①

## 第五节　选择结论

根据上面的资料和分析，本节演绎推理出进行中国制造业国际竞争力评价的合适指标与产业分类法。

### 一、评价方法与指标选择

本文的分析结论是：多因素法不是合适的产业竞争力评价法；劳动生产率法和进出口数据法相对合理，但存在需要校正的问题；利润法是最准确的评价方法。具体原因及采用指标如下：

1. 多因素法的放弃

四个层次的竞争力指标有这样的规律，即越靠近底层，对竞争力产生的解释性越强，对竞争力变化的预见性越高，但同时不确定

---

① 迈克尔·波特．国家竞争优势．华夏出版社，2002：723-724，764.

性也越大。研发投入、专利数量、技术设施等产业环境内容，虽然是产业竞争力产生的源泉，但由于指标众多、无法穷尽，而且作用各不相同、难以确定权重，所以，并不是产业竞争力的合适表征。应用这种评价方法，难免有失偏颇，侧重其中部分角度。而且，它只能说明企业有获得高生产率的巨大潜力，但并不是实力。拥有了有利的竞争环境并不能保证产生强大的竞争力。教育、科技、法律、制度、R&D、专利等投资要顺利转化为生产率，潜力才能变为实力。

2. 生产率法中劳动生产率指标的采用

针对前面的设问：生产率的高低是不是产业竞争力的最合适表征？换句话说，是不是生产率高的产业竞争力就一定高？作者认为答案是否定的，推理方法是反证：如果①产品生产率虽高但价格也高，或者②产品生产率虽高却不适销对路，该产品的市场份额就高不起来，竞争力也就无从获取。这两种情况的可能性是完全存在的，生产率高价格不一定会低，因为可能生产率高的员工同时工资率太高，这正是发达国家中劳动密集型产业失去竞争力的原因；或者本币的汇率不利于出口，等等。生产率高也是不能保证一定适销对路的，因为产品的设计和营销可能并不贴近消费者的需求。这两种情况都造成只有高生产率却没有高市场份额，从而无法转化为产业竞争力。

劳动生产率虽然不是获取产业利润和竞争力的充分条件，却是不可缺少的必要条件，在评价产业竞争力时必须予以考虑。生产率法的更完善指标是克鲁格曼提出的生产率/工资率①，它不仅考虑了产出——生产率，而且考虑了投入——成本，即隐含了市场份额和利润指标。

3. 进出口数据法中全球市场份额指标的采用

同样的设问还有：是不是市场份额高的产业竞争力就一定高？答案也是否定的，反证是，如果①该产业应用保护、倾销等短期或

① 保罗·克鲁格曼，茅瑞斯·奥伯斯法尔德. 国际经济学. 第五版. 中国人民大学出版社，2002.

政策性行为获取市场份额；②该产业中的企业管理不善，成本、费用、投资过多，毛利没能转化为净利润。这两者都使得高市场占有率没能拥有相应的产业或企业利润。高市场份额之外，还需要产品的成本低、价格高，企业的经营管理完善，才会产生产业利润。市场份额的高低也不是产业竞争力的最合适表征。

但同样，市场份额也是一个非常重要的参考指标，因为产业利润是由市场份额支撑的。不过，在应用市场份额指标时需要对广泛使用的进出口数据法做出修正。进出口数据法中最常采用的显示性比较优势指数 RCA 和国际市场份额 MS 指标存在着缺陷，主要是忽略了进口因素和国内市场部分。这个疏忽对于国内市场小、重点面向国外市场的产业来说关系不大，例如用 RCA 测度瑞士的钟表业和荷兰的花卉业这类小国外向型产业，结果比较准确；但对于我国和美国等消费大国来说，规模巨大的国内市场会占全球市场相当比例，是不能忽略不计的。RCA 指标的另一缺陷是会夸大以加工贸易为主产业的竞争力。这点在中国很明显，那些以“三来一补”为主的简单加工制造业，因为出口额大，RCA 值显示很有国际竞争力。实际上，减去原产地不在中国的来料进口金额，这些商品在中国的增加值即该产业的真实产值是很小的。解决这两个缺陷的关键是补上进口因素和国内市场的作用，打破国内外界限，用全球市场份额取代国际市场份额。

4. 利润法中产业利润率指标的采用

利润指标的重要意义体现在三个方面。首先，它是产业竞争力的最终结果，不管是改善竞争环境、提高生产率还是增加市场份额，最终的指向都是利润的实现。其次，它是获取竞争力的根本目的，企业层面符合利润最大化宗旨，国家层面实现财富积累，个人层面提高国民生活水平。最后，它是新一轮财富循环的起点，也是持续竞争力产生的保证。如第三章图 3-2 所示，只有以竞争力最高层次的利润，投资于第一层次的环境，才能进入生产率和市场份额的新一轮循环，获得持续增强的产业竞争力。同时，产业利润率指标涵盖了 TOT（贸易条件）等进出口数据法的内容，又避免了一般进出口数据法强调出口、轻视进口造成的出口偏向型增长、出口国贸易条件恶化和贫困化发展的危险。

因此，评价指标选取的结论是，以产业利润率为主，辅以市场占有率和劳动生产率。

## 二、产业分类法选择

理想的产业分类法是国家统计局2002年7月颁布的《国民经济行业分类》（GB/T 4752-2002）。该分类法的特点是更合理、更细化、更接轨，如把以往的工业门类细分为门类B-采掘业、门类C-制造业和门类D-电力、燃气及水的生产和供应业；以及最小分类可直接对应于国际标准产业分类（ISIC第三版）的四分位。

2003年以前国家统计局未依此实施统计和进行数据发布，则可行的实际操作是选择原37个工业行业中的28个制造业部门进行评价（具体种类和名称见本书第五章）。在我国原统计口径所指的37个工业行业中，剔除门类A“农林牧渔业”中的“木材及竹材采运业”中类、门类B“采矿业”中的“煤炭采选业”、“石油和天然气开采业”、“黑色金属矿采选业”、“有色金属矿采选业”、“非金属矿采选业”中类，和门类D“电力、燃气及水的生产和供应业”中“电力、蒸汽、热水的生产和供应业”、“煤气生产和供应业”、“自来水的生产和供应业”中类，所得到的28个制造业种类和《国民经济行业分类》中门类C“制造业”的二分位基本对应，不同之处是后者多出“工艺品及其他制造业”和“废弃资源和废旧材料回收加工业”两种，共30种。这些制造业种类在历年的《中国统计年鉴》中都有比较全面的产业利润率、劳动生产率等相关数据提供。

# 第五章　数据分析：中国制造业的出口竞争力与国际竞争力

在衡量产业竞争力的指标中显示性比较优势指数 RCA 得到最广泛的应用，但该指标在优点明显的同时存在忽略国内市场与进口因素的缺陷，实际上是在评价产业的出口竞争力而非国际竞争力。对产业国际竞争力进行全面准确评价需应用生产率、市场占有率和利润率三个层次的指标；即便在市场份额层次，显示性竞争优势指数 CA 也因为考虑了国内市场和进口因素的作用而比 RCA 更有效。本章计算了 1980—2005 年中国各类制造业的 RCA 和 CA 值，并进行回归预测和时间序列图分析，证明中国制造业的出口竞争力和国际竞争力确实具有不同的变化趋势，存在两者变动方向背离的制造业种类。研究还对市场占有率之外产业竞争力评价的其他层次指标劳动生产率、产业利润率等进行了相关分析，并对中国制造业的 30 个种类进行了聚类，根据这些分析结果提出了中国制造业国际竞争力的提升方略。

## 第一节　显示性比较优势指标的优点与缺陷

在衡量产业竞争力的过程中有几类方法得到普遍应用，如进出口数据法、生产率法和多因素法。进出口数据法中为国内外研究者最常用的指标又是显示性比较优势指数（RCA），由 Balassa 在 1965 年提出①，它的算式是：RCA =（Ej / Et）/（Wj / Wt），式

① Balassa, Bella (1965) Trade liberation and revealed comparative advantage, The Manchester School of Economic and Social Studies, 33 (2): 92-123.

中 Ej、Et、Wj 和 Wt 分别表示一国 j 商品的出口值、一国商品出口总值、世界 j 商品的出口值和世界商品出口总值。RCA 值大于 1 说明该国此种商品具有优势，小于 1 则证明该国此种商品没有优势。它也是迈克尔·波特（1990）在《国家竞争优势》中没有明言的首选标准①。

显示性比较优势指标优点明显，简捷有力且容易获得数据支持，结果比较符合商品出口竞争力的事实，因而在以往的产业竞争力评价中获得最广泛推崇。但这种方法也存在缺陷，它最大的问题是忽略了进口因素和国内市场部分。这个疏忽对于国内市场规模小、重点面向国外市场的产业来说关系不大，例如用 RCA 测度瑞士的钟表业和荷兰的花卉业这类小国外向型产业，结果比较准确，因为它们的国内市场份额在全球市场中微不足道；但对于中国和美国这样的消费大国来说，规模巨大的国内市场会占全球市场相当大的比例，是不能忽略不计的。这一缺陷的典型证明是美国，美国很多产业的 RCA 值很小，但却极具国际竞争力。

RCA 指标的另一问题是会夸大以加工贸易为主产业的竞争力，这一点在中国非常明显，那些以“三来一补”业务为主的简单加工制造业，因为出口额大，RCA 值显示很有国际竞争力；实际上刨除了大量的来料进口金额，这些产业在中国的增值部分是比较小的，其真实国际竞争力也并不可观。

可以说，显示性比较优势指数 RCA 评价的实际上是产业的出口竞争力而非国际竞争力。那么，要全面而准确地评价产业的国际竞争力，应该采用怎样的指标和方法呢？

## 第二节 显示性竞争优势指标和生产率指标的应用

解决 RCA 法缺陷的关键是补上进口和国内市场因素的作用

① Porter, Michael (1990) The Competitive Advantage of Nations, Macmillan, London. 根据波特在该著作中关于国际竞争力评价标准的文字表述，他的算式实际是：临界值 =（Ei/ Wi）/（Et /Wt），这和标准 RCA 完全等价。

(陈立敏，2003)①，要么用全球市场份额来取代国际市场份额，要么用综合进口、出口两方面的**显示性竞争优势指数**（CA）来取代RCA。显示性竞争优势指数是一个既包含RCA功用又以进口做出修正的优良指标，由Vollrath等在1988年设计②。它的算式是：$CA = (Ej / Et) / (Wej / Wet) - (Ij / It) / (Wij / Wit)$，即$CA = RCA - (Ij / It) / (Wij / Wit)$，Ej、Et表示一国j商品出口值和一国出口总值，Wej、Wet表示世界j商品出口值和世界出口总值，Ij、It表示一国j商品进口值和一国进口总值，Wij、Wit表示世界j商品进口值和世界进口总值。国内学者中张金昌（2001，2002）较早应用这两个指标对中美两国的产业竞争力进行了对比分析③。

实际上，不管是RCA还是CA衡量的都是产业的市场占有率即竞争力的表现层次，而产业竞争力由图5-1和表5-1所示四个层次的内容组成：产业竞争力的最终目的是产生利润，产生利润首先要在贸易中显示出比别国产业有竞争力来；提高贸易竞争力的基础是提高该制造业部门的生产效率，提高生产率则需要在技术创新、先进设备、教育培训等软硬件环境的建设上进行投资；对环境进行投资的资本来源又有赖于产业利润，只有以竞争力最高层次的利润，投资于第一层次的环境，才能进入生产率和市场份额的新一轮循环，获得持续增强的产业竞争力。产业竞争力的四个层次之间存在着环环相扣的逻辑循环关系，各种评价方法实际上分别针对四个不同层次进行（陈立敏，2004）④。

我们所熟悉的一些本领域著名国内外研究者正是针对上述产业

① 陈立敏，谭力文．评价中国制造业国际竞争力的实证方法研究：兼与波特方法与指标比较．中国工业经济，2004，5.

② Vollrath，Thomas and De Huu Vo.（1988）Investigating the nature of world agricultural competitiveness，U. S. Department of Agriculture，Economic Research Service，Technical Bulletin No. 1754（December）.

③ 张金昌．用出口数据评价国际竞争力的方法研究．经济管理，2001，20；张金昌．国际竞争力评价的理论和方法．经济科学出版社，2002.

④ 陈立敏，谭力文．产业国际竞争力的评价方法研究：兼论波特体系的内在矛盾．经济管理，2003，24.

竞争力的某个或某几个层次在进行评价，例如选用显示性指标RCA对市场份额层次进行评价的同时也选用解释性指标钻石模型对产业环境层次进行评价的波特（1990）；对劳动生产率进行评价和多国比较的任若恩（1996，1998，2005）①；同时对多个层次进行全面评价的金碚（1996，2006，2007）等②。

表5-1　竞争力的四个层次及主要评价方法

| 层别 | 内容 | 实质 | 典型评价方法 |
|---|---|---|---|
| 第四层次 | 利润 | 竞争力的结果 | 产业利润评价法 |
| 第三层次 | 市场份额 | 竞争力的表现 | 进出口数据法 |
| 第二层次 | 生产率 | 竞争力的实质 | 劳动/全要素生产率法 |
| 第一层次 | 环境 | 竞争力的来源 | 多因素综合评价法 |

近年国外关于产业国际竞争力评价的文献更多地应用生产率指标，或者将市场占有率指标结合生产率指标来进行。Ezeala（1995）认为以全要素生产率来衡量产业竞争力比以贸易绩效衡量好，原因除前述的国内和进口因素外，还由于贸易绩效指标排除了服务业的竞争力评价③。Lee 和 Tang（2000）也认为生产率层次是评价产业国际竞争力的重要指标，并用它来比较美加两国的产业国

① 任若恩，等．关于中国制造业国际竞争力的初步研究．中国软科学，1996，9；关于中国制造业国际竞争力的进一步研究．经济研究，1998，2；多边比较下的中国制造业国际竞争力研究：1980—2004．经济研究，2005，12.

② 金碚，等．产业国际竞争力研究．经济研究，1996，11；加入WTO以来中国制造业国际竞争力的实证分析．中国工业经济，2006，10；中国制造业国际竞争力现状分析及提升对策．财贸经济，2007，3.

③ Ezeala-Harrison，Fidel（1995）Canada's global competitiveness challenge：Trade performance versus total factor productivity measures，American Journal of Economics and Sociology，54（1）：57-78.

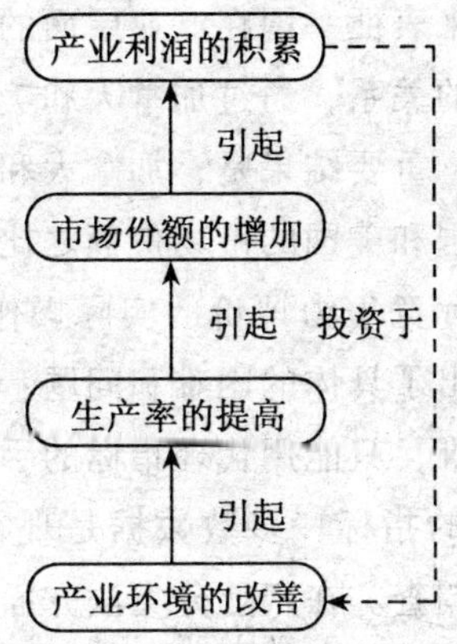


图 5-1　产业竞争力各层次关系

际竞争力①。Carlin（2001）等找到了市场占有率和生产率两层次指标之间的相关性，通过 14 个 OECD 国家中 12 个制造业种类的面板数据分析表明，出口市场份额与单位劳动成本（即劳动生产率）是相关的，产业的成本与技术情况都对出口市场份额重要，但任何一种都不能完全解释出口份额②。

这一观点和 Krugman 关于竞争力 = 生产率/工资率的观点暗合③，因为生产率/工资率可理解为生产技术/劳动成本。Krugman 认为竞争力即比较优势的本质是生产率与工资率之比，这一方面解释了为什么欠发达国家仅凭低工资无法拥有国际竞争力，另一方面也解释了为什么发达国家各产业生产率都比较高却仍需要将部分劳

① Lee, Frank and Jianmin Tang (2000) Productivity levels and international competitiveness between Canadian and U. S. industries, The American Economic Review, 90 (2, Papers and proceedings of the one hundred twelfth annual meeting of the American Economic Association): 176-179.

② Carlin, Wendy, Andrew Glyn, John Van Reenen (2001) Export market performance of OECD countries: An empirical examination of the role of cost competitiveness, The Economic Journal, 111 (468): 128-162.

③ 保罗·克鲁格曼，茅瑞斯·奥伯斯法尔德. 国际经济学. 第五版. 中国人民大学出版社，2002.

动密集型产业向低工资率的发展中国家转移。Choudhri 等（2002）明确应用生产率表现来表征一国在产业层面的国际竞争力，并找寻其和市场占有率之间的关系，通过加拿大和美国25年来40个产业的面板数据实证分析，重要结果是，加拿大和美国的生产率之比决定了加拿大企业在本国和美国的市场份额之比①。

关于中国产业国际竞争力评价的实际操作，王仁曾（2002）②从统计研究的角度指出了具体的困难和问题：在评价指标方面，许多因素存在量化的困难，只能用代理指标的手段部分解决问题，或应用过分繁多和复杂的指标；多数数据是现行统计制度不能提供的，需要组织专门的调查。在产业分类法方面，海关统计的商品分类和现行的产业分类并不一致，即无法根据现有统计资料来评价各个制造业行业在国际贸易中的表现；即便自行计算如将98类商品的进出口数据按最接近的小类进行合并，所得的结果也是十分粗略的。

## 第三节　评价指标与分析样本的选取

### 一、评价指标

四个层次的竞争力指标有这样的规律，即越靠近底层，对竞争力产生的解释性越强，对竞争力变化的预见性越高，但同时不确定性也越大。因此，研发投入、专利数量、技术设施等产业环境内容，虽然是产业竞争力产生的源泉，但由于指标众多、无法穷尽，而且作用各不相同，难以确定权重，并不是产业竞争力的合适表征。应用这种评价方法，难免有失偏颇，侧重其中部分角度；而且

① Choudhri, Ehsan and Lawrence Schembri (2002) Productivity performance and international competitiveness: An old text reconsidered, The Canadian Journal of Economics, 35 (2): 341-362.

② 王仁曾．产业国际竞争力决定因素的实证研究——进展、困难、模型及对中国制造业截面数据的估计与检验．统计研究，2002，4.

它只能说明企业有获得高生产率的巨大潜力，但并不是实力。拥有了有利的竞争环境并不能保证必然产生强大的竞争力，教育、科技、法律、制度、R&D、专利等投资要顺利转化为生产率，潜力才能变为实力。

鉴于这样的原因，本研究在产业竞争力的四个层次中舍弃了存在实施困难的产业环境层次评价指标，拟采用其他三个层次的评价指标——生产率、市场占有率、利润率进行实证分析。重点应用的是市场份额指标，将显示性比较优势指数 RCA 和显示性竞争优势指数 CA 的分析结果进行比较，具体数值根据世界贸易组织发布的进出口数据计算。

生产率层次采用劳动生产率指标，利润率层次采用总资产贡献率指标，数据都来自国家统计局发布的历年中国统计年鉴。为更加全面深入地进行评价，补充中国制造业各种类的工业增加值指标来表征产业规模，补充劳动生产率的上升幅度和总资产贡献率上升幅度指标来表征产业竞争力的变化。

## 二、分析样本

本研究的分析样本一是世界贸易组织发布的中国和世界制造品在 1980—2005 年的出口总额、分类出口额、进口总额和分类进口额数据，用以进行 RCA 和 CA 值的计算分析；二是国家统计局出版的历年《中国统计年鉴》里中国制造业分行业的各项经济效益指标数据，用以进行劳动生产率和总资产贡献率的分析。这里我们看到评价指标的选择与样本的选择息息相关，因为必须兼顾指标和数据的可得性；同时样本的内容又与产业分类法息息相关，当采用《中国统计年鉴》的制造业数据时，即是将制造业分为 30 个种类；当采用世界贸易组织数据时，即是将制造业商品按照七个大类进行进出口金额统计。

国家统计局和世界贸易组织的统计口径都在不同的年份发生过或多或少的变化。如 2003 年以前国家统计局发布的制造业是不含其他制造业和废旧材料回收业的 28 个种类，1998 年以前又为具有其他制造业的 29 个种类；除了类别数目变化外，《中国统计年鉴》

里还曾发生名称和内容变化，如将食品制造业变更为食品加工业和食品制造业，在1998年以前没有总资产贡献率栏，只有资金利税率，等等。20世纪90年代中期以前世界贸易数据库曾将纺织、服装作为两个不同类别，而办公电信设备与汽车为一大类。跟随不同时代的产业发展变化，现在它将规模缩减的相近产业进行合并处理，而对规模激增的产业进行了进一步的细分。《中国统计年鉴》和世界贸易组织的制造业分类可以产生部分的对应，如表5-2所示。

表5-2　**中国国家统计局与世界贸易组织的制造业分类对应情况**

| 类号 | 国家统计局的30个制造业类别 | 世界贸易组织的七个制造业分类 |
| --- | --- | --- |
| C13 | 农副食品加工业 | ①Agricultural products 农产品含食品 |
| C14 | 食品制造业 | ①Agricultural products 农产品含食品 |
| C15 | 饮料制造业 | — |
| C16 | 烟草制品业 | — |
| C17 | 纺织业 | ⑦textiles 纺织品与服装 |
| C18 | 纺织服装、鞋、帽制造业 | ⑦textiles 纺织品与服装 |
| C19 | 皮革、毛皮、羽毛（绒）及其制品业 | ⑦textiles 纺织品与服装 |
| C20 | 木材加工及木、竹、藤、棕、草制品业 | — |
| C21 | 家具制造业 | — |
| C22 | 造纸及纸制品业 | — |
| C23 | 印刷业和记录媒介的复制 | — |
| C24 | 文教体育用品制造业 | — |
| C25 | 石油加工、炼焦及核燃料加工业 | ②Fuels and mining products 燃料和矿产品 |
| C26 | 化学原料及化学制品制造业 | ④Chemicals 化学品含药品 |
| C27 | 医药制造业 | ④Chemicals 化学品含药品 |
| C28 | 化学纤维制造业 | ④Chemicals 化学品含药品 |

续表

| 类号 | 国家统计局的30个制造业类别 | 世界贸易组织的七个制造业分类 |
| --- | --- | --- |
| C29 | 橡胶制品业 | ④Chemicals 化学品含药品 |
| C30 | 塑料制品业 | ④Chemicals 化学品含药品 |
| C31 | 非金属矿物制品业 | ②Fuels and mining products 燃料和矿产品 |
| C32 | 黑色金属冶炼及压延加工业 | ③Iron and steel 钢铁 |
| C33 | 有色金属冶炼及压延加工业 | ③Iron and steel 钢铁 |
| C34 | 金属制品业 | ③Iron and steel 钢铁 |
| C35 | 通用设备制造业 | — |
| C36 | 专用设备制造业 | — |
| C37 | 交通运输设备制造业 | ⑥automotive products 汽车产品 |
| C39 | 电气机械及器材制造业 | ⑤Office and telecom equipment 办公和电信设备——integrated circuits 集成电路 |
| C40 | 通信设备、计算机及其他电子设备制造业 | ⑤Office and telecom equipment 办公和电信设备——telecomunications equipment 通信电子设备 |
| C41 | 仪器仪表及文化、办公用机械制造业 | ⑤Office and telecom equipment 办公和电信设备——EDP equipment 办公自动化设备 |
| C42 | 工艺品及其他制造业 | — |
| C43 | 废弃资源和废旧材料回收加工业 | — |

鉴于统计口径的不一致，以及近年来中国产业的加速度巨大变化，本研究放弃国家统计局20世纪80年代的数据，而采用20世纪90年代与21世纪的年度数据，这样既避免了统计方法和口径不一致形成的严重系统误差，又符合我们的研究需要。世界贸易组织的数据相对较连贯但也有缺憾，我们的研究时间跨度虽然是从1980—2005年的26年，但由于1981—1989年数据有缺失，因此实

际使用的数据为 17 个年份。

### 三、研究内容

研究中计划进行两项验证性工作和两项探索性工作：

假设①：中国制造业由 RCA 值显示的出口竞争力状况与由 CA 值显示的国际竞争力状况并不一致。

假设②：中国制造业的全员劳动生产率、总资产贡献率与工业增加值具有相关性。

探索①：运用时间序列图和线性回归方法预测中国制造业 RCA 值与 CA 值的变化趋势。

探索②：依据劳动生产率、总资产贡献率和工业增加值对 30 个中国制造业进行聚类。

## 第四节 数据分析与结果

### 一、RCA 值与 CA 值的计算

首先根据显示性比较优势指数 RCA 的计算公式，应用世界贸易组织网站发布的 1980—2005 年世界货物出口总额及分产业金额、中国货物出口总额及分产业金额（详细数据表见附表 5-1 和附表 5-2），计算出中国制造业七个分类的显示性比较优势指数（表 5-3），并同时做出趋势变化折线图（图 5-2）。

表 5-3 **1980—2005 年中国制造品的显示性比较优势 RCA 值**

| 年份 | 农产品食品 | 燃料矿产品 | 钢铁业 | 化学品医药 | 办公电信设备 | 汽车业 | 纺织服装 |
|---|---|---|---|---|---|---|---|
| 1980 | 1.65 | 1.02 | 0.35 | 0.92 | 0.07 | 0.05 | 5.01 |
| 1990 | 1.38 | 0.77 | 0.68 | 0.71 | 0.59 | 0.05 | 4.47 |
| 1991 | 1.33 | 0.67 | 0.81 | 0.63 | 0.32 | 0.06 | 4.51 |
| 1992 | 1.19 | 0.61 | 0.57 | 0.72 | 0.69 | 0.03 | 4.56 |

续表

| 年份 | 农产品食品 | 燃料矿产品 | 钢铁业 | 化学品医药 | 办公电信设备 | 汽车业 | 纺织服装 |
|---|---|---|---|---|---|---|---|
| 1993 | 1.18 | 0.53 | 0.41 | 0.70 | 0.76 | 0.04 | 4.65 |
| 1994 | 1.09 | 0.46 | 0.49 | 0.68 | 0.84 | 0.04 | 4.69 |
| 1995 | 0.90 | 0.51 | 1.16 | 0.76 | 0.96 | 0.05 | 4.21 |
| 1996 | 0.89 | 0.47 | 0.90 | 0.74 | 1.10 | 0.04 | 4.10 |
| 1997 | 0.81 | 0.48 | 0.92 | 0.69 | 1.10 | 0.04 | 4.14 |
| 1998 | 0.76 | 0.48 | 0.67 | 0.68 | 1.22 | 0.04 | 3.74 |
| 1999 | 0.75 | 0.37 | 0.61 | 0.64 | 1.30 | 0.05 | 3.72 |
| 2000 | 0.80 | 0.35 | 0.81 | 0.53 | 0.93 | 0.07 | 3.87 |
| 2001 | 0.71 | 0.36 | 0.55 | 0.48 | 1.09 | 0.08 | 3.60 |
| 2002 | 0.63 | 0.31 | 0.44 | 0.41 | 1.27 | 0.08 | 3.30 |
| 2003 | 0.54 | 0.27 | 0.42 | 0.36 | 1.46 | 0.08 | 3.14 |
| 2004 | 0.45 | 0.25 | 0.73 | 0.34 | 1.58 | 0.10 | 2.99 |
| 2005 | 0.43 | 0.19 | 0.76 | 0.36 | 1.67 | 0.14 | 3.01 |

26年间各制造业种类的RCA值大小及升降趋势，清楚显示了各产业的国际竞争力状况。我们根据这些变化作象限图（图5-3），可以更直观地了解中国制造业的优势情况：RCA值大于1但在逐渐减小的产业是传统优势产业，有纺织服装工业、农产品食品工业等；RCA值目前大于1而且之间增大的产业是新兴优势产业，主要是办公电信设备制造业；RCA值虽然小于1但在日渐增大的产业是潜力优势产业，有钢铁制造业和汽车制造业等；RCA值不仅小于1而且在继续减小的是缺乏优势产业，如燃料矿产品工业和化学品医药工业等。

第二步，我们根据显示性竞争优势指数CA的公式，应用世界货物进口总额及分产业金额、中国货物进口总额及分产业金额（详细数据见附表5-3和附表5-4），计算出中国制造业七个分类的

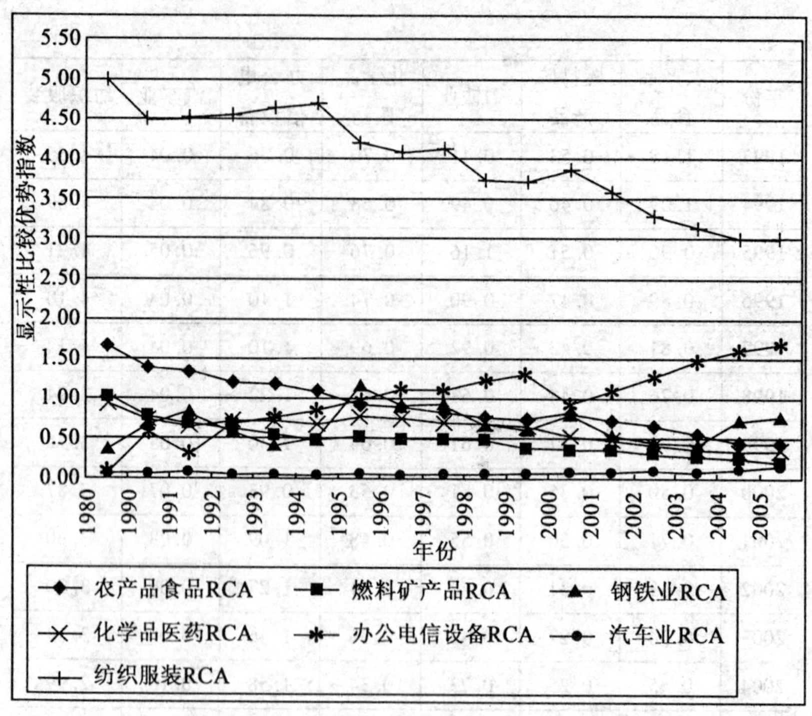


图 5-2　1980—2005 年中国制造业的显示性比较优势变化

RCA 值高

| 传统优势产业<br>（出口竞争力强但在下降）<br><br>纺织服装工业<br>农产品食品工业 | 新兴优势产业<br>（出口竞争力强且在增长）<br><br>办公电信设备制造业 |
|---|---|
| 缺乏优势产业<br>（出口竞争力弱且在下降）<br><br>燃料矿产品工业<br>化学品医药工业 | 潜力优势产业<br>（出口竞争力弱但在增强）<br><br>钢铁制造业<br>汽车制造业 |

RCA 值低

RCA 值下降　　　　　　　　　　　　　　RCA 值增长

图 5-3　根据 RCA 指数进行的中国制造业优势情况分类

进口 RCA 值；然后在前面出口 RCA 值的基础上，计算出各制造业分类的 CA 值（表 5-4）。结果显示结合进口情况后，所有种类的 CA 值与 RCA 值相比都发生了变化。

**表 5-4　　增加了进口因素的 1980—2005 年中国制造品的显示性竞争优势值**

| 年份 | 农产品食品 | | 燃料矿产品 | | 钢铁业 | | 化学品医药 | | 办公电信设备 | | 汽车业 | | 纺织服装 | |
|---|---|---|---|---|---|---|---|---|---|---|---|---|---|---|
| | 进口RCA | CA | 进口RCA | CA | 进口RCA | CA | 进口RCA | CA | 进口RCA | CA | 进口RCA | CA | 进口RCA | CA |
| 1980 | 1.86 | -0.21 | 0.10 | 0.91 | 2.89 | -2.53 | 2.07 | -1.15 | 0.61 | -0.54 | 0.58 | -0.52 | 2.07 | 2.94 |
| 1990 | 1.02 | 0.36 | 0.29 | 0.48 | 1.62 | -0.94 | 1.40 | -0.68 | 1.02 | -0.43 | 0.36 | -0.31 | 1.40 | 3.08 |
| 1991 | 0.80 | 0.54 | 0.96 | -0.29 | 1.32 | -0.51 | 1.59 | -0.95 | 0.40 | -0.07 | — | — | 1.59 | 2.92 |
| 1992 | 0.61 | 0.58 | 1.39 | -0.78 | 1.77 | -1.19 | 1.51 | -0.79 | 1.01 | -0.32 | 0.44 | -0.40 | 1.51 | 3.05 |
| 1993 | 0.38 | 0.80 | 1.57 | -1.04 | 3.73 | -3.32 | 1.01 | -0.31 | 1.06 | -0.30 | 0.47 | -0.43 | 1.01 | 3.63 |
| 1994 | 0.58 | 0.50 | 0.51 | -0.05 | 2.63 | -2.14 | 1.13 | -0.45 | 1.15 | -0.31 | 0.39 | -0.36 | 1.13 | 3.56 |
| 1995 | 0.87 | 0.03 | 0.64 | -0.12 | 1.59 | -0.43 | 1.35 | -0.59 | 1.11 | -0.15 | 0.22 | -0.17 | 1.35 | 2.86 |
| 1996 | 0.78 | 0.11 | 0.68 | -0.20 | 1.84 | -0.94 | 1.40 | -0.65 | 1.02 | 0.08 | 0.17 | -0.13 | 1.40 | 2.70 |
| 1997 | 0.74 | 0.07 | 0.91 | -0.43 | 1.64 | -0.73 | 1.44 | -0.75 | 1.13 | -0.03 | 0.15 | -0.10 | 1.44 | 2.70 |
| 1998 | 0.67 | 0.09 | 0.85 | -0.37 | 1.58 | -0.91 | 1.47 | -0.79 | 1.40 | -0.17 | 0.15 | -0.10 | 1.47 | 2.28 |
| 1999 | 0.64 | 0.11 | 0.82 | -0.45 | 1.84 | -1.23 | 1.48 | -0.84 | 1.53 | -0.23 | 0.15 | -0.09 | 1.48 | 2.24 |
| 2000 | 0.78 | 0.02 | 0.98 | -0.63 | 1.81 | -1.00 | 1.26 | -0.73 | 1.05 | -0.12 | 0.19 | -0.11 | 1.26 | 2.61 |
| 2001 | 0.69 | 0.02 | 0.85 | -0.50 | 1.88 | -1.34 | 1.12 | -0.64 | 1.15 | -0.06 | 0.21 | -0.14 | 1.12 | 2.48 |
| 2002 | 0.60 | 0.04 | 0.81 | -0.50 | 1.86 | -1.42 | 1.01 | -0.60 | 1.26 | 0.00 | 0.23 | -0.15 | 1.01 | 2.29 |
| 2003 | 0.61 | -0.07 | 0.80 | -0.52 | 1.99 | -1.57 | 0.87 | -0.51 | 1.36 | 0.11 | 0.31 | -0.23 | 0.87 | 2.27 |
| 2004 | 0.67 | -0.22 | 0.92 | -0.67 | 1.30 | -0.56 | 0.86 | -0.51 | 1.36 | 0.22 | 0.27 | -0.16 | 0.86 | 2.13 |
| 2005 | 0.63 | -0.19 | 0.85 | -0.66 | 1.19 | -0.43 | 0.87 | -0.51 | 1.46 | 0.21 | 0.22 | -0.09 | 0.87 | 2.14 |

## 二、线性回归预测与时间序列图分析

经过进口的作用，RCA 和 CA 的数值大小存在差异是肯定的；

现在需要了解的是除数值差异之外，两者在变化趋势上是否也有显著不同。

本研究在这里进行了两项工作，一是在七类制造业 1980—2005 年 RCA 和 CA 值的基础上，运用线性回归进行直至 2010 年的数值预测，以使两者的变化趋势显现得更加明确；二是以 RCA 和 CA 的实际值和预测值共四个变量绘制在一个时间序列图中进行分析比较，七类制造业分别制作七组图，以观察 CA 值显示的国际竞争力与 RCA 值显示的出口竞争力所具有的不同变化趋势。

我们看到，国际竞争力与出口竞争力趋势差别最大的是化学品医药工业（图 5-4-1）。RCA 值显示化学医药业的出口竞争力是

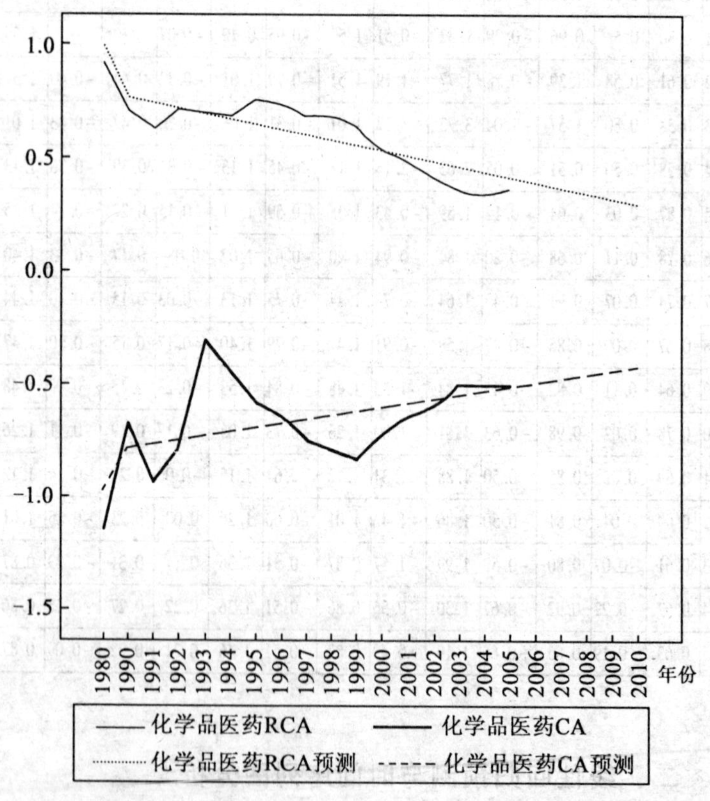


图5-4-1　1980—2005 年中国化学品医药工业的显示性竞争优势值变化

下降，但 CA 值显示其国际竞争力实际正在增强。原因是中国化学品医药工业的进口比重在逐年减少，能够占领已经全球化了的自有大规模市场，同样显示了该产业国际竞争力的提升。

汽车和钢铁两个产业的出口竞争力和国际竞争力也有差别。从 RCA 值来看汽车业的出口竞争力几乎没有增长，但从 CA 值显示的国际竞争力来看中国汽车业的增长是比较迅猛的（图 5-4-2），这同样是进口比重相对减少和国内市场占有率提高的结果。与此类似的还有钢铁业，出口竞争力基本上是平行震荡变化，完全没有上升趋势；但考虑到进口比重的减少，国际竞争力仍然体现出一定的

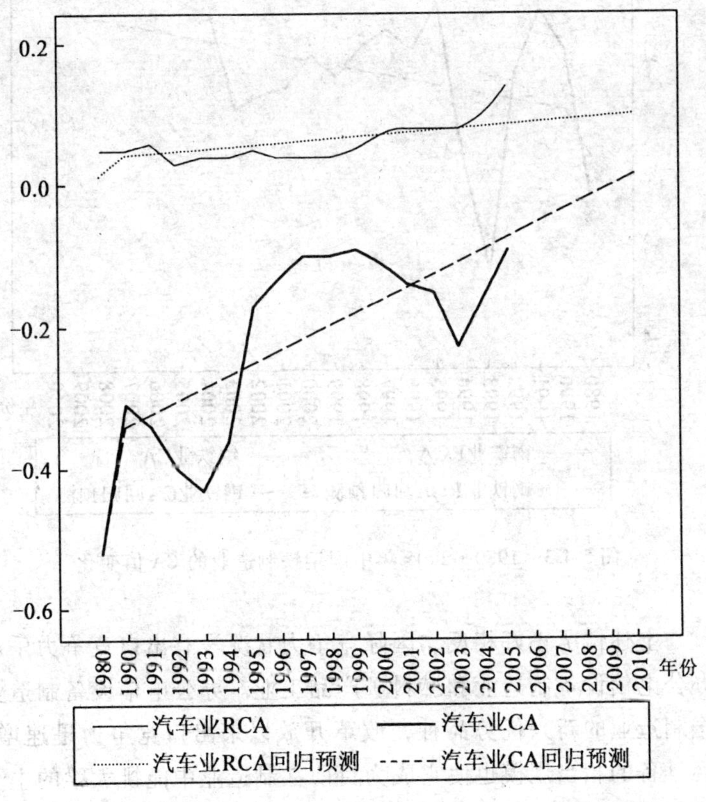


图 5-4-2　1980—2005 年中国汽车制造业的 CA 值变化

增强趋势（图 5-4-3）。这些数据分析结论亦可以同我们关于近年来国内这两产业的市场蓬勃发展和企业盈利增长的感性经验相印证。

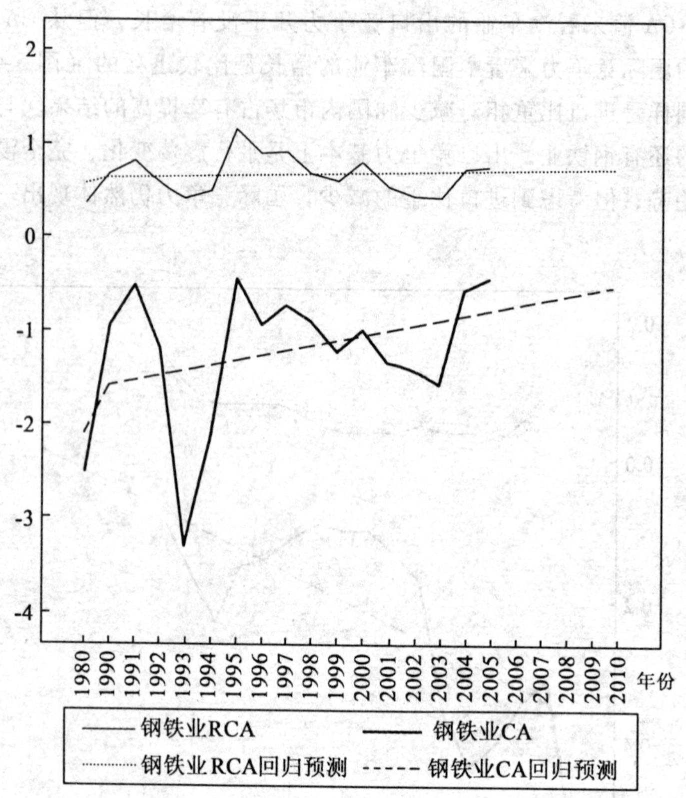


图 5-4-3　1980—2005 年中国钢铁制造业的 CA 值变化

与上述情况正好相反、国际竞争力状况没有出口竞争力乐观的是办公电信设备制造业和燃料矿产品工业。办公电信设备制造业是我国制造业的新兴优势品种，改革开放以来出口竞争力迅速增强，已经具备的相当规模也使它成为目前在制造业中能挑大梁的主干产业。但将 CA 值与前面的 RCA 值比较来看，中国办公电信设备制造业国际竞争力的增强并不像出口竞争力那么明显陡峻（图 5-4-4），主要原因是该产业中有大量企业从事的是两头在外的加工贸易，出口比重大的同时进口也较多。同时，我国的燃料矿产品工业属于竞争优势减退的产业，将 CA 值与 RCA 值比较发现其国际竞争力比出口竞争力减弱得还要明显迅速（图 5-4-5），主要原因是我国已经成为一个资源消耗大国但还不是一个资源生产大国。

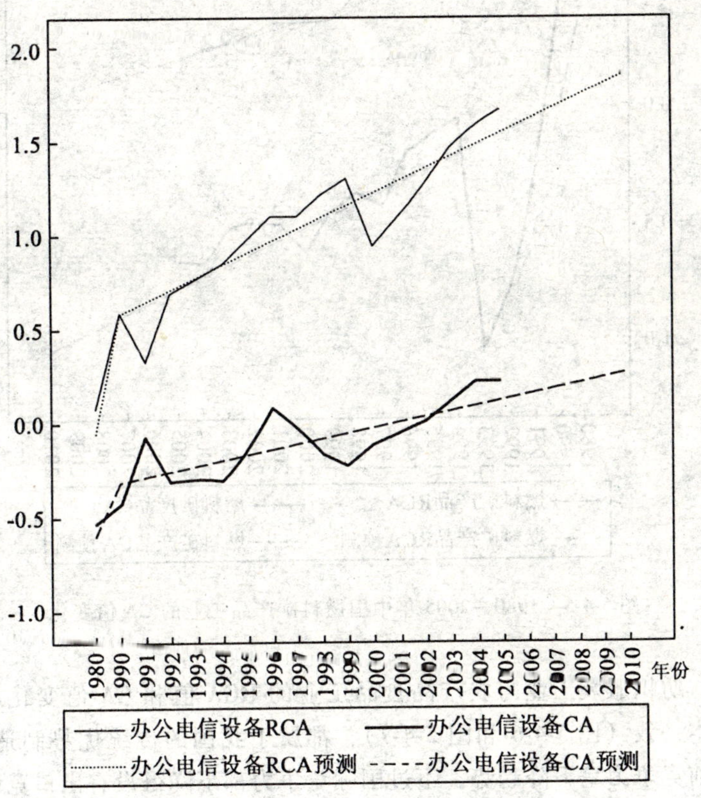


图 5-4-4　1980—2005 年中国办公电信设备制造业的 CA 值变化

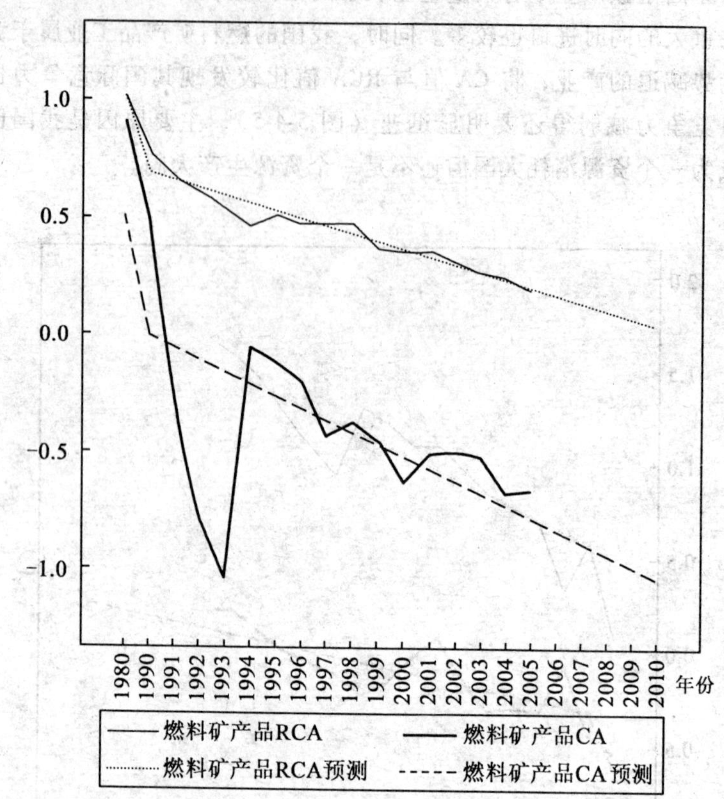


图 5-4-5　1980—2005 年中国燃料矿产品工业的 CA 值变化

纺织服装工业与农产品食品工业的 RCA 值和 CA 值变化趋势基本一致（图 5-4-6 和图 5-4-7），都属于我国的传统优势制造业，当前竞争力呈下降趋势，不过国际竞争力都下降得没有出口竞争力多。细究 CA 值我们仍能得到比仅凭 RCA 值更多的发现：中国这两个产业原来的出口竞争力虽然都很高，但国际竞争力是不同的，因为 20 年前中国在农产品食品大量出口的同时也是一个该产业的进口大国，因此 20 世纪 90 年代中期以前中国农产品的国际竞争力并不算高。

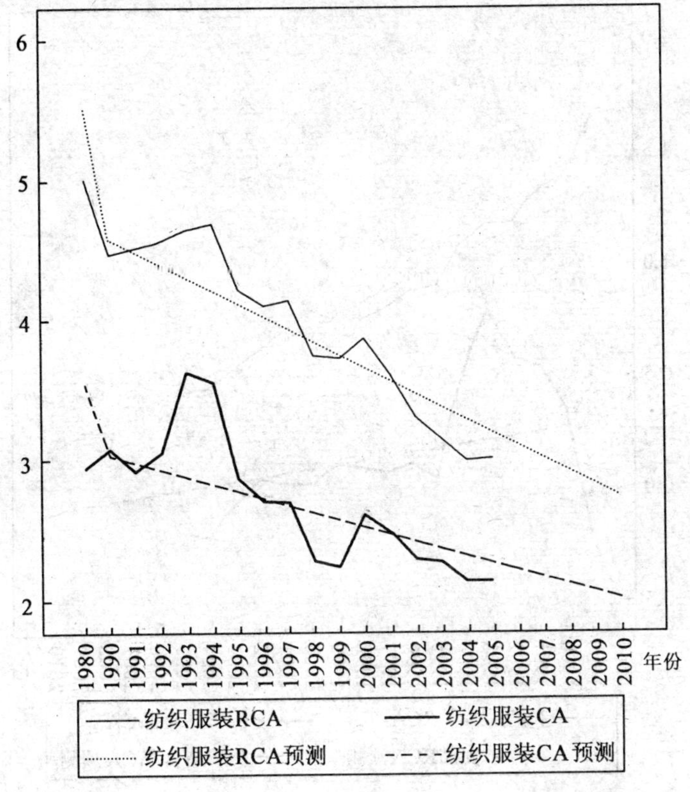


图 5-4-6 1980—2005 年中国纺织服装工业的 CA 值变化

因此，根据显示性竞争优势指数调整之后的中国制造业优势情况分类有了一些变化（图 5-5），新兴优势产业仍然是办公电信设备制造业，但其他象限中发生了两个转移：化学品医药工业更应属于潜力优势产业而不是缺乏优势产业，因其出口竞争力虽然在下降但国际竞争力实际上是在增强的；此外农产品食品工业更应属于缺乏优势产业而不是传统优势产业，因其出口竞争力虽然曾经比较高但国际竞争力原来就比较低。黑体部分为分类情况与图 5-3 相比变化了的产业。

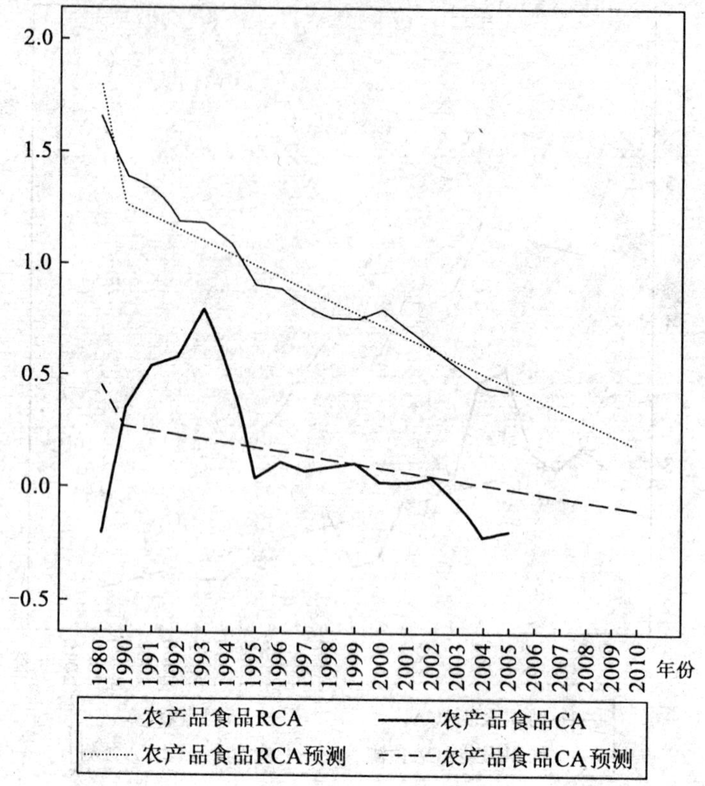


图 5-4-7　1980—2005 年中国农产品食品工业的 CA 值变化

CA 值为正

| 传统优势产业<br>（国际竞争力强但在下降）<br><br>纺织服装工业 | 新兴优势产业<br>（国际竞争力强且在增长）<br><br>办公电信设备制造业 |
|---|---|
| 缺乏优势产业<br>（国际竞争力弱且在下降）<br><br>燃料矿产品工业<br>农产品食品工业 | 潜力优势产业<br>（国际竞争力弱但在增强）<br><br>汽车制造业<br>化学品医药工业<br>钢铁制造业 |

CA 值为负

CA 值减小　　　　CA 值增大

图 5-5　根据 CA 指数调整后的中国制造业优势情况分类图

## 三、相关分析

本研究还对 30 个中国制造业种类的劳动生产率、总资产利润率和工业增加值进行了相关分析。为避免单个年份的异常波动，三指标均采用最近两年数据的平均值；同时使用了劳动生产率和总资产贡献率的增幅这两个指标进行辅助分析，增幅均选取本年代四个年份和上年代四个年份的均值相减获得增长百分比。五个指标的详细数值情况见附表 5-5，相关分析结果见表 5-5。

结果显示三个基本指标中只有劳动生产率和总资产贡献率在 0.01 水平上显著相关，但加入两个辅助指标后几乎都发生了关联：劳动生产率的增幅不仅与总资产贡献率的增幅相关，而且与工业增加值相关。这个结果的含义是，对中国制造业来说，效率越高的产业效益越好，效率变高的产业效益在变好，同时产业规模越大的制造业种类效率提高得越多。

表 5-5　　中国制造业 30 个种类的劳动生产率、总资产贡献率、工业增加值相关性分析

Correlations

| | | 总资产贡献率 | 总资产贡献率升幅 | 劳动生产率 | 劳动生产率升幅 | 工业增加值 |
|---|---|---|---|---|---|---|
| 总资产贡献率 | Pearson Correlation | 1 | -.082 | .930 ** | .157 | -.032 |
| | Sig.(2-tailed) | | .673 | .000 | .416 | .867 |
| | N | 30 | 29 | 30 | 29 | 30 |
| 总资产贡献率升幅 | Pearson Correlation | -.082 | 1 | -.203 | .542 ** | .258 |
| | Sig.(2-tailed) | .673 | | .291 | .002 | .176 |
| | N | 29 | 29 | 29 | 29 | 29 |
| 劳动生产率 | Pearson Correlation | .930 ** | -.203 | 1 | .278 | .115 |
| | Sig.(2-tailed) | .000 | .291 | | .145 | .544 |
| | N | 30 | 29 | 30 | 29 | 30 |
| 劳动生产率升幅 | Pearson Correlation | .157 | .542 ** | .278 | 1 | .505 ** |
| | Sig.(2-tailed) | .416 | .002 | .145 | | .005 |
| | N | 29 | 29 | 29 | 29 | 29 |
| 工业增加值 | Pearson Correlation | -.032 | .258 | .115 | .505 ** | 1 |
| | Sig.(2-tailed) | .867 | .176 | .544 | .005 | |
| | N | 30 | 29 | 30 | 29 | 30 |

** Correlation is significant at the 0.01 level (2-tailed).

## 四、聚类分析

用总资产贡献率、劳动生产率和工业增加值三个指标，对 30 个制造业种类进行 Hierarchical 系统聚类。结果显示 30 个制造业被分为四类，大部分产业被并入类别 1 和类别 2，类别 3 和类别 4 中分离出来的是比较特异的种类：

与其他产业差别最大的是 C16 烟草制品业，表 5-6 和表 5-7 中聚为类别 3，该类的特征是总资产贡献率在各类中最高，劳动生产

率也是最高，都为其他三类均值的5～10倍，我们可以称之为**效益产业**。其次特异的产业是C32黑色金属冶炼和C40通信电子设备制造业，聚为类别4，类别特点是工业增加值在各类中最大，为其他三类均值的2～6倍，我们称之为**规模产业**。

接下来我们比较类别1和类别2的特点，可以看到类别1没有任何一项指标居首或居尾，三项指标在各类中都居中，因此我们将类别1中的9种产业称为**均衡产业**。类别2的特点则是劳动生产率最低、工业增加值也最小，可称为**小规模劳动密集型制造业**，而我们看到这类产业数目有18个，在30个制造业中达到60%，但其工业增加值不到全部制造业的30%。这说明我国大多数制造业产业仍然规模偏小、劳动生产率偏低，在进行小规模劳动密集型制造。

表5-6　**聚类结果及特征命名**

| 聚类结果 | 制造业种类 | 特征命名 |
| --- | --- | --- |
| 类别1 | C13农副食品加工业，C17纺织业，C25石油炼焦业，C26化学原料制品，C31非金属矿制品，C33有色金属冶炼，C35通用设备制造，C37交通运输设备，C39电气机械设备 | 均衡产业 |
| 类别2 | C14食品制造，C15饮料制造，C18服装鞋帽，C19皮革毛绒，C20木材加工，C21家具制造，C22造纸业，C23印刷业，C24文教体育用品，C27医药制造，C28化学纤维，C29橡胶制品，C30塑料制品，C34金属制品，C36专用设备制造，C41办公机械，C42工艺品及其他，C43废旧材料回收 | 小规模劳动密集型产业 |
| 类别3 | C16烟草制品业 | 效益产业 |
| 类别4 | C32黑色金属冶炼，C40通信电子设备制造业 | 规模产业 |

表 5-7　　各聚类中的指标均值

| | Average Linkage (Between Groups) | | | |
|---|---|---|---|---|
| | 1 | 2 | 3 | 4 |
| | Mean | Mean | Mean | Mean |
| 总资产贡献率 | 10.934 | 11.364 | 59.425 | 9.670 |
| 劳动生产率 | 13.3717 | 8.6212 | 115.0234 | 17.6974 |
| 工业增加值 | 34.9121 | 10.2220 | 22.1987 | 63.9694 |

## 第五节　结论与讨论

两个假设的验证和两项探索性工作的进行，使我们能够得到以下的初步结论：

1. 中国制造业的劳动生产率和总资产贡献率具有显著相关性，同时劳动生产率的增幅与总资产贡献率的增幅相关，劳动生产率的增幅也与工业增加值相关。这样一个互相关联的结果说明，对于中国制造业来说，提升产业竞争力的实质——劳动生产率是关键，因为实证分析结果显示效率越高的产业效益越好、效率变高的产业效益在变好，同时效率提高得越多的种类产业规模越大。

2. 中国制造业的显示性比较优势数值 RCA 和显示性竞争优势数值 CA 不一致，说明产业的出口竞争力和国际竞争力确实是两个不同的概念，也具有不同的变化趋势。对于中国这样国内市场庞大并已竞争国际化的国家来说，占领国内市场同样是产业国际竞争力增强的表现，也是提升产业国际竞争力的关键。

3. 针对七大类制造业进行的国际竞争力预测和优势情况分区表明，传统优势产业纺织服装工业呈下降趋势，不管是出口竞争力还是国际竞争力都在持续减弱。同时，战略性资源产业——燃料矿产品工业的状况值得担忧，其出口竞争力和国际竞争力均呈迅速下降趋势，由大量进口导致的后者降低更加严重，同属资源类初级品产业的农副产品食品工业竞争力也在下降。当然向好的趋势也很明显，办公通讯设备制造业这一规模较大的类别已经拥有较强的国际竞争力，成为我国的新兴优势产业；交通运输设备制造业、化学品医药工业的当前竞争力虽不算强但趋势可喜，有望成为下一步的潜力优势产业。

4. 针对中国30个制造业的聚类分析表明，我国大多数制造业种类仍然规模偏小、劳动生产率偏低，属于小规模劳动密集型产业，因此中国制造业竞争力提升的关键，是在保证既有规模产业和效益产业良性发展的前提下，提高过半小规模产业的劳动生产率，即提升劳动密集型制造业的产业结构。同时，均衡产业的分化将形成下一步的制造业增长点。

研究中的遗憾和不足之处是现有的两个样本来源世界贸易组织和中国统计年鉴中均有数据缺失和统计口径的变化，使得数据及其显示的时间序列变化不够充足和连贯。同时，两个数据库的制造业分类方法不统一，使得几个评价指标和数据衔接不理想。可能的解决办法是继续寻找合适的样本数据来源，寻求国际国内数据的直接对接，或以好的类别合并方式形成间接对接，以将产业竞争力多个层次的评价指标更紧密地结合比较。

附表 5-1

**1980—2005 年世界货物出口总额及分产业金额**

单位:美元

| 年份 | 出口货物总额 | 出口农产品食品 | 出口燃料矿产品 | 出口钢铁 | 出口化学品医药 | 出口办公电信设备 | 出口汽车 | 出口纺织服装 |
|---|---|---|---|---|---|---|---|---|
| 1980 | 5 263 192 000 000 | 522 632 000 000 | 559 880 000 000 | 76 750 000 000 | 141 680 000 000 | 216 902 000 000 | 131 800 000 000 | 95 580 000 000 |
| 1990 | 9 866 412 000 000 | 730 282 000 000 | 850 906 000 000 | 105 789 000 000 | 296 066 000 000 | 617 510 000 000 | 318 959 000 000 | 212 483 000 000 |
| 1991 | 10 069 869 000 000 | 744 510 000 000 | 798 586 000 000 | 103 457 000 000 | 305 611 000 000 | 645 461 000 000 | 324 868 000 000 | 226 085 000 000 |
| 1992 | 10 785 481 000 000 | 800 817 000 000 | 792 615 000 000 | 103 895 000 000 | 329 027 000 000 | 710 904 000 000 | 361 408 000 000 | 249 301 000 000 |
| 1993 | 10 763 439 000 000 | 768 077 000 000 | 758 394 000 000 | 106 843 000 000 | 325 723 000 000 | 733 162 000 000 | 349 220 000 000 | 242 244 000 000 |
| 1994 | 12 403 352 000 000 | 890 930 000 000 | 812 262 000 000 | 122 010 000 000 | 390 584 000 000 | 877 962 000 000 | 401 043 000 000 | 272 430 000 000 |
| 1995 | 14 801 539 000 000 | 1 042 046 000 000 | 921 175 000 000 | 154 862 000 000 | 485 518 000 000 | 1 063 918 000 000 | 459 187 000 000 | 310 672 000 000 |
| 1996 | 15 533 930 000 000 | 1 082 186 000 000 | 1 085 873 000 000 | 141 915 000 000 | 492 625 000 000 | 1 116 740 000 000 | 481 952 000 000 | 318 821 000 000 |
| 1997 | 16 147 569 000 000 | 1 069 089 000 000 | 1 106 816 000 000 | 147 010 000 000 | 513 271 000 000 | 1 197 638 000 000 | 501 855 000 000 | 333 355 000 000 |
| 1998 | 15 972 043 000 000 | 1 027 156 000 000 | 854 124 000 000 | 144 051 000 000 | 519 027 000 000 | 1 233 590 000 000 | 529 344 000 000 | 335 794 000 000 |
| 1999 | 16 659 685 000 000 | 986 656 000 000 | 1 016 626 000 000 | 124 484 000 000 | 537 217 000 000 | 1 342 585 000 000 | 556 420 000 000 | 330 842 000 000 |
| 2000 | 20 004 929 000 000 | 985 330 000 000 | 1 532 302 000 000 | 142 853 000 000 | 692 843 000 000 | 2 509 769 000 000 | 576 820 000 000 | 354 842 000 000 |
| 2001 | 19 031 023 000 000 | 997 409 000 000 | 1 386 534 000 000 | 132 640 000 000 | 731 701 000 000 | 2 250 647 000 000 | 569 890 000 000 | 341 834 000 000 |
| 2002 | 19 937 387 000 000 | 1 060 005 000 000 | 1 379 093 000 000 | 144 977 000 000 | 836 271 000 000 | 2 330 985 000 000 | 629 348 000 000 | 359 962 000 000 |
| 2003 | 23 248 936 000 000 | 1 234 862 000 000 | 1 725 200 000 000 | 183 278 000 000 | 1 009 323 000 000 | 2 646 919 000 000 | 730 213 000 000 | 406 284 000 000 |
| 2004 | 28 207 066 000 000 | 1 420 275 000 000 | 2 278 473 000 000 | 270 670 000 000 | 1 230 309 000 000 | 3 160 674 000 000 | 857 880 000 000 | 454 525 000 000 |
| 2005 | 31 951 689 000 000 | 1 535 190 000 000 | 3 149 021 000 000 | 318 223 000 000 | 1 375 930 000 000 | 3 463 828 000 000 | 913 606 000 000 | 478 605 000 000 |

附表 5-2　　**1980—2005 年中国货物出口总额及分产业金额**　　单位：美元

| 年份 | 出口货物总额 | 出口农产品食品 | 出口燃料矿产品 | 出口钢铁 | 出口化学品医药 | 出口办公电信设备 | 出口汽车 | 出口纺织服装 |
|---|---|---|---|---|---|---|---|---|
| 1980 | 45 789 359 570 | 7 512 919 570 | 4 956 000 000 | 237 000 000 | 1 133 440 000 | 131 000 000 | 65 000 000 | 4 165 000 000 |
| 1990 | 175 274 634 224 | 17 927 329 000 | 11 677 833 224 | 1 282 475 000 | 3 752 049 000 | 6 510 000 000 | 258 000 000 | 16 888 588 000 |
| 1991 | 200 288 519 216 | 19 715 813 000 | 10 602 903 216 | 1 669 125 000 | 3 851 643 000 | 4 126 000 000 | 411 000 000 | 20 258 463 000 |
| 1992 | 239 720 149 220 | 21 235 594 832 | 10 820 530 896 | 1 321 462 528 | 5 244 148 864 | 10 911 970 180 | 264 942 916 | 25 286 949 376 |
| 1993 | 259 502 604 096 | 21 792 592 376 | 9 731 446 632 | 1 057 873 088 | 5 528 715 968 | 13 414 819 664 | 358 432 848 | 27 140 427 776 |
| 1994 | 344 888 989 320 | 26 984 687 072 | 10 383 769 696 | 1 653 661 440 | 7 420 857 472 | 20 470 692 676 | 425 556 676 | 35 549 831 168 |
| 1995 | 429 729 371 748 | 27 296 424 656 | 13 737 161 776 | 5 224 562 688 | 10 677 076 608 | 29 633 058 312 | 621 193 480 | 37 967 071 232 |
| 1996 | 441 718 355 211 | 27 371 768 920 | 14 567 459 080 | 3 633 651 968 | 10 392 890 624 | 34 987 233 399 | 591 751 287 | 37 146 421 248 |
| 1997 | 534 527 395 616 | 28 782 615 024 | 17 760 089 584 | 4 463 738 880 | 11 763 268 480 | 43 718 595 456 | 731 923 840 | 45 631 316 992 |
| 1998 | 544 451 651 726 | 26 496 036 096 | 14 053 798 208 | 3 288 024 576 | 12 013 016 832 | 51 484 721 678 | 796 406 798 | 42 865 516 544 |
| 1999 | 584 050 951 575 | 25 943 008 403 | 13 130 225 494 | 2 659 153 986 | 12 052 186 392 | 61 318 089 444 | 1 039 854 768 | 43 121 005 871 |
| 2000 | 760 954 839 583 | 29 943 659 592 | 20 290 372 056 | 4 390 728 704 | 13 886 214 784 | 88 576 696 840 | 1 580 690 952 | 52 205 552 640 |
| 2001 | 827 498 876 548 | 30 848 013 944 | 21 453 793 288 | 3 152 188 416 | 15 330 612 992 | 106 417 732 864 | 1 891 738 880 | 53 475 428 352 |
| 2002 | 1 038 655 243 152 | 34 959 183 200 | 22 008 072 192 | 3 322 464 512 | 17 648 501 504 | 153 720 350 928 | 2 677 296 336 | 61 863 493 632 |
| 2003 | 1 439 271 205 336 | 41 399 353 136 | 29 212 934 592 | 4 813 257 728 | 22 441 305 600 | 239 449 710 624 | 3 571 433 504 | 78 960 924 672 |
| 2004 | 1 977 664 822 115 | 44 936 179 437 | 40 184 486 002 | 13 877 522 712 | 29 594 035 874 | 349 835 489 492 | 6 272 042 564 | 95 284 315 512 |
| 2005 | 2 552 688 877 302 | 53 346 603 999 | 48 888 212 456 | 19 278 257 222 | 39 549 854 578 | 461 884 779 741 | 9 956 943 763 | 115 212 696 784 |

附表 5-3　　**1980—2005 年世界货物进口总额及分产业金额**　　单位:美元

| 年份 | 进口货物总额 | 进口农产品食品 | 进口燃料矿产品 | 进口钢铁 | 进口化学品医药 | 进口办公电信设备 | 进口汽车 | 进口纺织服装 |
|---|---|---|---|---|---|---|---|---|
| 1980 | 5 844 089 000 000 | 546 038 000 000 | 1 041 037 000 000 | 80 860 000 000 | 144 883 000 000 | 218 656 000 000 | 132 866 000 000 | 99 246 000 000 |
| 1990 | 10 144 517 000 000 | 780 950 000 000 | 889 507 000 000 | 112 402 000 000 | 306 343 000 000 | 621 819 000 000 | 321 185 000 000 | 220 075 000 000 |
| 1991 | 9 990 505 000 000 | 806 791 000 000 | 358 616 000 000 | 111 896 000 000 | 321 574 000 000 | 661 758 000 000 | 333 005 000 000 | 238 416 000 000 |
| 1992 | 10 727 226 000 000 | 870 688 000 000 | 354 335 000 000 | 112 403 000 000 | 346 066 000 000 | 728 764 000 000 | 370 393 000 000 | 263 155 000 000 |
| 1993 | 10 639 680 000 000 | 828 613 000 000 | 336 991 000 000 | 114 781 000 000 | 338 720 000 000 | 746 286 000 000 | 355 501 000 000 | 253 584 000 000 |
| 1994 | 12 676 190 000 000 | 942 675 000 000 | 849 168 000 000 | 129 780 000 000 | 401 116 000 000 | 879 744 000 000 | 401 857 000 000 | 280 911 000 000 |
| 1995 | 15 122 724 000 000 | 1 100 310 000 000 | 961 657 000 000 | 164 409 000 000 | 497 938 000 000 | 1 067 610 000 000 | 460 780 000 000 | 319 386 000 000 |
| 1996 | 15 933 120 000 000 | 1 149 834 000 000 | 1 134 735 000 000 | 150 972 000 000 | 506 888 000 000 | 1 125 955 000 000 | 485 929 000 000 | 329 309 000 000 |
| 1997 | 16 559 434 000 000 | 1 133 051 000 000 | 1 162 752 000 000 | 156 430 000 000 | 526 872 000 000 | 1 208 000 000 000 | 506 197 000 000 | 343 843 000 000 |
| 1998 | 16 456 511 000 000 | 1 092 694 000 000 | 912 271 000 000 | 154 774 000 000 | 533 346 000 000 | 1 249 339 000 000 | 536 102 000 000 | 347 132 000 000 |
| 1999 | 17 216 705 000 000 | 1 053 191 000 000 | 1 069 423 000 000 | 134 335 000 000 | 552 488 000 000 | 1 365 475 000 000 | 565 907 000 000 | 345 275 000 000 |
| 2000 | 20 796 809 000 000 | 1 064 109 000 000 | 1 612 516 000 000 | 155 212 000 000 | 716 292 000 000 | 2 567 482 000 000 | 590 144 000 000 | 374 121 000 000 |
| 2001 | 19 895 842 000 000 | 1 083 629 000 000 | 1 475 192 000 000 | 145 306 000 000 | 759 702 000 000 | 2 313 317 000 000 | 585 873 000 000 | 361 636 000 000 |
| 2002 | 20 670 158 000 000 | 1 141 305 000 000 | 1 445 338 000 000 | 156 535 000 000 | 859 856 000 000 | 2 377 765 000 000 | 641 487 000 000 | 379 194 000 000 |
| 2003 | 24 035 044 000 000 | 1 323 448 000 000 | 1 813 240 000 000 | 196 054 000 000 | 1 033 548 000 000 | 2 686 693 000 000 | 740 843 000 000 | 426 564 000 000 |
| 2004 | 29 197 794 000 000 | 1 519 361 000 000 | 2 397 300 000 000 | 289 087 000 000 | 1 261 303 000 000 | 3 209 811 000 000 | 871 486 000 000 | 478 348 000 000 |
| 2005 | 32 949 151 000 000 | 1 634 011 000 000 | 3 296 802 000 000 | 338 161 000 000 | 1 403 749 000 000 | 3 500 338 000 000 | 923 416 000 000 | 501 118 000 000 |

附表 5-4　　**1980—2005 年中国货物进口总额及分产业金额**　　单位：美元

| 年份 | 进口货物总额 | 进口农产品食品 | 进口燃料矿产品 | 进口钢铁 | 进口化学品医药 | 进口办公电信设备 | 进口汽车 | 进口纺织服装 |
|---|---|---|---|---|---|---|---|---|
| 1980 | 55 606 488 700 | 9 682 288 700 | 1 034 000 000 | 2 221 000 000 | 2 853 800 000 | 1 277 000 000 | 731 000 000 | 1 147 000 000 |
| 1990 | 158 586 458 490 | 12 473 656 000 | 4 081 278 490 | 2 852 035 000 | 6 682 927 000 | 9 913 000 000 | 1 796 000 000 | 5 340 093 000 |
| 1991 | 182 644 693 763 | 11 738 601 000 | 6 278 475 763 | 2 694 182 000 | 9 326 532 000 | 4 782 000 000 | —— | 6 812 182 000 |
| 1992 | 239 291 461 121 | 11 814 830 700 | 11 005 863 928 | 4 430 845 440 | 11 658 736 480 | 16 354 383 188 | 3 595 012 948 | 7 998 914 912 |
| 1993 | 314 895 229 050 | 9 206 716 380 | 15 651 735 816 | 12 681 716 736 | 10 150 653 568 | 23 322 882 688 | 4 973 312 384 | 8 196 579 264 |
| 1994 | 350 991 405 370 | 15 250 529 428 | 12 003 883 464 | 9 438 449 664 | 12 531 851 264 | 27 980 477 796 | 4 388 679 012 | 9 969 031 744 |
| 1995 | 398 105 181 605 | 25 335 651 720 | 16 [illegible]19 116 584 | 6 878 266 880 | 17 710 882 944 | 31 313 881 804 | 2 609 353 932 | 11 883 277 184 |
| 1996 | 415 500 794 977 | 23 491 444 944 | 20 014 733 680 | 7 242 890 752 | 18 456 895 520 | 30 035 798 540 | 2 156 421 132 | 13 024 892 736 |
| 1997 | 429 033 225 668 | 21 815 050 352 | 27 471 165 456 | 6 662 996 480 | 19 627 829 888 | 35 296 421 364 | 1 904 526 836 | 13 384 387 328 |
| 1998 | 435 495 489 376 | 19 294 115 936 | 20 585 724 576 | 6 488 867 328 | 20 691 998 496 | 46 144 936 900 | 2 060 998 596 | 12 153 958 400 |
| 1999 | 523 154 227 670 | 20 578 704 186 | 25 614 514 722 | 7 494 525 283 | 24 850 446 978 | 63 516 412 976 | 2 538 059 646 | 12 181 441 666 |
| 2000 | 717 601 642 334 | 28 586 221 184 | 54 576 026 688 | 9 689 426 944 | 31 165 392 896 | 92 652 176 700 | 3 798 400 316 | 14 024 202 368 |
| 2001 | 781 231 285 314 | 29 490 992 384 | 49 290 505 920 | 10 749 112 320 | 33 321 965 056 | 104 042 056 404 | 4 912 261 844 | 13 847 664 640 |
| 2002 | 963 225 518 845 | 31 738 805 824 | 54 230 980 416 | 13 599 073 280 | 40 470 052 864 | 139 782 883 476 | 6 960 212 116 | 14 416 197 376 |
| 2003 | 1 354 865 870 636 | 45 452 559 744 | 81 610 407 296 | 22 033 856 512 | 50 680 950 784 | 205 294 857 404 | 12 778 089 660 | 15 638 964 864 |
| 2004 | 1 822 332 659 231 | 63 399 662 014 | 137 146 285 850 | 23 386 946 005 | 67 372 766 031 | 271 855 608 309 | 14 427 757 023 | 16 846 601 600 |
| 2005 | 2 151 856 849 561 | 66 729 796 660 | 183 559 169 004 | 26 341 085 254 | 80 043 008 036 | 334 480 821 506 | 13 545 034 436 | 17 131 189 907 |

附表 5-5　**中国制造业 30 个种类的工业增加值、劳动生产率和总资产贡献率状况**

| 分类号 | 30 个制造业二分位种类 | 工业增加值（百亿元）1 | 劳动生产率（万元/人年）2 | 劳动生产率增长%3 | 总资产贡献率 4 | 总资产贡献率增长%5 |
|---|---|---|---|---|---|---|
| C13 | 农副食品加工业 | 31.19 | 13.48715 | 129.2296897 | 12.94 | 130.1102 |
| C14 | 食品制造业 | 13.18 | 10.55245 | 109.5826812 | 13.09 | 64.3512 |
| C15 | 饮料制造业 | 13.02 | 14.34215 | 94.454691 | 17.03 | 18.8829 |
| C16 | 烟草制品业 | 22.20 | 115.02335 | 147.4804479 | 59.43 | 11.0016 |
| C17 | 纺织业 | 36.02 | 5.9612 | 102.2540968 | 9.65 | 76.3441 |
| C18 | 服装鞋帽制造业 | 16.27 | 4.4798 | 38.08369443 | 12.12 | 43.7163 |
| C19 | 皮革毛绒制品业 | 10.59 | 4.45085 | 32.98832014 | 13.67 | 78.3702 |
| C20 | 木材加工业 | 5.98 | 6.80655 | 89.75627106 | 12.90 | 71.0981 |
| C21 | 家具制造业 | 4.43 | 5.68995 | 45.37680687 | 10.92 | 26.1596 |
| C22 | 造纸业 | 12.66 | 9.5483 | 132.8543036 | 9.66 | 40.4982 |
| C23 | 印刷业 | 5.10 | 7.50445 | 89.72496116 | 10.09 | 10.5357 |
| C24 | 文教体育用品制造业 | 4.22 | 3.7616 | 29.41699267 | 9.17 | 15.5498 |
| C25 | 石油炼焦业 | 21.48 | 28.38615 | 130.7039706 | 7.37 | -14.2466 |
| C26 | 化学原料制品业 | 48.95 | 14.00365 | 187.5180673 | 11.68 | 73.0494 |

续表

| 分类号 | 30 个制造业二分位种类 | 工业增加值（百亿元）1 | 劳动生产率（万元/人年）2 | 劳动生产率增长%3 | 总资产贡献率 4 | 总资产贡献率增长%5 |
| --- | --- | --- | --- | --- | --- | --- |
| C27 | 医药制造业 | 16.69 | 13.13585 | 91.52712481 | 11.61 | 14.0970 |
| C28 | 化学纤维制造业 | 5.45 | 12.65225 | 76.56490296 | 6.09 | 4.8023 |
| C29 | 橡胶制品业 | 6.55 | 8.09 | 106.9789818 | 10.19 | 28.1834 |
| C30 | 塑料制品业 | 14.70 | 7.6132 | 66.53377398 | 9.30 | 34.5166 |
| C31 | 非金属矿制品业 | 32.32 | 7.64475 | 137.3624671 | 10.38 | 78.9986 |
| C32 | 黑色金属冶炼业 | 63.91 | 21.8737 | 264.0872535 | 11.46 | 114.9061 |
| C33 | 有色金属冶炼业 | 25.64 | 19.0666 | 234.1299777 | 14.79 | 114.8917 |
| C34 | 金属制品业 | 19.60 | 8.27595 | 95.35856314 | 11.71 | 68.6714 |
| C35 | 通用设备制造业 | 33.83 | 9.19305 | 167.405354 | 11.44 | 81.8281 |
| C36 | 专用设备制造业 | 19.89 | 8.71685 | 163.3546401 | 9.68 | 67.8193 |
| C37 | 交通运输设备制造业 | 43.82 | 12.0202 | 146.8638025 | 9.76 | 51.3738 |
| C39 | 电气机械制造业 | 40.96 | 10.5822 | 87.58372295 | 10.42 | 38.4626 |
| C40 | 通信电子设备制造业 | 64.03 | 13.521 | 54.05863979 | 7.88 | -9.7315 |
| C41 | 仪器仪表及办公机械 | 8.51 | 9.0326 | 115.2826701 | 11.02 | 86.0522 |

续表

| 分类号 | 30 个制造业二分位种类 | 工业增加值（百亿元）1 | 劳动生产率（万元/人年）2 | 劳动生产率增长%3 | 总资产贡献率 4 | 总资产贡献率增长%5 |
|---|---|---|---|---|---|---|
| C42 | 工艺品及其他制造业 | 6.38 | 4.86835 | 104.5594268 | 12.49 | 60.5395 |
| C43 | 废弃资源材料回收加工 | 0.77 | 15.66095 | —— | 13.84 | —— |

1. 2006 年和 2005 年工业增加值的平均值。

2. 2006 年和 2005 年劳动生产率的平均值（2006 年没有劳动生产率数据发布，作者应用各行业的工业增加值除以从业人数来计算获得劳动生产率）。

3. 2006、2005、2003、2001 四年劳动生产率的平均值减去 2000、1999、1998、1997 四年劳动生产率的平均值并除以后者得到的增长幅度。

4. 2006 年和 2005 年总资产贡献率的平均值。

5. 2006、2005、2003、2001 四年总资产贡献率的平均值减去 2000、1999、1998、1997 四年总资产贡献率的平均值并除以后者得到的增长幅度（1998 年及以前因没有总资产贡献率数据而采用内容相近的资金利税率数据代替）。

# 附录

## 对比三资企业关于中国制造业竞争力的评价结果

本节应用劳动生产率、销售收入、总资产贡献率这三个指标，对中国制造业的各个门类进行评价，并与在华三资企业这三个指标的产业平均数字进行对比分析，找出了其中的竞争力强者与弱者，发现了中国制造业存在的规模与优势背反问题，即竞争力强的大多是“小产业”，而竞争力弱的一般是“大产业”。

根据三个指标显示结果的不一致，推测出下一步各个产业的发展趋势：一部分劳动生产率和总资产贡献率较低的产业销售收入之所以高，是因为外资企业尚未充分进入，随着竞争的加剧，在不久的将来，这些产业的相对销售收入（和三资比值）将会下降。

由此得出产业政策结论：①对竞争力强而规模较大的制造业门类，如纺织、服装、烟草、金属制品、塑料制品等，应予以重点强化；②对竞争力强而规模较小的产业，如仪器仪表、文体用品、皮革、木材加工、家具等，应拓展全球市场；③对中国现实竞争力一般但行业前景看好的产业，如电子通信、电气机械、石油炼焦等，可做战略性产业目标；④对于虽具一定规模但中国处于明显竞争劣势的产业，如化学原料、普通机械、专用机械、交通运输设备等，政府不宜过多扶持与投入，浪费宝贵的时机与财力，而应该让企业在开放环境的合作与竞争中锻造出自生能力。

### 一、数据来源与指标应用

1. 数据来源

数据来源于2003年国家统计局出版的《中国统计年鉴》，主要根据第十三章“工业”表13-5“全部国有及规模以上非国有工业企业主要指标”、表13-6“按行业分全部国有及规模以上非国有工业企业主要经济效益指标”、表13-13“按行业分三资工业企业主要指标”和表13-14“按行业分三资工业企业主要经济效益指标”中的有关数据进行整理和计算。

2. 指标的应用

（1）全员劳动生产率。生产率指标采用全员劳动生产率。根据国家统计局的统计指标解释，该指标反映企业的生产效率和劳动投入的经济效益。计算公式为：全员劳动生产率（元/人）＝工业增加值／全部职工平均人数

（2）销售收入。在《中国统计年鉴》等资料中，无法获得最理想的全球市场占有率指标。由于数据的可得性限制，将市场份额的评价用销售收入指标进行，并根据下文方法进行对应参照物的比值换算，得到某产业总体销售收入与该产业在华三资企业群体销售收入的比率，可以避免不同产业销售额绝对值的大小对产业竞争力评价的影响。根据国家统计局的统计指标解释，销售收入指企业在报告期内生产的成品、自制半成品和工业性劳务取得的收入，共包括四部分：产品销售成本，产品销售费用，产品销售税金及附加，产品销售利润。单位是亿元人民币。

（3）总资产贡献率。利润指标采用总资产贡献率。根据国家统计局的统计指标解释，本指标反映企业全部资产的获利能力，是企业经营业绩和管理水平的集中体现，是评价和考核企业盈利能力的核心指标。

计算公式为：总资产贡献率＝（利润总额＋税金总额＋利息支出）／平均资产总额

该指标优于利润总额，也优于成本费用利润率。后者的作用是反映企业投入的生产成本及费用的经济效益，同时反映企业降低成本所取得的经济效益。

计算公式为：成本费用利润率＝利润总额／成本费用总额

## 二、分类法的确定和参照物的选取

1. 分类法的确定

对照和 ISIC（国际标准产业分类）接轨的我国最新《国民经济行业分类》，在我国原统计口径所有的 37 个工业行业中，去掉应属于门类 A“农林牧渔业”中的“木材及竹材采运业”中类、门类 B“采矿业”中的“石油和天然气开采业”、“有色金属矿采选业”、“非金属矿采选业”、“黑色金属矿采选业”、“煤炭采选业”中类，和门类 D“电力、燃气及水的生产和供应业”中“电力、蒸汽、热水的生产和供应业”、“自来水的生产和供应业”、“煤气生产和供应业”中类，剩下的 28 个中类，是门类 C“制造业”的主体，不同之处是后者多出“工艺品及其他制造业”和“废弃资源和废旧材料回收加工业”两种，共 30 种。

作者不采用通常使用的进出口 ISTC（国际标准贸易分类）一分位 10 类，或 HS（海关编码）二分位 65 章，因为这是商品而非产业分类，可以从中获得进出口金额、市场份额等销售数据，但无法获得产业平均生产率、产业平均利润等对产业竞争力至关重要的数据。

2. 参照物的选取

生产率、市场份额和利润率三个指标，只评价中国制造业企业群体是不科学的。以生产率为例，并非绝对生产率高的中国产业，其国际竞争力就强。每个产业的生产方式不同，有的产业生产率在世界范围内普遍偏高，而另一些则正相反，在世界范围内都比较低。

例如，中国石油加工及炼焦业（全部国有及规模以上非国有企业）的全员劳动生产率为 179 753 元/人，仅次于烟草加工业，排在 28 个制造业产业中的第 2 位，远远高于中国工业的平均全员劳动生产率 59 766 元/人，更高于服装及其他纤维制品制造的 28 075 元/人，后者排在 28 个制造业产业的倒数第 2 位。但是，和在华三资企业做一个对比以后，情况发生了极大的变化：石油加工及炼焦业三资企业的全员劳动生产率高达 299 511 元/人，两者比值只有0.6，排在第19位。可见石油加工及炼焦业是一个资本密集型、全球范围内劳动生产率都较高的产业，中国该产业的劳动生产率相对来说不仅不高，而且比较低。三资企业的服装及其他纤维制品制造业的全员劳动生产率则正相反，只有27 090元/人，比中国全部企业的数值还低，可见服装及其他纤维制品制造业是一个劳动密集型、在全球范围内劳动生产率都比较低的产业。

在华三资企业是一个比较好的参照体系。可做参照的原理是，在开放条件下的世界市场中，根据资本的逐利本性，竞争和资本转移会使利润平均化，获利水平会逐渐趋同，类似压强的扩散效应，因而一国中的竞争状况可以代表世界整体的竞争水平。这种方法有着明显的优点，可以避免上两章中提到的世界范围内产业竞争力比较的复杂性和局限性：一是数据可以充分获得，而且同样也在《中国统计年鉴》上，避免了第三章提到过的生产率法等中存在的系统误差，即因国别差异造成的存在于汇率、投入要素成本、产业产品构成和统计方法上的不一致。二是在华三资企业来源于各个国家，分布在各个行业，这种多样化使实证结果比单纯两国之间的比较研究更具价值。三是这种方法对中国特别适合，因为中国是一个大国，有一个足够大的市场供足够多的企业竞争，避免小国中存在的偶然性。

当然这种方法也有自己的缺陷，在第四章中已经就此进行了分析。一个需要考虑的重点是，三资企业和世界平均水平不同，很多是跨国集团，规模、能力等会高出世界平均水平。但由于我们采取的是比率比较，每个行业的全部企业和三资企业的劳动生产率比率、销售收入比率和资产贡献率比率，会和整个工业（制造业，销售收入）的全部企业和三资企业的比率做比较得出结论。所以，这个较高的平均水平不会影响评价结果。另一个无法避免的问题是产业准入限制的影响，如上章提到的烟草加工业和专用设备制造业（内含武器弹药制造和航空、航天和其他专用设备制造中类）。因此，这种方法对非市场经济国家如改革开放以前的中国是完全不能应用的。但对于入世已经两年的中国来说，在绝大部分产业中这种方法的结果差异是可以接受的。烟草等个别产业可以作为离群值处理，而且通过下文的数据分析我们可以看到，同属限制产业，烟草加工业和专用设备制造业的评价结果又是不同的，即应用这种方法进行竞争力分析仍然有意义。

考虑到在理想的评价方法和现实的数据支持间谋求一个平衡，三资企业参照法虽非最佳路径，也确属一个令人满意的选择。将在华三资企业群体作为中国制造业国际竞争力评价的参照物，数据来源中还有按行业分三资工业企业的主要指标。

## 三、评价过程与发现

1. 劳动生产率的评价

将制造业行业的全部国有及规模以上非国有企业全员的劳动生产率数据采出，并由高到低进行排序。将整个工业（包含 37 个行业）的平均劳动生产率也列入，作一个比较。将 28 个行业分为四组：A、B、C、D，每组 7 个行业，分别代表生产率的绝对值高、较高、较低和低。详见表附-1。

表附-1　　制造业行业的全部国有及规模以上非国有企业全员劳动生产率及排序　　单位：元/人

| 序号 | 制造业类别 | 劳动生产率 | 序号 | 制造业类别 | 劳动生产率 |
|---|---|---|---|---|---|
| 1 | 烟草加工业 | 585 795 | 11 | 有色金属冶炼及压延加工 | 61 182 |
| 2 | 石油加工及炼焦业 | 179 753 | 12 | 化学原料及制品制造业 | 60 060 |
| 3 | 电子及通信设备制造业 | 109 887 | | 全国工业企业总计 | 59 766 |
| 4 | 医药制造业 | 79 114 | 13 | 食品制造业 | 56 155 |
| 5 | 饮料制造业 | 77 982 | 14 | 印刷业记录媒介的复制 | 50 402 |
| 6 | 黑色金属冶炼及压延加工 | 75 201 | 15 | 塑料制品业 | 49 926 |
| 7 | 交通运输设备制造业 | 73 375 | 16 | 造纸及纸制品业 | 49 646 |
| 8 | 电气机械及器材制造业 | 66 312 | 17 | 金属制品业 | 48 341 |
| 9 | 化学纤维制造业 | 65 974 | 18 | 橡胶制品业 | 47 125 |
| 10 | 食品加工业 | 64 125 | 19 | 仪器仪表文化办公用机械 | 46 939 |

续表

| 序号 | 制造业类别 | 劳动生产率 | 序号 | 制造业类别 | 劳动生产率 |
|---|---|---|---|---|---|
| 20 | 专用设备制造业 | 43 891 | 25 | 纺织业 | 32 478 |
| 21 | 普通机器制造业 | 43 606 | 26 | 皮革毛皮羽绒及其制品业 | 32 413 |
| 22 | 木材加工及竹藤棕草制品业 | 41 369 | 27 | 服装及其他纤维制品制造 | 28 075 |
| 23 | 家具制造业 | 41 019 | 28 | 文教体育用品制造业 | 27 067 |
| 24 | 非金属矿物制品业 | 35 163 | | | |

以类似方法，将28个制造业行业的全部国有及规模以上非国有企业的劳动生产率与三资企业的劳动生产率进行一个比值计算之后，把该比率再进行一个排序。仍将整个工业平均劳动生产率的全部企业和三资企业比值也列入，并将28个行业分为A、B、C、D四组，分别代表了生产率的相对值（比率）的高、较高、较低和低。详见表附-2。

表附-2　**制造业行业全部国有及规模以上非国有企业劳动生产率/三资企业劳动生产率及比率排序**

| 序号 | 制造业类别 | 全部企业劳动生产率元/人 | 三资企业劳动生产率元/人 | 全部/三资生产率之比 |
|---|---|---|---|---|
| 1 | 烟草加工业 | 585 795 | 228 469 | 2. 564 |
| 2 | 仪器仪表文化办公用机械 | 46 936 | 33 681 | 1. 3936 |
| 3 | 皮革毛皮羽绒及其制品业 | 32 413 | 27 830 | 1. 1647 |
| 4 | 文教体育用品制造业 | 27 067 | 25 840 | 1. 0475 |
| 5 | 服装及其他纤维制品制造 | 28 075 | 27 090 | 1. 0364 |
| 6 | 家具制造业 | 41 019 | 43 247 | 0. 9485 |
| 7 | 木材加工及竹藤棕草制品业 | 41 369 | 44 085 | 0. 9384 |
| 8 | 塑料制品业 | 49 926 | 55 257 | 0. 9035 |
| 9 | 电气机械及器材制造业 | 66 312 | 74 351 | 0. 8919 |

续表

| 序号 | 制造业类别 | 全部企业劳动生产率元/人 | 三资企业劳动生产率元/人 | 全部/三资生产率之比 |
|---|---|---|---|---|
| 10 | 电子及通信设备制造业 | 109 887 | 130 934 | 0. 8393 |
| 11 | 金属制品业 | 48 341 | 63 405 | 0. 7624 |
| | 全国工业企业总计 | 59 766 | 81 313 | 0. 735 |
| 12 | 橡胶制品业 | 47 125 | 64 972 | 0. 7253 |
| 13 | 纺织业 | 32 478 | 45 283 | 0. 7172 |
| 14 | 印刷业记录媒介的复制 | 50 402 | 71 715 | 0. 7028 |
| 15 | 食品加工业 | 64 125 | 95 945 | 0. 6684 |
| 16 | 有色金属冶炼及压延加工业 | 61 182 | 99 450 | 0. 6152 |
| 17 | 饮料制造业 | 77 982 | 12 7851 | 0. 6099 |
| 18 | 食品制造业 | 56 155 | 93 069 | 0. 6034 |
| 19 | 石油加工及炼焦业 | 179 753 | 299 511 | 0. 6002 |
| 20 | 化学纤维制造业 | 65 974 | 114 413 | 0. 5766 |
| 21 | 黑色金属冶炼及压延加工业 | 75 201 | 136 752 | 0. 5499 |
| 22 | 非金属矿物制品业 | 35 163 | 65 371 | 0. 5379 |
| 23 | 医药制造业 | 79 114 | 150 350 | 0. 5262 |
| 24 | 造纸及纸制品业 | 49 646 | 104 524 | 0. 4750 |
| 25 | 普通机械制造业 | 43 606 | 95 947 | 0. 4545 |
| 26 | 专用设备制造业 | 43 891 | 98 648 | 0. 4449 |
| 27 | 交通运输设备制造业 | 73 375 | 191 020 | 0. 3841 |
| 28 | 化学原料及制品制造业 | 60 060 | 158 737 | 0. 3784 |

将表附-1 和表附-2 对比可以发现三种不同的情况：

(1) 一部分产业的生产率绝对值排名高但比值排名低。石油加工及炼焦业全员劳动生产率绝对值为 179 753 元/人，仅次于烟草加工业，排在 28 个制造业产业的第 2 位，远远高于中国工业的平均全员劳动生产率 59 766 元/人，但和三资企业之比只有 0.6002，排在第 19 位，说明石油加工及炼焦业是一个资本密集型、全球范围内劳动生产率都较高的产业，也说明了只用劳动生产率的绝对值而不用和参照物之间的比值来衡量产业竞争力方法的错误。和石油加工及炼焦业类似的还有医药制造业，劳动生产率的绝对值为 79 114 元/人，排第 4 位，但和三资企业之比只有 0.5262，排第 23 位；黑色金属冶炼及压延加工业，绝对值第 6 位、比值第 21 位；以及最明显的交通运输设备制造业，绝对值第 7 位但比值倒数第 2 位——第 27 位。

（2）另一部分产业的生产率绝对值排名低但比值排名高。和以上两个产业典型相反的是服装及其他纤维制品制造，其劳动生产率绝对值为 28 075 元/人，排在 28 个制造业产业的倒数第 2 位。但是，和在华三资企业做一个对比以后，情况发生了极大的变化，排名变为第 3，原因是三资企业的服装及其他纤维制品制造业的劳动生产率更低，只有 27 090 元/人。可见服装及其他纤维制品制造业是一个劳动密集型、在全球范围内劳动生产率都比较低的产业。其他类似企业还有：皮革毛皮羽绒及其制品业，绝对值排名第 26 而比值排名第 3；家具制造业，绝对值排名第 23 而比值排名第 6；以及最明显的文教体育用品制造业，绝对值排名最后一位而比值排名第 4。

（3）还有一部分产业的生产率绝对值和比值的排名都高或都低。烟草加工业劳动生产率的绝对值和比值排名都是第一，说明中国的烟草加工业劳动生产率确实很高；而非金属矿物制品业劳动生产率的绝对值和比值排名都靠后，说明中国的这两个产业劳动生产率确实偏低。

2. 销售收入的评价

将 28 个制造业行业的全部国有及规模以上非国有企业全员的产品销售收入数据采出，并由高到低进行排序。将整个制造业（包含 28 个行业）的总销售收入也列入，作一个比较。将 28 个行业分为四组：A、B、C、D，每组 7 个行业，分别代表了销售收入的绝对值高、较高、较低和低。详见表附-3。

表附-3　　制造业行业全部国有及规模以上非国有企业产品销售收入及排序　　单位：亿元

| 序号 | 制造业类别 | 产品销售收入 | 序号 | 制造业类别 | 产品销售收入 |
|---|---|---|---|---|---|
| | 制造业整体 | 92 689.78 | | | |
| 1 | 电子及通信设备制造业 | 10 957.25 | 15 | 塑料制品业 | 2 371.52 |
| 2 | 交通运输设备制造业 | 8 030.04 | 16 | 医药制造业 | 2 279.98 |
| 3 | 化学原料及制品制造业 | 6 974.71 | 17 | 烟草加工业 | 1 994.37 |
| 4 | 黑色金属冶炼及压延加工业 | 6 471.51 | 18 | 造纸及纸制品业 | 1 968.06 |
| 5 | 纺织业 | 6 038.59 | 19 | 饮料制造业 | 1 827.69 |
| 6 | 电气机械及器材制造业 | 5 749.17 | 20 | 食品制造业 | 1 827.55 |
| 7 | 石油加工及炼焦业 | 4 893.57 | 21 | 皮革毛皮羽绒及其制品业 | 1 677.13 |
| 8 | 食品加工业 | 4 515.94 | 22 | 仪器仪表文化办公用机械 | 1 089.06 |
| 9 | 非金属矿物制品业 | 4 226.62 | 23 | 化学纤维制造业 | 1 086.55 |
| 10 | 普通机械制造业 | 3 992.41 | 24 | 橡胶制品业 | 961.84 |
| 11 | 金属制品业 | 3 083.62 | 25 | 印刷业记录媒介的复制 | 771.61 |
| 12 | 服装及其他纤维制品制造 | 2 725.5 | 26 | 木材加工及竹藤棕草制品业 | 771.1 |
| 13 | 专用设备制造业 | 2 630.52 | 27 | 文教体育用品制造业 | 733.75 |
| 14 | 有色金属冶炼及压延加工业 | 2 547.32 | 28 | 家具制造业 | 492.8 |

类似方法，将28个制造业行业的全部国有及规模以上非国有企业的产品销售收入与三资企业的产品销售收入进行一个比值计算之后，把该比率再进行一个排序。仍将整个制造业产品销售收入的全部企业和三资企业比值也列入，并将28个行业分为A、B、C、D四组，分别代表了销售收入的相对值（比率）的高、较高、较低和低。详见表附-4。

表附-4 **28个制造业行业的全部国有及规模以上非国有企业销售收入/三资企业销售收入及比率排序** 单位：亿元

| 序号 | 制造业类别 | 全部企业产品销售收入 | 三资企业产品销售收入 | 全部/三资销售之比 |
|---|---|---|---|---|
| 1 | 烟草加工业 | 1 994.37 | 9.47 | 210.5987 |
| 2 | 黑色金属冶炼及压延加工业 | 6 471.51 | 488.64 | 13.2439 |
| 3 | 石油加工及炼焦业 | 4 893.57 | 483.22 | 10.127 |
| 4 | 有色金属冶炼及压延加工业 | 2 547.32 | 319.89 | 7.9631 |
| 5 | 非金属矿物制品业 | 4 226.62 | 811.69 | 5.2072 |
| 6 | 专用设备制造业 | 2 630.52 | 532.65 | 4.9386 |
| 7 | 纺织业 | 6 038.59 | 1 307.66 | 4.6179 |
| 8 | 医药制造业 | 2 279.98 | 495.09 | 4.6052 |
| 9 | 化学原料及制品制造业 | 6 974.71 | 1 546.02 | 4.5114 |
| 10 | 普通机械制造业 | 3 992.41 | 959.08 | 4.1627 |
| 11 | 化学纤维制造业 | 1 086.55 | 275.72 | 3.9408 |
| 12 | 木材加工及竹藤棕草制品业 | 771.1 | 199.21 | 3.8708 |
| 13 | 食品加工业 | 4 515.94 | 1 168.75 | 3.8639 |
| 14 | 饮料制造业 | 1 827.69 | 578.3 | 3.1605 |
|  | 制造业整体 | 92 689.78 | 29 474.1 | 3.1448 |
| 15 | 交通运输设备制造业 | 8 030.04 | 2 615.73 | 3.0699 |
| 16 | 造纸及纸制品业 | 1 968.06 | 645.15 | 3.0505 |
| 17 | 电气机械及器材制造业 | 5 749.17 | 1 929.72 | 2.9793 |
| 18 | 印刷业记录媒介的复制 | 771.61 | 260.48 | 2.9623 |
| 19 | 金属制品业 | 3 083.62 | 1 145.75 | 2.6914 |
| 20 | 橡胶制品业 | 961.84 | 375.02 | 2.5648 |
| 21 | 食品制造业 | 1 827.55 | 744.32 | 2.4553 |
| 22 | 塑料制品业 | 2 371.52 | 996.64 | 2.3795 |
| 23 | 服装及其他纤维制品制造 | 2 725.5 | 1 239.62 | 2.1987 |
| 24 | 家具制造业 | 492.8 | 232.66 | 2.1181 |
| 25 | 皮革毛皮羽绒及其制品业 | 1 677.13 | 891.63 | 1.8810 |

续表

| 序号 | 制造业类别 | 全部企业产品销售收入 | 三资企业产品销售收入 | 全部/三资销售之比 |
| --- | --- | --- | --- | --- |
| 26 | 文教体育用品制造业 | 733.75 | 440.1 | 1.6672 |
| 27 | 仪器仪表文化办公用机械 | 1 089.06 | 682.31 | 1.5961 |
| 28 | 电子及通信设备制造业 | 10 957.25 | 8 099.58 | 1.3528 |

将表附-3 和表附-4 对比可以发现：

(1) 一部分产业的销售收入绝对值排名高但比值排名低。电子及通信设备制造业的销售收入绝对值在 28 个制造业行业中排名第一，但在和三资企业的销售收入相比时滑到了最后一名。这说明在电子及通信设备制造业中三资企业进入最多，竞争最激烈。结合附录中 2002 年与 2003 年数据的对比，可以看到电子通讯设备制造业的利润率排名下降了，但和三资企业利润率比值的排名反而上升了，说明该产业内的竞争还在继续加剧，而我国企业的竞争力在不断增强。

(2) 另一部分产业的销售收入绝对值排名低但比值排名高。与之相反，化学纤维制造业的销售收入绝对值很小，排名 23 位，但在和该行业三资企业的销售收入相比后上升到第 11 位。这说明在化学纤维制造业中三资企业进入极少，竞争最缓和。

(3) 还有一部分产业的销售收入绝对值和比值的排名都高或都低。销售收入绝对值排名较高的黑色金属冶炼及压延加工业（第 4 位）、纺织业（第 5 位）和石油加工及炼焦业（第 7 位），其比值排名也较高，分别是第 2 位、第 7 位和第 3 位，说明这三个行业虽然规模举足轻重，但目前外资进入较少，竞争还不激烈。结合生产率等其他指标分析，纺织业的竞争状况缓和又和另外两者有不同的原因。外资的进入少是因为中国纺织业强竞争力所造成的屏蔽作用，而不是市场尚未充分打开的结果。

销售收入绝对值排名靠后的仪器仪表文化办公用机械（第 22 位）、文教体育用品制造业（第 27 位）和家具制造业（第 28 位），其比值排名也靠后，分别是第 27 位、第 26 位和第 24 位，说明这三个行业虽然规模较小，但有一定数量的外资进入，属于外国资本的目标产业。

3. 总资产贡献率的评价

将28个制造业行业的全部国有及规模以上非国有企业全员的总资产贡献率数据采出，并由高到低进行排序。将整个工业（包含37个行业）的平均总资产贡献率也列入，作一个比较。将28个行业分为四组：A、B、C、D，每组7个行业，分别代表了总资产贡献率的绝对值高、较高、较低和低。详见表附-5。

表附-5　**制造业行业全部国有及规模以上非国有企业总资产贡献率及排序**

| 序号 | 制造业类别 | 总资产贡献率% | 序号 | 制造业类别 | 总资产贡献率% |
|---|---|---|---|---|---|
| 1 | 烟草加工业 | 47.51 | 15 | 塑料制品业 | 8.65 |
| 2 | 饮料制造业 | 13.21 | 16 | 造纸及纸制品业 | 8.2 |
| 3 | 石油加工及炼焦业 | 12.45 | 17 | 黑色金属冶炼及压延加工业 | 8.12 |
| 4 | 医药制造业 | 11.05 | 18 | 普通机械制造业 | 8 |
| 5 | 仪器仪表文化办公用机械 | 10.83 | 19 | 木材加工及竹藤棕草制品 | 7.84 |
| 6 | 服装及其他纤维制品制造 | 10.22 | 20 | 电子及通信设备制造业 | 7.62 |
| 7 | 交通运输设备制造业 | 10.15 | 21 | 食品加工业 | 7.6 |
| 8 | 皮革毛皮羽绒及其制品业 | 9.78 | 22 | 化学原料及制品制造业 | 7.49 |
| 9 | 印刷业记录媒介的复制 | 9.78 | 23 | 文教体育用品制造业 | 7.4 |
|  | 全国工业企业总计 | 9.45 | 24 | 专用设备制造业 | 7.39 |
| 10 | 食品制造业 | 9.3 | 25 | 非金属矿物制品业 | 7.18 |
| 11 | 家具制造业 | 8.95 | 26 | 纺织业 | 7.09 |
| 12 | 电气机械及器材制造业 | 8.92 | 27 | 有色金属冶炼及压延加工业 | 6.83 |
| 13 | 金属制品业 | 8.69 | 28 | 化学纤维制造业 | 5.7 |
| 14 | 橡胶制品业 | 8.67 |  |  |  |

类似方法，将28个制造业行业的全部国有及规模以上非国有企业的劳动生产率与三资企业的总资产贡献率进行一个比值计算之后，把该比率再进行一个排序。仍将整个工业平均总资产贡献率的全部企业和三资企业比值也列入，并将28个行业分为A、B、C、D四组，分别代表了总资产贡献率的相对值（比率）的高、较高、较低和低。详见表附-6。

表附-6　　**28个制造业行业的全部国有及规模以上非国有企业资产贡献率/三资企业资产贡献率及比率排序**

| 序号 | 制造业类别 | 全部企业总资产贡献率% | 三资工业总资产贡献率% | 全部/三资利润率之比 |
|---|---|---|---|---|
| 1 | 烟草加工业 | 47.51 | 28.5 | 1.6670 |
| 2 | 木材加工及竹藤棕草制品业 | 7.84 | 4.8 | 1.6333 |
| 3 | 文教体育用品制造业 | 7.4 | 4.64 | 1.5948 |
| 4 | 皮革毛皮羽绒及其制品业 | 9.78 | 6.93 | 1.4113 |
| 5 | 有色金属冶炼及压延加工业 | 6.83 | 5.55 | 1.2306 |
| 6 | 纺织业 | 7.09 | 5.82 | 1.2182 |
| 7 | 非金属矿物制品业 | 7.18 | 6.02 | 1.1927 |
| 8 | 家具制造业 | 8.95 | 7.53 | 1.1886 |
| 9 | 金属制品业 | 8.69 | 7.51 | 1.1571 |
| 10 | 仪器仪表文化办公用机械 | 10.83 | 9.42 | 1.1497 |
| 11 | 服装及其他纤维制品制造 | 10.22 | 8.97 | 1.1394 |
| 12 | 塑料制品业 | 8.65 | 7.74 | 1.1176 |
| 13 | 食品加工业 | 7.6 | 6.93 | 1.0967 |
| 14 | 饮料制造业 | 13.21 | 13.58 | 0.9726 |
| 15 | 石油加工及炼焦业 | 12.45 | 13.1 | 0.9504 |
| 16 | 电子及通信设备制造业 | 7.62 | 8.39 | 0.9082 |
| 17 | 造纸及纸制品业 | 8.2 | 9.04 | 0.9071 |
|  | 全国工业企业总计 | 9.45 | 10.46 | 0.9034 |

续表

| 序号 | 制造业类别 | 全部企业总资产贡献率% | 三资工业总资产贡献率% | 全部/三资利润率之比 |
|---|---|---|---|---|
| 18 | 黑色金属冶炼及压延加工业 | 8.12 | 9.09 | 0.8933 |
| 19 | 化学纤维制造业 | 5.7 | 6.4 | 0.8906 |
| 20 | 电气机械及器材制造业 | 8.92 | 10.04 | 0.8635 |
| 21 | 食品制造业 | 9.33 | 10.53 | 0.8860 |
| 22 | 印刷业记录媒介的复制 | 9.78 | 11.27 | 0.8678 |
| 23 | 橡胶制品业 | 8.67 | 10.04 | 0.8635 |
| 24 | 医药制造业 | 11.05 | 14.54 | 0.7600 |
| 25 | 普通机械制造业 | 8 | 10.88 | 0.7353 |
| 26 | 专用设备制造业 | 7.39 | 12.64 | 0.5847 |
| 27 | 化学原料及制品制造业 | 7.49 | 12.87 | 0.5820 |
| 28 | 交通运输设备制造业 | 10.15 | 20.36 | 0.4985 |

将表附-5和表附-6对比可以发现：

(1) 一部分产业的总资产贡献率绝对值排名高但比值排名低。医药制造业的总资产贡献率的绝对值较高，为11.05，排名第4，但和三资企业对比后比值只有0.76，排名第24。说明医药制造业的利润本来就应该比较丰厚，中国该行业的利润并不如人意。交通运输设备制造业类似，总资产贡献率的绝对值较高，为10.15，排名第7，但和三资企业对比后比值只有0.4985，排名最后一位。

(2) 另一部分产业的总资产贡献率绝对值排名低但比值排名高。纺织业和文教体育用品制造业的总资产贡献率绝对值较低，分别为7.09和7.4，排名第26和第23位。但在和三资企业进行对比后排名上升到第6和第3。说明这两个行业在世界范围内的平均利润都很薄，中国的这两个行业利润状况尚属良好。类似的还有非金属矿物制品业和有色金属冶炼及压延加工业。

(3) 还有一部分产业的总资产贡献率绝对值和比值的排名都高或都低。总资产贡献率绝对值较高的烟草加工业（第1位）比值也较高，亦为第1位，说明这个行业的世界平均利润水平较高，中国企业利润情况也很好。总资产贡献率绝对值较低的专用设备制造业（第24位）和化学原料及制品制造业（第22位），其比值也较低，分别为第26位和第27位，说明这两个行业中中国企业的利润表现固然差强人意，但世界范围内的行业利润状况亦不佳。

## 四、进一步的数据分析

1. 将全员劳动生产率和总资产贡献率组合分析

根据28个制造业产业的劳动生产率和总资产贡献率落入A、B、C、D四组的不同组合，可以得出产业竞争力的以下不同类型：

①竞争力最强者。其生产率和利润率都在A组。这样的产业有4个，分别是烟草加工业、皮革毛皮羽绒及其制品业、木材加工及竹藤草制品业和文教体育用品制造业。

②竞争力较强者。其生产率和利润率分别在A组和B组。这样的产业也有6个，分别是纺织业、服装及其他纤维制品制造、仪器仪表文化办公用机械、家具制造业、食品加工业和金属制品业。

③竞争力最弱者。生产率和利润率都在D组，这样的产业有5个，分别是交通运输设备制造业、普通机械制造业、专用设备制造业、化学原料及制品制造业和医药制造业。

④竞争力较弱者。生产率和利润率分别在C组和D组，有5个产业：造纸及纸制品业、食品制造业、石油加工及炼焦业、化学纤维制造业和黑色金属冶炼及压延加工业。

⑤竞争力水平居中者。其他生产率和利润率分布情况，即余下的8个产业：电子及通信设备制造业，电气机械及器材制造业，橡胶制品业，印刷业记录媒介的复制，食品加工业，饮料制造业，非金属矿物制品业，有色金属冶炼及压延加工业。详细内容见表附-7。

表附-7　　中国制造业竞争力水平分类表

| 竞争力水平 | 产业门类 |
| --- | --- |
| 竞争力最强者 | 烟草加工业，皮革毛皮羽绒及其制品业，木材加工及竹藤草制品业，文教体育用品制造业 |
| 竞争力较强者 | 纺织业，服装及其他纤维制品制造，仪器仪表文化办公用机械，家具制造业，金属制品业，塑料制品业 |
| 竞争力居中者 | 电子及通信设备制造业，电气机械及器材制造业，橡胶制品业，印刷业记录媒介的复制，食品加工业，饮料制造业，非金属矿物制品业，有色金属冶炼及压延加工业 |
| 竞争力较弱者 | 造纸及纸制品业，食品制造业，石油加工及炼焦业，化学纤维制造业，黑色金属冶炼及压延加工业 |
| 竞争力最弱者 | 普通机械制造业，专用设备制造业，交通运输设备制造业，化学原料及制品制造业，医药制造业 |

2. 结合产品销售收入进行考虑

劳动生产率和总资产贡献率代表了产业的实力，而产品销售收入是产业现阶段的市场表现。将两者结合起来并考察其差距，可以发现产业下一步的变动方向。

(1) 销售收入低但竞争力强或较强的产业。这样的产业有：家具制造业、木材加工及竹藤草制品业、仪器仪表文化办公用机械和文教体育用品制造业等，销售收入排名在D组（第23至第27位），但竞争力排名在强组和较强组。这些行业的市场份额将大幅度上升，因为目前销售收入虽然不高，但由于有高生产率的实力和高利润率的支撑，将马上在和外资企业对比中显示出优势。

(2) 销售收入高但竞争力弱或较弱的产业。这样的产业有：交通运输设备制造业、化学原料及制品制造业、化学纤维制造业和黑色金属冶炼及压延加工业等，销售收入虽然排名在A组，但竞争力排名在弱组或较弱组。这些行业的市场份额将剧烈下降，因为虽然目前销售收入较高，但由于没有高生产率和高利润率的支撑，目前地位的获得只为外资尚未大举进入。一旦外资在入世后纷纷涌入，它们的地位由于没有任何优势而岌岌可危。

## 五、与新兴主导产业选择结论的比较

### 1. 优势产业选择和主导产业选择结果的重大差异

第二章已经提到，优势产业和主导产业选择的方法是不相同的。优势产业注重产业的现实竞争力，方法是衡量产业的生产率、利润等经济指标，目的是找寻中国产业结构最可能的突破点。新兴主导产业的出发点是设计兼顾各项综合效应的理想产业结构。除考虑增长性外，还考虑带动效应、就业功能、资源消耗和环境污染等多项综合社会指标。例如，郭克莎采用了产业的增长潜力、就业功能、带动效应、生产率上升率、技术密集度、可持续发展性以及国际比较等 7 个指标，对我国的制造业进行比较和排序①。

优势产业和主导产业选择的结论出入也很大。新兴主导产业确定的是电子通信、电气机械、纺织服装和交通运输、普通机械、专用设备六类②，而根据本文上节的数据分析，这种主导产业的选择和中国制造业的现实竞争力水平严重不一致。除纺织业、服装业竞争力较强外，电子通信制造和电气机械制造业竞争力水平居中；交通运输设备制造、普通机械制造和专用设备制造业的竞争力是极弱的，而且后两者还将呈现继续下降的趋势。虽然由于中国广阔市场的巨大潜力，交通运输设备制造业销售收入的绝对值将上升，但相对水平即和外资企业的比值将下降。也就是说，这六项“主导产业″中，前三项是优势产业，后三项则不是，甚至是劣势产业。

作者认为，新兴主导产业选择中存在的问题是以产业前景和潜力为主，没有考虑我国制造业的实力即现实竞争力。新兴主导产业的评价侧重于“大”而不是“强”，从主观逻辑出发，因为这些产

① 郭克莎．工业化新时期新兴主导产业的选择．中国工业经济，2003，2.

② 实际上，不管是根据国家统计局最新的《国民经济行业分类》，还是根据我国工业统计的原有口径，都应该是七类，因为纺织业和服装及其他纤维制品制造业属两个不同的类别，而他把纺织、服装放在了一起。

业作用巨大，所以我们应该把它们做强。进行优势产业选择研究的本书，对产业的评价侧重于“强”而不是“大”，从客观逻辑出发：因为这些产业已经很强，所以我们可以把它们做大。很明显，前者能够实现的难度大大高于后者。市场规模大、带动能力强的产业，是世界各国不约而同的理想发展目标。但问题是，这些产业之中我们的优势何在？我们凭借什么实现对竞争对手的超越？如若我们没有做到在这些目标产业中占据优势地位，现有的优势产业又因为不属战略重点而放弃，被其他国家垄断，那么中国的经济发展，甚至生存安全是堪忧的。

2. 不一致显示出的中国制造业问题

不过，从新兴主导产业选择和优势产业选择的比较中，我们仍然可以获得有价值的发现。这种主观性逻辑和客观性逻辑推理结果的不同，可以使我们看到我国制造业的现实状况和理想状态之间的差距。

将我国制造业的现实竞争力和产业本身的前景对比，可明显看到我国制造业存在的严重问题：有竞争力的产业规模普遍偏小。如四个竞争力最强的产业销售收入排名分别为17、21、26和27，销售收入几乎全部在规模最小的D组，平均排名为22.75。反过来，竞争力最弱的五个产业都是规模较大的，如交通运输设备制造业和化学原料及制品制造业都是销售收入A组中的产业，分别是我国第2大和第3大制造业；普通机械制造业和专用设备制造业也是规模较大的B组产业，排名第10和第13；加入排名第16的医药制造业计算，排名平均值为8.8。劣势产业销售收入的平均值4 781.53亿元是优势产业平均值1 294.09亿元的整整4倍！可见，我国制造业的规模与优势严重背反。

由此看到我国制造业调整的紧迫任务：对于有竞争力的几个产业，不管它们现在的销售收入处于A组、B组、C组还是D组，都要尽快拓展其市场规模；而且目前销售收入越小的产业可能蕴藏着越大的发展潜力。对于没有竞争力的几个类别，不能被其现在较大的产业规模所迷惑，而将其确定为重点扶持目标。这不仅是因为它们的缺乏竞争力将使政府的投入具有可观的成本，而且中外产业发展的事实一再表明，政府的扶持和保护不可能使产业真正由弱变强，可以改变产业状况的只能是激烈的竞争。

例如在中国，国家通过行政性垄断、进入限制等方式实行保护的行业——金融、保险、汽车等行业，企业竞争力依然不强；与之相反，由于原有基础空白而在改革开放伊始就放开市场、鼓励竞争的家用电器、电信设备制造等行业，企业的国内国际竞争力反而日益强大。这种现象的出现绝非偶然，从中可以引出的基本规律是：开放市场，促进竞争，是提高企业和产业竞争力的唯一途径。政府所能做的，主要是为企业创造一个良好的市场环境。对于那些近期不具备竞争优势但行业前景广阔的产业，应当加快开放市场，鼓励竞争，任企业在和外资合作与竞争过程中自行锻造出自生能力，促进竞争对产业由弊到利的转化；对于那些既没有优势又在可预见的将来缺少发展潜力的产业，政府则不宜扶持，而应采取收缩战略，选择退出，让位于进口产品或外资企业，让它们去发掘需求潜力，实现比较优势的真正内涵。

## 六、合理的中国制造业布局

1. 对竞争力强而规模较大的制造业门类，如纺织、服装、烟草、金属制品、塑料制品等，应大力发展与强化

这些产业集中地体现了我国的要素资源条件和传统生产优势。我们不能因为它们属于所谓“传统”产业而放弃。产业传统与否对各国的含义是不同的，就像“夕阳”与“朝阳”产业的区分也并不绝对，而是因国家发展阶段的不同而有差异。对产业来说，针对自然资源、劳动力、资本和技术四个生产要素，应用其中向充裕化和优势化变动的就是朝阳产业，应用其中向贫瘠化和劣势化变动的就是夕阳产业。例如某个后工业化国家，其自然资源和劳动力要素越来越贫乏和失去优势，技术要素越来越充裕和有优势，那么违背这种趋势的资源密集型和劳动密集型产业就是夕阳产业，顺应这种趋势的高新技术产业就是朝阳产业。但是，对于另外一个新兴工业化国家来说，情况可能正好相反。

产业本身并无所谓高低贵贱，都是满足人们某一方面的需要。

从这个角度来说，满足人们吃穿用等基本需要的纺织、服装、烟草、金属制品、塑料制品等产业，其市场是永远大量存在的。

2. 对竞争力强而规模较小的产业，如仪器仪表、文体用品、皮革毛绒、木材加工、家具等，应拓展全球市场，将“小产业”变成“大产业”

大和小也是一个相对概念，这几个产业只是在中国属于小产业，对另外的国家则不然。如仪器仪表中的一个小类——钟表，不仅是瑞士整个国家的支柱产业，也在世界产业界赫赫有名。瑞典宜家家居的所有者亦是富可敌国，借助欧元汇率波动的作用，在2003年的月度富豪排行中还一度超过比尔·盖茨成为世界首富。

全球市场容量的充分广大，使得只要具有真正的竞争力，一个小产品也可以形成巨大的产值与销售额。瑞士的钟表业、荷兰的花卉业，都是将小产业做成大产业的典型，让一个产品支撑起一个国家的GDP。医疗仪器是全球最大的通用电气公司的主打产品，办公机械曾孕育了IBM、思科等数个世界500强，这些都说明所谓小产业的大有可为。

3. 对中国现实竞争力一般但行业前景看好的产业，如电子通信、电气机械和石油炼焦等，可作为产业发展的战略目标

这些产业不仅现在规模大，而且一直处于上升之中。电子、石油和电气是销售收入在全国排名前十名而且1995年以来持续上升的仅有三个产业，也是根据国家统计局“十五”预测，到2005年销售收入排名将从现在的1、6、7位上升为1、2、5位的产业。

我国在电视机、电冰箱、洗衣机、微波炉、电脑、空调等家用电器上，已经显示出非同寻常的竞争力，摘取多项世界第一；中国家电产业已经形成了全球第一的规模和增长速度。2002年1～6月，中国家电出口企业达2 227家，出口金额近21亿美元，占进出口总额的比重达47.22%①。中国的海尔公司已在全球白色家电产品中跃居第5位，格兰仕已成为全球最大的微波炉专业制造商。

① 王新玲．正在成为世界制造基地的中国家电制造业．中国工业经济，2003，4.

这些都显示了我国目标产业的发展潜力。

4. 对于目前虽具一定规模但中国处于明显竞争劣势的产业，如交通运输设备、化学原料、普通机械、专用机械等，政府不宜过多扶持与投入，浪费宝贵的时机与财力，而应让企业在开放环境的合作与竞争中锻造出自生能力

退出的原因之一是第三节评价过程中得出的不具竞争力的结论；原因之二是，这四个产业虽然现在有一定规模，销售收入分别是第3、第4、第12、第16位，但从1995年来呈下降趋势，特别是后两者（1995年分别是第3、第4、第10、第13位），根据“十五”预测分别是第4、第5、第17、第20位；原因之三是，根据总资产贡献率数据，不管是中国企业还是三资企业的产业利润都比较低，这说明从国际趋势来说它们也并不是十分理想的目标产业。

对于这部分产业，不能基于保护民族工业的考虑，树立所谓本土标签，而要采取开放的态度与政策，让其进行合资合作，让国际巨头们的“中国制造”在中国市场上竞争。这并不是一种“宽容”、“仁慈”或者“无为”、“懦弱”，而仍然是出于功利性的考虑。面对中国的产业基础、竞争力现状和国际性的竞合趋势，只有采取这样一种发展路径，我们才有可能从中攫取最大化的利润。交通运输设备制造业中的汽车产业已经呈现出了典型的这种状态：大众、通用、福特、丰田、本田、日产、现代、宝马、奔驰等世界主要跨国汽车公司，都先后在中国采取了积极扩张的投资策略①。我国的东风汽车公司，是初步成功应对这一策略的例子。它刚刚从湖北省十堰市整体搬迁到武汉经济开发区，在和雪铁龙、日产和本田等几家跨国集团的陆续合作中获得了自己的生命力和竞争力。

对于上述产业选择结果，有必要做两个补充说明：

一是行业开放度对评价结果有影响，但并不改变整体结论。在本书的评价中，由于产业准入限制以及更重大的国家经济安全甚至国防安全原因，烟草加工业和专用设备制造业的结果显然不能和其他产业一样分析比较，也不能机械应用最后的选择结论。但同时我

① 陈建国，张宇贤．跨国汽车公司在华战略调整对中国汽车产业的影响．宏观经济研究，2004，3.

们也可以看到，同属限制产业，烟草加工业和专用设备制造业的评价结果又是不同的：在准入性产业政策的扶持和保护下，烟草表现出了强势的市场地位，同时也获得了高生产率和利润率；专用设备制造业却只有较强的市场占有率，生产率和利润率与三资企业相比还是很低。两者的竞争力仍然可以看出是不同的，前者强而后者弱，因此应用这种方法进行分析仍然有一定意义。

二是产业竞争力的强弱是动态变化的，产业选择结果也是应该适时调整的。我们可以看到，20 年前的中国家用电器和 10 年前的电子通信设备几乎是完全空白，经过艰苦的浴血奋战、与狼共舞和不计其数的企业牺牲，它们已经获得了初步的真实竞争力。因此，我们并不排除这种可能：今天羸弱的中国交通运输设备制造业，在若干年后也成为优势产业之一。但是，我们更要看到的是，即使今后发生这种竞争力的转变，这一变化也一定不是通过政府的扶持完成的——就像当年的家用电器和电子通讯设备，而且不是我们可以确定预料的。政府的保护只能形成低迷的竞争状态，只有放开手，才能让市场完成优势的自行传导机制。劣势产业的唯一选择是让企业在残酷的进化法则中自生自灭。能够生存下来的企业，一定具有优异的学习能力，在对国际巨头的寻觅和合作中具备了自生能力和竞争活力，成为产业的中坚力量；而缺乏这些关键能力的企业，对国家和产业来说并没有任何存在的价值，也就应该被淘汰。

参见表附-8。

表附-8　　产业取舍结论

| 产业类型 | 产业名称 | 应用战略 |
|---|---|---|
| 竞争力强＋规模效应 | 纺织、服装、烟草、食品加工、金属制品 | 重点强化 |
| 竞争力强＋规模较小 | 仪器仪表、文体用品、皮革毛绒、木材加工、家具 | 拓展市场 |
| 竞争力一般，行业前景看好 | 电子通信设备、电气机械、石油炼焦等 | 产业目标 |
| 规模效应＋竞争力弱 | 交通运输设备、化学原料、普通机械、专用机械等 | 合作竞争 |

# 第六章　结论模型：基于比较优势来源的竞争优势分析框架

目前影响最大的国家财富理论主要是比较优势理论和国家竞争优势理论。比较优势理论（Theory of Comparative Advantage）由大卫·李嘉图在1817年建立，后经萨缪尔森和琼斯、赫克歇尔和俄林、保罗·克鲁格曼等不断深化和完善。国家竞争优势理论（Theory of National Competitive Advantage）在1990年提出，是因为其创立者迈克尔·波特认为用比较优势理论来探讨国家财富存在缺陷："比较优势理论一般认为一国的竞争力主要来源于劳动力、自然资源、金融资本等物质禀赋的投入，而我认为这些投入要素在全球化快速发展的今天其作用日趋减少。"他建立了"解释在现代全球经济下一国经济持续繁荣的源泉"的钻石模型（Diamond Model），由四个支点——要素条件、需求条件、相关及支持产业、企业战略、结构和竞争对手——及顶角"机会"、底角"政府"构成（图6-1），以"揭示在某一区域的某一特定领域，影响生产率和生产率增长的各因素"①。

但以下几种原因的存在，使得在解释国家财富问题上，比较优势理论还不能像国家竞争优势理论所说的那样退位。首先，国家竞争优势理论对比较优势理论存在不够全面的理解。除自然资源、劳动力和资本等物质禀赋外，比较优势理论同样述及技术创新等后天因素对生产率提高的作用，实际上，其创立者李嘉图所重点阐述的，正是因生产技术不同而导致的两国生产率差异。其次，国家竞争优势理论和比较优势理论的核心定义是完全相同的，都是生产

① 迈克尔·波特．国家竞争优势．华夏出版社，2002．

率。李嘉图指出国际间劳动生产率的不同是国际贸易的唯一决定因素，波特也认为在国家层面上竞争力的唯一含义就是生产率。再次，国家竞争优势理论和比较优势理论的许多基本结论都是一致的，比如都认为产业选择要有取有舍、扬长避短，也都认为国家的作用是间接提供环境而非直接进行干预。最后，从理论建立直到今天，大量的实证结果仍然支持比较优势理论①。

反过来，国家竞争优势理论的钻石模型中却存在着一些值得关注的问题。从其整个体系来看，各个要素并不处于同一个分类层次上：竞争力由四个环环相扣、逻辑相关的层次组成②，由低到高分别是竞争力的来源——环境、竞争力的实质——生产率、竞争力的表现——市场份额、竞争力的结果——利润。提高生产率是缔造国家竞争力的核心，这也是国家竞争优势理论的核心观点，但在钻石模型中，除“要素条件”外其他各点并不直接针对竞争力的实质——生产率，而是面向竞争力的来源——环境。虽然产业环境是国家竞争力最根本的来源，但并不是优良的模型基础，因为它处在竞争力的底层，作用间接，在潜在竞争力向现实竞争力的转化过程中存在着诸多不确定性；同时内容无法穷尽，只能部分列举③。更重要的是，钻石模型四个基本要素的各自内部推导中均存在下述一些矛盾和问题。

---

① 以中国制造业企业为例，张军（2003）根据1995年第三次工业普查数据进行的分析表明，中国企业的资本—劳动比率与盈利能力显著负相关，即中国的劳动密集型产业要比资本密集型产业更有盈利能力；同时乡镇企业的利润率明显高于国有企业，主要原因是国有企业在政府金融支持和过度投资需求之下，采用了不符合中国比较优势的资本密集型生产方式。

② 陈立敏，谭力文．评价中国制造业国际竞争力的实证方法研究：兼与波特指标及产业分类法比较．中国工业经济，2004，5：30-37.

③ 《国家竞争优势》1998年“再版介绍”中曾对比较优势原理这样反驳：“一国的竞争力不可能由国土的大小和军队的强弱来决定，因为这些因素与生产率大小没有直接的关系。”然而，当把模型基础确定为制度环境时，国土的大小和军队的强弱其实也不能不予考虑，因为严格地说来，军队的强弱与稳定的政治环境即良好的经营环境有关，国土的大小一般也和自然资源及市场容量相联，所以它们对生产率也会间接地产生影响。

本章将在第二节详细分析钻石模型四个支点的具体问题，并在第三节尝试构建一个新的理论框架，来说明国家竞争优势产生与强化的机制。这个新理论框架在形式上也应用了菱形图，即也存在四个支点、顶角和底角，但在内容上表述的是本着对国家财富与产业竞争力贯串始终的认识，从比较优势的四个来源——自然资源、劳动力、资本、技术——来解释生产率的提高和国家竞争优势的产生。根据这四个来源都直接作用于生产率的相同本质，本章将生产要素（factors of production）的概念进行了扩展和深化，在前三者被称为生产要素的基础上，把技术正式作为第四项生产要素加入，从而形成一个统一而完整的要素体系。

这个新理论模型中比较优势理论和竞争优势理论的结合，并非作者的刻意，而是经过前面对两者的多重研究后，所得出的一个巧合发现：用竞争优势理论容易被接受的平易形式，来说明比较优势理论的科学原理，恰好可以构建一个更加完美的解释模型。

## 第一节　钻石模型的四个支点：几种问题分析

### 一、要素条件

国家竞争优势理论将要素条件（factor conditions）作为国家竞争力的第一项重要来源，这一点其实是和比较优势理论相当一致的，因为后者的基本观点正是一国的比较优势来源于各项生产要素（factors of production）。但波特教授认为自己的理论和比较优势理论在这一点上是完全不同的，做了泾渭分明的区分。在把生产要素进行分类后，他认为比较优势理论局限于论述初级和一般性生产要素的作用，但这些要素已不再重要，甚至有反作用；要根据钻石模型构建一国强大而持久的竞争优势，最关键之处是放弃传统上对初级产品和要素资源的依赖思想，发展高级和专业型生产要素。

这一观点本身无疑是有道理的，但存在的问题首先是曲解了比较优势理论的完整内容：正如前面的分析，不管是丰富的自然资源、廉价的劳动力，还是充裕的资本和先进的技术，都是比较优势

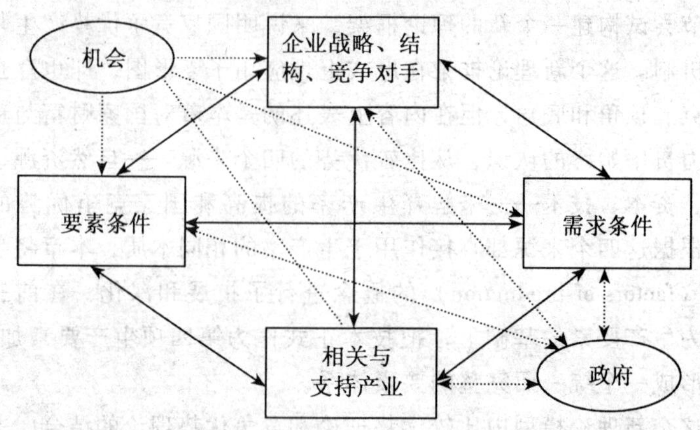


图 6-1　迈克尔·波特用以解释国家竞争优势的钻石模型

的来源，也是比较优势理论的讨论范畴。国家竞争优势理论所提出的高级和专业型生产要素，本来就是比较优势理论的讨论范围，而且只是其中的一部分。

其次，国家竞争优势理论放弃了对先天性初级要素如自然资源和劳动力的讨论，专门强调后天性高级要素如资本和技术的作用，这种做法使得自己没有比较优势理论内容全面和有说服力。即使在发达国家中，优势也并不是全部存在于高级要素中，何况世界上只有 15% 的国家和地区像美国一样已经实现了工业化，尚有 85% 的国家刚刚进入或尚未进入工业化，它们必须主要依靠自然资源和劳动力实现初期的发展，撇开先天性初级要素只谈后天性高级要素的理论显然是有解释盲区的。同时，这种做法忽略了生产要素和产业结构的转变机理，即高级要素作用的发挥是从初级要素作用发挥中提升的，利润丰厚的技术密集型和资本密集型产业不能一蹴而就，需要资源和劳动密集型产业的先行发展和技术、资金积累。中国改革开放 30 年以来出口商品结构的变化是一个最好的例证：第一个 10 年（1978—1986 年）出口商品中比重最大的是资源密集型产品，第二个 10 年与第三个 10 年的前半段（1987—2003 年）出口最多的是劳动密集型产品，但最近几年（2004—）出口最多的已经变成技术密集型产品——技术密集型产品本来是前15年中出口最少的商品类型，同时后15年中出口最少的类型由开始出口最多的资源密集型取代。①

此外，虽然世界上确实存在着日本和以色列这样的国家，自然资源匮乏而以独特的技术获取了汽车、半导体和农业等产业的高层次竞争力，在比较劣势的基础上创造出了竞争优势；同时，也不排除有波特所说的特例，丰富的资源和廉价的成本因素反而造成一国的资源配置没有效率，比较优势的结果是导向了竞争劣势；但更多的国家是在比较优势的基础上获得了竞争优势②，同时利用两种优势建立起国家竞争力。具备先天比较优势而不会善加利用，当然无法取得满意的结果，但不能因此得出普遍性结论说良好的先天条件反而有负作用。

## 二、需求条件

钻石模型的第二个支点——需求条件（demand conditions）在国家竞争优势理论中有着特定含义，它被定义为“本国市场对该项产业所提供产品或服务的需求”。国家竞争优势理论对内需市场非常强调，认为每一种产业的竞争力都会受到母国市场的巨大影响。国内市场的重要性一方面在于它的规模，更重要的一方面是国内市场的质量，“内行而挑剔的客户是本国厂商追求高质量、完美的产品造型和精致服务的压力来源”。

需求条件当然是企业、产业直至国家产生竞争力的重要原因，但本书认为将需求条件仅仅限定为国内市场是不妥当的。市场全球化的今天存在众多母国市场狭小而产业发达的例子，说明国内的需求条件已经不是确定产业能否获取竞争力的至关重要的因素。事实

① 杨汝岱，朱诗娥．中国对外贸易结构与竞争力研究：1978—2006．财贸经济，2008，2：112-119.

② 开始从事微波炉贴牌制造、后来成为全球技术龙头和市场寡头的格兰仕公司曾是企业里采取这种路径的典范，参考：史丹．利用比较优势打造竞争优势—格兰仕成功的经验与启示．经济管理，2002，20.

上,《国家竞争优势》一书自己也举出了反面例证:“在内需市场不存在的情况下,日本的英文打字机不但出口旺盛,而且还进行大量的海外投资”。日本的打字机产业现象并不是绝无仅有的,而是在市场全球化的今天极其富有代表性的,与之类似的还有瑞士的手表业和荷兰的花卉业。这几个产业虽然内需市场都很小,但由于面向整个世界市场,一样产生了强大的国际竞争力。

同时,说内行而挑剔的国内客户(sophisticated and demanding domestic buyers)是产业形成竞争力的原因,也有倒果为因之嫌,应该说,他们是产业有竞争力的结果而非原因。经历过计划经济、卖方市场的中国人都有切身体会,短缺经济中排队求买的顾客是无从挑剔的。不管是在该书日本人对音响器材讲究的事例中,还是从德国人对印刷品质量关注的证据里,我们都不能看到这种挑剔是与生俱来的。反之的合理推断是,只有产业发达、企业数众多、竞争激烈形成买方市场后,顾客的选择多了,才有可能挑剔。

将国内需求列为产业竞争力最主要成因的原因,可能是在波特所研究的美国、欧盟等经济大国或大型经济体中,国内(区内)市场占世界市场比重大。但把钻石模型作为普适性的规律进行推广,这个结论就不正确了。作为一种有关国家竞争优势和产业竞争力的科学解释,不能仅仅近似适用于内向型或超级大国经济。Rugman 也认为波特模型强调国内市场和国内企业,只适用于解释美国、日本和欧盟等大经济体的情况,用来解释外向型小经济体时会出现大量的错误结论。①

## 三、相关与支持产业

相关与支持产业(related and supporting industries)被认为是形成国家竞争优势的第三个关键因素。该观点被应用日本工具机产业、瑞典钢制品和意大利制鞋业等例子加以解释,说明某产业之所以在国际上具有竞争优势,通常是因为它的相关和支持产业非常

---

① Alan Rugman (1991) Diamond in the Rough, Business Quarterly, 55: 61-64.

健全。

相关与支持产业能够激发本原产业的竞争力，这当然是有道理的。但如果我们进一步追问，这些健全的配套产业是怎么形成的？为什么恰好在这个地区具有发达的上下游产业？我们就会看到这里同样存在着一个可能的因果倒置，即与其说配套产业健全是本原产业发达的原因，不如说健全的配套产业是发达的本原产业的结果。在产业的发展中，众多的关联产业通常是依照其中一个支柱产业的状况来进行定位的，然后实现彼此带动、互相提升，这一支柱产业最初又往往是依傍当地的强项资源产生的。《国家竞争优势》书中提到“瑞典的特殊钢产业离不开该国储藏量丰富而且含磷低的铁矿，就地取材（尤其是天然资源）经常是产业发展的第一项利器”，正好符合本文提出的这一路径。

该结论在我国也有实证数据支持其正确性：中国工业的地理分布状况与标准赫克歇尔-俄林模型的预测结果一致，一些高度地方化的产业是自然资源或土地密集型工业，这些工业集中在生产所需资源相对富裕的地方，如山西的人造原油生产业、吉林的盐加工业、河北的贵金属冶炼业和炼铁业、湖南的有色金属合金业、山东的原始纤维材料初始加工业和烟叶复烤业等。①

以上两例都说明了国家竞争优势理论认为已经过时的比较优势依然具有强大的解释力。当我们思考产业的发展为什么出现地理性的集中时可以设问：为什么产业竞争力不能随时、随处被人为创造？原因正是自然资源、劳动力或技术等比较优势在特定一国或地区的存在，使得主导产业及相关支持产业常常按这种比较优势来进行地理定位。产业集群的主体一般是符合当地明显比较优势的企业，这一龙头企业产生后各种辅助性服务性的企业和机构依其而定位和配套发展。

## 四、企业战略、结构与竞争对手

钻石模型中的第四个关键要素是本国竞争者的形态，它所包含

① 文玫．中国工业在区域上的重新定位和聚集”．经济研究，2004，2.

的企业股东结构、资本市场特色、营运模式等内容被认为会在国家竞争优势的创立中扮演重要的角色。钻石理论极其推崇国内竞争，认为创造持续产业竞争优势的最大关联因素是国内市场强有力的竞争对手，以此挑战了支持规模经济和寡头垄断、反对过度竞争的传统观念。

本书认为，和第二要素国内需求市场类似，日益显著的市场全球化（国际贸易）和资本全球化（国际生产）所带来的竞争全球化，使得企业即使不出国门也面临着激烈的全球竞争，本国竞争对手在国家竞争优势形成过程中的作用越来越小。竞争形态中与母国环境相关的部分也受到当地要素资源的深刻影响。比如波特谈到瑞士和瑞典的旅游业之所以发达，是由于管理者因民族特性而对旅行采取一种天生的重视态度。但这种“天生”从何而来？本书给出的另一种解释似乎更有说服力：瑞士和瑞典得天独厚的自然风光使得该民族形成重视旅游业的传统。

此外，国家竞争优势理论中的实证研究显示，凡是具有国际竞争力的产业中都存在着众多的国内竞争对手。关于此点进一步分析我们可以发现，这个现象在某种程度上也是要素资源作用的结果：当一国某产业具备了自然资源、劳动力或独特技术的要素比较优势时，该产业发展、壮大并具备了国际竞争力；在做大做强了的产业中，自然会容纳更多的企业总数和竞争对手。

上面分析表明，钻石模型的四个要素不仅不处于同一个分析层次上，而且各自的结论推导中存在一些矛盾和问题。同时，钻石模型的结构使自己的应用价值受到限制，因为各个要素并不能都被政府工作作用：市场需求、由国别环境和文化差异决定的竞争形态等，都不受政府政策的影响，无法通过作用于它们来提升国家竞争优势。综上所述，钻石模型没有全面、充分和有力地说明国家竞争优势的成因与提升途径，需要我们构建一个更加完整、清晰和有效的理论模型。

## 第二节　比较优势的四个来源：一个更加完整充分的分析框架

全面、准确的竞争力研究需要按照一个科学而完整的体系进行。我们放开竞争力的第一层次和来源——环境，分析对竞争力的第二层次和实质——生产率直接作用的因素。鉴于比较优势原理仍然具有的巨大效力，建立以比较优势的几个来源为支点的分析框架（图6-2）。根据自然资源、劳动力、资本、技术全部直接作用于生产率的相同本质，将生产要素的概念扩展深化，在前三者并称生产要素的基础上，把技术正式作为第四要素加入，并用这个统一的要素体系作为新的菱形图支点，取代原来的钻石模型，以更有说服力地解释国家竞争力的产生和强化机制，及其与生产率提高和政府作用的直接关系。

对应于原钻石模型的解释困难，新分析框架有如下特点：一是作用直接，四个支点上的四项生产要素全部可以直接提升竞争力的实质——生产率，也是新菱形框架的顶角；二是论述全面，提升生产率和竞争力的因素无非是这四项生产要素中的一项或几项，即会全部落入比较优势的这四个来源范畴中；三是有明确的现实意义和应用价值，因为其四个支点全部能被底角——政府政策直接作用，提升国家和产业竞争力。

### 一、自然资源

要从自然资源（natural resource）方面提高劳动生产率，需要获得充沛而低廉的土地、矿藏、物产、原材料等，使资源从数量上来说不会成为瓶颈限制其他要素（劳动力、资本和技术水平）的作用发挥，从成本上来说使产品在国际市场上更具有竞争力。

获得充沛而低廉的自然资源可以通过国内与国外两个途径，对于这两个方面政府都能产生巨大的作用。要从国内获得充沛而低廉的自然资源，需要政府组织合理的开发和利用。利用国外资源的方式一是开展进口贸易，在全球市场上实行资源优化配置；二是进行对外直接投资，让本国企业更好地使用东道国资源。不管是进口贸易还是对外投资，都需要政府采取一种开放型的经济政策，奉行贸易自由主义和投资自由主义。只要企业行为能够获取品种更多、成本更低的原材料，使本国产品性能更强、更有竞争力，不管这种行为涉及原材料的进口还是机器设备的对外投资，政府都应予以允许和鼓励。

在国际经济往来中，常见的反面例子是国家间限制自由贸易、奖出限入，崇拜顺差而排斥逆差。它们对于本国产品出口或外国资本流入是鼓励的，对于进口产品则实行关税与配额限制，并基于资本外流的原因控制对外投资。出口崇拜论源自“出口是经济增长的发动机”假说，但迄今为止出口和经济增长仅被证明存在高度的相关关系，并无肯定的因果关系①。没有任何证据说明出口所得的一美元对经济增长的贡献大于其他生产行为创造的一美元，实际上，经济增长和对外贸易增加都是劳动生产率即国家竞争力提高的结果。同时，进口对经济增长倒是有着正面而明确的影响，进口形成的资源优化和竞争压力是国内劳动生产率提高的重要因素。出口和进口的正确关系正如克鲁格曼所说：“贸易的目的是进口而不是出口。出口本身不是目的，而是一个国家必须承受的负担”②。也就是说，卖东西是为了赚钱好买东西，但在现实经济中这个目的和手段关系常常被颠倒。

## 二、劳动力

要从劳动力（labor）要素入手提高产业生产率及竞争力，需要提供充裕、廉价和优质的劳动力。对此政府可以做的工作是加强教育培训和促进人员自由流动。

加强教育培训的作用是提高劳动力的质量。中国经济发展的一

① 陆善勇. 对外贸易与经济增长关系研究的新进展. 经济理论与经济管理，2003，12：64-69.

② 保罗·克鲁格曼. 流行的国际主义. 中国人民大学出版社，北京大学出版社，2000：132.

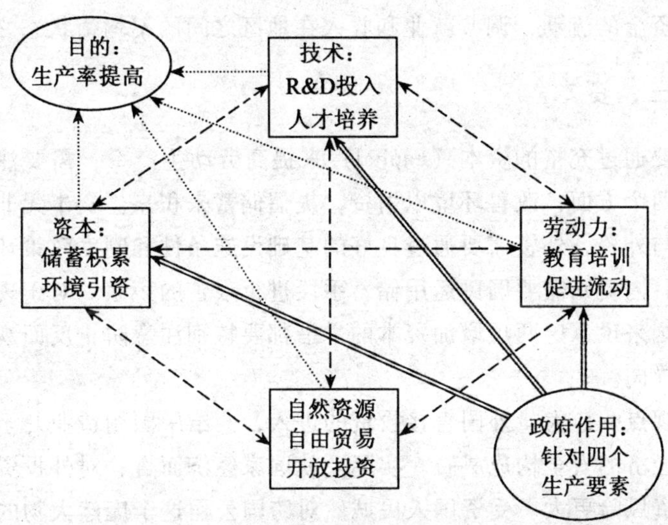


图 6-2　基于比较优势四个来源的国家竞争优势分析框架

个显著优势就是拥有丰富而廉价的劳动力，但是要把存在于劳动力方面的潜在优势变成现实竞争力，还需要注意中国劳动力的职业技能问题。任何产品要有竞争力，都需要良好的性能价格比，即不仅需要价廉，同时还要物美。中国劳动力确实拥有数量方面的极大优势，但质量优势并不明显。比较优势和竞争力的本质含义是生产率/工资率，当中国劳动力的低工资优势不足以弥补劳动生产率的低下时，这一所谓劳动力比较优势并不能在与别国的竞争中实现。教育和培训工作正是政府职能的最主要方面之一。

促进人员自由流动的作用是降低劳动力的成本，这个问题在目前的中国尤为迫切。囿于交通、区位、基础设施等因素，外商和国内投资不以农村和中西部地区为优先选择。这时如果不能顺利实现农业富余人员向城市人口的转化及中西部地区劳动力向沿海省份的流动，就会出现目前部分沿海发达城市已经出现的不利情况——工资迅速上涨丧失了劳动力成本优势。因此，迫切需要国家和各地政府加大促进劳动力流动的政策力度，出台有关外来人口户籍管理、子女入学等各方面的专门政策，解决城市打工人口的后顾之忧。劳动力的自由流动除了满足经济发展的需要外，还可以在一定程度上代替资金的流动，调节就业和收入在地区之间的不均衡状态。

## 三、资本

要通过充裕的资本（capital）来提高劳动生产率，需要注意的也是两个方面：改善环境以引资，提倡储蓄来积累。资本无非分为内资与外资，外资需要通过良好的基础设施条件和制度政策环境来引进，内资则需要国民运用储蓄手段进行艰苦的积累。对于现阶段的中国来说，这两项增加资本的举措都要特别注意防止反面观点的错误导向。

观点一：大量外国直接投资的进入，会给中国制造业乃至整个国民经济的安全构成威胁。实际上就国家经济而言，对外投资比引进外资风险更大。受资国人民诚然对跨国公司这个庞然大物的进入怀有恐惧心理，投资方所在国政府其实更担心跨国公司把本国财富转移出去，以此淘空国民经济。跨国公司的国际产业转移只是表层现象，其背后是国际技术转移、就业转移、纳税转移和收入转移，从经济安全的角度来说，这些转移实际上提升了受资国的经济安全程度。20世纪80年代面对日本“购买美国”没有加以限制，结果美国经济并未衰退，倒是对市场准入严格控制的日本虚弱多了。①

观点二：中国的高额储蓄是危险的笼中猛虎，而作为和出口、投资并列的“三驾马车”，消费对GDP的增长具有直接推进力，因此要提倡削减储蓄、“消费爱国”。这种观点同样存在值得注意的问题：产业结构的升级和国家竞争力的提升从来就需要资本、需要储蓄，几乎每个工业化国家都是从利用丰富廉价的自然资源或劳动力开始，在资源密集型产业和劳动密集型产业中形成利润后进行积累和投资，再建立自己的资本密集型产业和技术密集型产业。从这一点上看中华民族传统的节俭观念和储蓄习惯极其幸运，因为对于有超前开支偏好、透支消费习惯的国家，需要政府额外制定资本积

---

① 李海舰．跨国公司进入及其对中国制造业的影响．中国工业经济，2003，5：15-21．

累导向性政策。但不可思议的是，在近年的中国舆论界竟然出现了为消费叫好、为储蓄担忧的声音。这种观点从维持宏观金融稳定运行角度值得留意，其根本内涵却经不起推敲：通过刺激消费所出现的国民经济增长，由于缺乏储蓄、投资和生产的真正变化，其效应必然是短期透支性的，在人们对预期进行调整之后难以持久。

## 四、技术

技术（technology）对劳动生产率和国家竞争力的决定性作用已在200年前被李嘉图论及，只是没有将之与自然资源、劳动力及资本一起并称生产要素。技术的重要性在现代越来越明显，邓小平同志就曾明确指出“科学技术是第一生产力”。李嘉图的这一观念也被如克鲁格曼、波特等或一脉相承或重新主张。本文将技术正式作为第四生产要素，在一个统一的体系中探讨生产率和竞争力的决定。按照《韦伯斯特词典》的定义，“技术”即“应用科学”①。那么对生产率产生促进作用的因素应该既包括发明创造和产品革新（应用自然科学），也包括管理进步和体制创新（应用社会科学）。

要通过技术要素来提高产业生产率和国家竞争力，政府需要做的工作也是两个方面：加大R&D投入，重视人才的培养和引进。加大R&D投入有几种做法，可以由政府直接投资并主持某个联合开发项目，如英国和法国政府共同开发协和型超音速飞机，克林顿政府关于平面显示屏的动议，还有最典型的日本VLSI（超大规模集成电路）项目。比直接项目投资更好的做法，是政府设立研究开发基金和采取倾斜性的减免税政策等进行间接鼓励。良好运转后自行选择项目进行技术开发的企业，势必更拥有生存、发展和升级、壮大的后续能力。

高层次人力资源对先进技术的产生至关重要，因为从理论上来说所有企业和产业的获利都应该相等，超额利润是革命性技术和企业家才能等稀缺要素的报酬。无论国家规模大小，精英永远是相对

① 保罗·克鲁格曼. 流行的国际主义. 中国人民大学出版社，北京大学出版社，2000：215.

稀少的资源，而一个国家的成功就得通过引导精英从事最能发挥优势的工作。高层次人力资源可以通过引进的办法获得，一个成功的典型是美国，以优厚的物质待遇和良好的发展环境从中国和世界各国吸引高素质人才。高级人才还可以通过引进外资的办法获得，因为跨国公司对于东道国的直接效应是增加就业和产出，间接效应则是管理流程和生产技术外溢，为东道国培养出一批技术和管理高级人才。高级人才产生的根本举措还是加强高等教育和研究性大学的建设，这种做法能收到高级人才和高新技术企业相伴而生的结果：以20世纪最后20年间的美国为例，麻省理工、斯坦福和加州三所大学孵化了两百多家创业公司。在目前的中国，大学和研究所系的高科技企业也成为上市公司的一道风景线和不可忽视的国家经济力量。

## 第三节　新菱形模型的政策含义

### 一、有关政府职能的主要观点

关于政府应该履行哪些经济职能，是经济学的研究重点和争论焦点，众多的说法主要可以分为市场失灵和新古典经济学两派。市场失灵派相信市场是比其他任何机制都有效的资源配置机制，但鉴于市场失灵的存在，得出和福利经济学一致的结论：政府应在市场失灵的领域进行干预。这些领域包括：①提供公共产品，②保持宏观经济稳定和协调发展，③使经济外部性内在化，④限制垄断，⑤调节收入和财富的分配，⑥弥补市场的不完全性和信息的不对称性。根据新古典经济学派对政府职能的看法，市场虽然会失败或失灵，但政府也会失败或失灵，而且政府失败或失灵的危害比市场失败或失灵的危害要大得多。所以，市场失灵并不是政府干预经济的充足理由，相反，政府干预的范围应尽量缩小，小到只起“守夜人”的作用：①维护主权和领土完整，②制定和实施法律、维持社会基本秩序，③界定产权、保护产权，④监督合同的执行，⑤维系本国货币的价值。

上述两派之外，针对中国政府的经济职能，影响较大的还有一些结构主义的观点。一种是经济转型派的观点，认为转型期政府应当比成熟市场经济国家具有更多的具体经济职能：①促进市场发育，建立公平竞争的统一市场；②实施产业政策，促进产业结构高度化，保护民族经济；③消除行政垄断；④转型性失业者的社会保障。另一种是国情分析派的观点，认为作为一个极其特殊的社会主义发展中大国，从国情出发，中国政府还应承担以下特殊职能：①管理国有资产和监督国有资产经营；②解决地区发展不平衡问题，促进少数民族地区发展；③注重公共投资，促进基础设施建设；④控制人口增长，开发人力资源；⑤实施反贫困行动计划；⑥保护自然资源和生态环境，等等。①

## 二、有效的产业政策

### 1. 产业必须进行选择和取舍

产业选择的必要性，本书在第二章中已经详细论述了几点：①网络经济时代的全球化、专业化特点，使比较优势原理更加凸显；②第三次制造业转移和中国自身的特点，使得我们定位于成为部分产品的世界制造基地；③入世和更融入世界经济整体，使有进有退的产业政策成为题中应有之义。除此之外，从《国家竞争优势》所举出的国家发展实例，我们也可以清楚地看到产业取舍的必要。

作为曾经的日不落帝国，英国是彼时当之无愧的世界工厂。它的衰落原因何在？波特总结了多种，包括“大好大坏的教育”、“研发投资仍嫌不足”，甚至搬出了“避免竞争的绅士风度”、“影响深远的生活口味”来归因。在本书作者看来，一个最重要的原因就是它忽视了比较优势原理的作用。作为一个老牌工业大国，它的制造业，包括金融等服务业的品种太多，而且都曾经非常有优势。在其后的发展过程中，难以、因此也没有进行取舍。英国经济的这种长期广度和多元，最终造成“在琳琅满目的英国产业中，

① 林幼平，等．经济全球化背景下中国政府经济职能问题研究综述．经济评论，2003，6.

能够具有绝对竞争地位的产业寥寥无几”和“很少能像美国、日本和德国一样有极高的市场占有率”。所以，它在今天“出现许多核心工业一蹶不振的悲惨状态”① 其实是一种历史的必然。也许这并不是什么坏事，因为这种状况也可以看成是迫使英国在下一步进行产业调整和取舍从而在新的更狭窄的领域占据领导地位的前奏。但前车之覆，后车之鉴，中国应避免类似的错误做法，也没有资本走这样的危险弯路。

2. 产业选择应该以市场为基础

在如何促进产业竞争力问题上，政府扮演什么角色是一个关键所在。政府最重要的职能是创造一个开放、公平竞争的市场环境，提供好公共服务，力所能及的话再做一些提升生产要素质量的工作，如培训、提供信息等，至于何种产业在何处能形成竞争力，应该相信市场的力量。例如，不论在广东还是浙江，产业集聚事先都没有政府的计划和规划，没有事先的宏大设想，基本上是在市场力量的作用下形成的。不仅政府部门没有这种预见，就是当事人本身也没有这种主观意识，只是经过多年的发展后，回头一看发现出现了这种产业集聚现象。政府的作用反而有其消极的一面：在有些市场自发出现的初期，当地政府部门认为“乱来”、“不规范”，曾经驱散、关闭，但总是关不了，以后被迫默认，再以后态度转为积极、承认、扶持、提高。所以，有的地方学浙江发展“块状经济”，由政府规定某个地方发展某个产品或产业，规定一些企业为另一些企业配套，用行政性办法人为“造市”，这种做法丢掉了产业竞争力发展的精髓，结果也必定是南辕北辙。

另一方面我们又应看到市场与政府是可以相互作用的。不能忽视市场的基础作用，一味强调政府的主导作用，但同时也不应过于强调产业结构的自然演进而忽视政府的能动性。政府的积极作用，主要表现在顺势而为，创造好的外部环境。成功事例是浙江的几个大市场，都是先有自发性市场出现并达到相当规模，再由政府引导并加以规范和提高。马歇尔认为“经济进化是渐进的，它的前进

① 迈克尔·波特．国家竞争优势．华夏出版社，2002：483，471．

运动绝不是突然的，是以部分自觉与不自觉的习惯为基础的”，这一认识同样适用于产业结构的形成与演进。产业优势不能凭空创造，但可以选择培育。但要注意的是，市场是产业选择的基础，降低目标产业主导生产要素成本是产业选择的有效途径。不是别的因素、而是由消费者偏好决定的产品价格，以及由生产要素相对价格控制的产品成本共同决定了产业结构的形成与演进。所以，市场化水平越高，产业结构的综合素质也越高。实证数据证明了这一结果①，如我国中西部地区市场化水平很低，生产要素价格扭曲程度较高，所以西部地区产业结构综合素质较低，呈现低效和重复的特征。

基于市场是影响产业结构的最主要因素，许多西方学者认为产业政策是无效的。但对于市场化改革尚未完成、市场经济体系尚未完全建立的我国来说，并不排斥政府产业政策干预的合理性。根据小宫隆太郎对产业政策核心的理解——“在价格机制下，针对资源分配方面出现的市场性而进行的政策干预”，可将产业政策的目标确立为：政府纠正扭曲的市场结构，使市场自发形成的自然产业结构在政府干预之后趋向于理想产业结构。这个结论可以由上节新理论模型中第二要素的论述和中印软件业的比较得到充分证明。

3. 克鲁格曼与波特对战略贸易政策和产业政策的反面例证

战略贸易政策可定义为：在不完全竞争和规模经济条件下，一国政府采用生产扶持、出口补贴、税收优惠等各种支持和保护国内市场的贸易政策手段，促使本国战略产业迅速成长并扩大规模经济效益，增强这些产业的国际竞争力，从国际市场获得更多的超额利润。布兰德（J. A. Brander）和斯潘塞（B. J. Spencer）1981 年至 1985 年期间在新贸易理论研究基础上提出的以出口补贴促进进口的贸易政策（又称利润转移论），是战略贸易政策的一个重要命题。克鲁格曼在 1984 年的论文“以进口保护促进出口”是其另个重要命题。

战略贸易政策的提出令人耳目一新，可以说是新贸易理论的政

① 冯子标．论产业选择及其实现途径．经济学动态，2002，8.

策注解。但由于其结论和传统贸易理论相悖，引起了经济学家们许多争论。它的提出者们也注意到了战略贸易政策论点的脆弱性，如克鲁格曼所说："这些假设出现任何微小的变化，都能轻易地毁掉他们的结论"。①

世界范围内的大量实证结果也说明了政府工业政策和技术政策的局限性。战略贸易政策的提出者克鲁格曼通过案例研究指出，"日本政府对钢铁工业的支持，把资源导向了低收益的领域，从而阻碍了经济增长。"同时，"日本一些最成功的产业，其中特别引人注目的是汽车工业和家电工业，并不在政府优先照顾之列。"作为公认最典型也最成功地应用了战略贸易政策的国家，日本政府作用的结果不过如此。除它之外，"虽然法国经济整体运行良好，但是，那些政府寄予厚望的经济部门却发展得不尽如人意"②。因此，政府产业政策的有效性是颇值得怀疑的。

于1990年首创国家竞争优势理论的波特也在2001年发表的《日本还有竞争力吗?》中，通过对日本各产业部门的实证分析而主张类似观点："日本非常著名的官僚资本主义不是日本成功的原因；实际上，它与这个国家的失败有着最为密切的关系。""在具有竞争力的产业，政府模型（指竞争干涉、卡特尔和合作R&D计划——本书作者根据原书上下文注）即使存在，也常常是扮演着微不足道的角色……在不具有竞争力的产业，政府模型则十分普遍"③，更进一步鲜明地指出了产业政策和技术政策对企业和产业发展的有害无益。本文认为，日本政府还有的错误举措是：出于自认为的经济安全考虑，限制外资进入而鼓励对外投资，这种"成功"的FDI实际上是增加了别国的GDP并显示了本国的糟糕引资环境；在日本的产业扶持政策中，以牺牲竞争力第一层次的资本利

---

① 保罗·克鲁格曼，新贸易理论需要新贸易政策吗？经济资料译丛. 1994，2.

② 保罗·克鲁格曼，国际经济学. 第五版. 中国人民大学出版社，2002：279，272，273.

③ 迈克尔·波特，竹内广高，神原鞠子. 日本还有竞争力吗？中信出版社，2002：10，70.

润为代价争取第二层次的市场份额，是对竞争力理解和获取的本末倒置。

鉴于有关产业政策和战略性贸易政策的众多危险后果、失败实践和反面例证，本文认为正确的产业政策不是政府的策划与干预，而是基于企业自生能力的草根模式。产业选择应该以市场为基础，降低目标产业主导生产要素的成本是产业选择的有效途径。政府在产业竞争力培育中的作用只能是纠正扭曲的市场结构而不是强化它。对于政府来说，并不需要进行产业的主观选择，只需要认清产业的客观事实。实际上，有竞争力的产业自己能够通过市场机制吸引到要素资源；也就是说，正确的产业措施是不需要政府实施的，关键是政府不能实施保护、补贴、扶持、投资等错误措施来扭曲市场的自然配置。政府支持国内产业提高国际竞争力的方式必须改变，必须从保护市场、直接补贴等办法，转变为促进改善企业治理结构、维护公平竞争、鼓励技术创新、降低社会交易成本等。

## 三、自由、开放、竞争：政府职能的关键词

综上所述，结合图6-3，政府应从四个生产要素着手提高劳动生产率，获取国家竞争优势，这四个方面也正好是比较优势的四个来源。在新钻石模型中针对提高生产率四个要素的政府工作是：实行自由的国内外贸易和开放的对外投资政策，以降低自然资源成本；实施完善的教育培训制度和人才、劳动力的自由流动，以降低劳动力成本；提倡储蓄，进行资本积累，改善环境吸引外资，以降低资本成本；加大R&D投入和各种引智投资，以降低技术成本。

由此得出政府职能的关键词是：自由、开放与竞争，即国家要不管，政府要放手，给企业自由，让市场开放，给每个企业竞争的权利。政府的管制出现在有人想剥夺别人的竞争自由时，如制定反托拉斯法、反不正当竞争法等；政府办教育，也是让更多人有竞争的能力；改善环境，是为了更多的企业能够更好地自由竞争。所以，如同自然界中最好的法则是“优胜劣汰、自然选择、生存竞争、世界进化”的自然法则，经济社会中最好的字眼是“自由、开放、竞争”。采取各种法律政策手段鼓励自由、开放和竞争，纠

正一切妨碍自由、开放与竞争环境的行为，只有如此才能产生生产率的提高和社会的进步。

开放的经济政策主要针对贸易与投资，两者分别可以改善自然资源要素和资本要素的支出①；自由的经济政策主要针对贸易与劳动力的流动，两者降低自然资源要素和劳动力要素的成本；竞争的经济政策主要针对教育、环境等，前者加强劳动力要素和技术要素的作用，后者有利于资本要素和技术要素作用的发挥。

鉴于政府的最大作用是创造一个良好的竞争环境，是制定游戏规则而不是参与比赛，所以需要在以下三个方面进行加强和减弱：一是法制，做加法，规范企业的竞争规则；二是政策，做减法，减少关于自由竞争的种种束缚；三是教育与科技，做乘法，原因是它们既能改善劳动力要素又能改善技术要素，起到事半功倍的作用。

## 第四节 本章小结

本章对著作全篇的理论观点和应用结论做了一个引申和归纳。

在理论内容部分，通过第一章的相关论述和分析，我们已经看到，在解释产业竞争力和国家财富问题上，国家竞争优势理论对比较优势理论的否定是不正确的，它本身关于国家优势和产业竞争力的解释是不全面的，而且理论体系内部存在着一些矛盾之处。本章通过对存在于钻石模型四个支点中问题的剖析，尝试建立一个更有说服力的新理论模型。此新模型以比较优势的四个来源——自然资源、劳动力、资本、技术——为支点，解释了达到生产率顶点的作用机制，也阐明了针对四项生产要素的政府工作原理。

在政策结论部分，本章从解释国家优势的新菱形模型中，得出

① 狭隘的经济民族主义并不符合国家利益。例如，外商投资企业对中国制造业整体的国际竞争力具有明显的积极影响和直接贡献。作用方式之一是直接促进，外商投资企业生产的产品在中国工业品出口额中的比重逐年增加。作用方式之二是间接促进，它们对中国民族工业形成很强的竞争压力，迫使民族企业提高能力。所以，在经济开放度大幅度提高的条件下，中国制造业的国际竞争力将提高得更快。

若干政策含义：实行自由的国内外贸易和开放的对外投资政策，以降低自然资源成本；实施完善的教育培训制度和人才、劳动力的自由流动，以降低劳动力成本；提倡储蓄，进行资本积累，改善环境吸引外资，以降低资本成本；加大 R&D 投入和各种引智投资，以降低技术成本。发现了最关键的政府职能：营造自由、开放与竞争的环境，采取各种法律政策手段鼓励自由、开放和竞争，纠正一切妨碍自由、开放与竞争环境的行为；也找到了最有效的产业政策：不是政府的策划与干预，而是基于企业自生能力的草根模式；以市场为基础进行产业选择，以降低目标产业主导生产要素的成本为最优途径。政府在产业竞争力培育中的作用只能是纠正扭曲的市场结构而不是强化它。

# 第七章　案例启示：以中国激光视盘播放机工业为例分析产业竞争力与政府作用的关系

本章成稿的直接动因来自对论文《本土创新、能力发展和竞争优势——中国激光视盘播放机工业的发展及其对政府作用的政策含义》（以下简称《本土》）的阅读和思考，在此表示感谢①。该文引起了笔者极大的兴趣，原因之一是该文正文连注释、参考文献等一起约4万字，是少见的能够全文发表的长篇；另一个原因当然是比形式更重要的内容，产业竞争力和国家竞争优势是经济管理研究的热点和重点领域，也是笔者一直密切关注的领域。

阅毕《本土》全文，总的看法是，该文搜集了非常好的企业实例和非常详尽的第一手资料，也采用了非常难得的深度访谈研究方法。但奇怪的是，从同样的事例出发，笔者几乎可以得出完全相反的结论。换句话说，该文的论据很好，但结论颇让人怀疑，论证过程也存在着一些矛盾和逻辑问题；而这些问题可能造成很危险的后果，它们的政策含义将对企业和产业竞争力的锻造以及政府作用的发挥形成错误导向。

## 第一节　摘要：主要观点中的五个严重问题

《本土》的主要论点总结在其摘要里，大致分为五层意思，都

---

① 路风，慕玲．管理世界，2003，12．同时，要借本文向曾在《管理世界》上以《论竞争力——关于科技进步与经济效益关系的思考》（1998）和《比较优势、竞争优势与发展中国家的经济发展》（2003）两篇佳作给笔者深刻影响和强烈共鸣的樊纲、林毅夫先生等表示由衷的敬意。

存在着比较严重的问题。本章在对每个问题进行分析之前，均将原话做一个引述。

1. “认为中国发展应当遵循‘比较优势’的观点实质上是要求政府放弃工业政策和技术政策，但在解释工业竞争力源泉上却贫乏无力。”

对比较优势理论质疑，认为它不能对竞争力进行解释的不止《本土》一文，最著名的包括战略管理大师迈克尔·波特的《国家竞争优势》(1990)，国内较早有较大影响的是洪银兴教授的《从比较优势到竞争优势》（1997）。但是，这些比较优势理论反对观点的提出在很大程度上是基于对比较优势理论的片面理解，这一点也已经有不少学者从不同的角度指出①。李嘉图在接近两百年前所定义的比较优势，本质就是生产率，比较优势或者说高生产率的来源有四个方面：①丰富的自然资源，②廉价的劳动力，③充裕的资本，④先进的技术。这一概念的界定在今天看来仍然是非常全面而准确的，后面的各个流派和观点，包括赫克歇尔和俄林、克鲁格曼、波特等，都是在对李嘉图体系的一部分进行发展。

例如，赫克歇尔和俄林的要素比例模型，强调的是资源、劳动力和资本等物质资源的作用，特别是前两个要素的作用。虽然在模型上有改进，从李嘉图的单一要素模型扩展到两要素经济模型，但由于忽略了技术要素，在内容上实际上是偏窄化了。在李嘉图的比较优势来源中，经常提到“机器的改良”② 即技术进步的作用，而不仅仅是前三种物质要素。所以，《本土》提到“Heckscher 和 Ohlin 的工作奠定了比较优势理论在传统国际贸易理论中的主导地位”，这种说法是不准确的。赫克歇尔和俄林的工作虽然使比较优

---

① 除第 17 页注①之外还可参考著名国际经济学家保罗·克鲁格曼的文章 Competitiveness：A Dangerous Obsession（1994）和专著《流行的国际主义》(2000)，以及国内学者李辉文的论文《现代比较优势理论的动态性质——兼评比较优势陷阱》(2004)。

② 彼罗·斯拉法．李嘉图著作和通信集（第一卷）政治经济学及赋税原理．商务印书馆，1962：111．整个第七章《对外贸易》中还有多处相关内容。

势理论在一个方面更深入，但也造成了它的狭义化，给后人的理解（包括《本土》作者）带来了很多偏差。

再如，克鲁格曼的新贸易理论，强调的其实是第四要素技术及其引起的专业化分工对国际贸易的作用。技术要素当然本来就是李嘉图关于比较优势和生产率的题中之义，不仅如此，克鲁格曼提出的产业内贸易，实质上是一个可以涵盖进李嘉图体系的相对概念，因为大部分的产业内贸易，随着分类标准的细化，都会变成产业间贸易。之所以会出现所谓的“产业内贸易”，并不是出现了一种新的贸易形式，而是自亚当·斯密发现劳动分工与协作以来这一趋势的继续：分工进一步细化，协作也随之进一步加强。因此克鲁格曼自己也说：“‘新贸易理论’并没有抛弃传统贸易理论的真知灼见”①。

波特教授否定了比较优势理论，认为它应该“退位”了。竞争优势而非比较优势才是一国财富的源泉，所以要进入一个用国家竞争优势理论来解释国家财富的“新典范时代”。但是，他对比较优势理论存在着几个严重的误解：①他否定了比较优势概念，代之以竞争力概念，但他给竞争力所下的定义和李嘉图给比较优势所下的定义完全一样，都是 productivity——生产率。②他认为“比较优势理论一般认为一国的竞争力主要来源于劳动力、自然资源、金融资本等物质禀赋的投入”②，这是对比较优势理论的极大曲解，因为包含四要素的生产率概念才是比较优势的本质，创立者李嘉图本人就特别侧重国家间技术水平差异产生的比较成本差异，发展者克鲁格曼更是重点阐明第四要素技术的作用。③波特认为一国要获取竞争优势，应该从依赖先天继承的、一般性的初级生产要素，转变为依靠后天创造的、专业型高级要素，资源贫乏的日本成为发达国家、黄沙遍地的以色列拥有先进的农业都是典型的例证，但是这不仅和比较优势理论不矛盾，而且正是比较优势理论内容和解释范围

① 保罗·克鲁格曼．流行的国际主义．中国人民大学出版社，北京大学出版社，2000：117．

② 迈克尔·波特．国家竞争优势．华夏出版社，2002．

的一部分：波特所界定的先天的初级要素，就是指第一和第二生产要素——自然资源、劳动力，而波特所定义的后天的高级要素，也即第三和第四生产要素——资本和技术。

由上述回顾可见，迄今为止关于比较优势有影响力的后人观点，确实都是对李嘉图体系的发展。不同的只是，有些发展建立在理解他、承认他的基础上，如克鲁格曼；另一些建立在曲解他、否定他的基础上，如波特。有关比较优势理论各重要学说之间的关联关系以图 7-1 形象绘出。

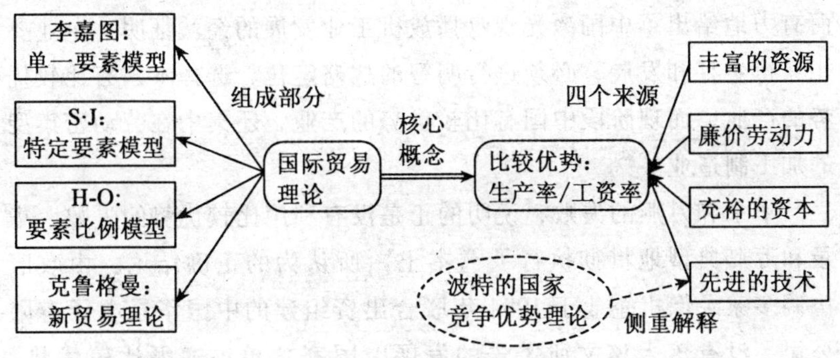


图 7-1　有关比较优势理论各重要学说之间关联关系示意图

与波特教授等人观点如出一辙的《本土》一文，很明显也把比较优势概念狭义化了，认为比较优势仅仅来源于自然资源、廉价劳动力，因此，具有比较优势的产业就是指资源密集型或劳动密集型产业。这种曲解在该文中多次表露，如“只有在组织层次上具备了技术学习和能力发展的动力，劳动力成本较低的‘比较优势’才能贡献于竞争力”，将比较优势仅仅局限于劳动力来源；“单纯遵循‘比较优势’的战略只会使落后的国家更加落后”，“完全遵循比较优势原则可以置发展中国家于万劫不复之地”，暗示比较优势不可能来源于资本和技术要素，遵循比较优势就不会产生技术进步或资本积累。该文在波特把比较优势的第四要素技术舍去而进行批驳的基础上，又把第三要素资本省略，从而使得比较优势理论的“错误”更加明显，解释力更加贫弱。

2. “通过对中国激光视盘播放机工业发展经验的分析证明，基于本土市场需求特点的产品创新以及企业在技术学习和能力发展上的努力，才是技术相对落后国家的企业能够在开放市场条件下获得竞争优势的原因。”

《本土》非常难得的一大特点是采集了丰富的企业实例和翔实的访谈资料，但这些经验分析并不能推导出它的相关结论，如该论点：产品创新和能力发展是企业获得竞争优势的原因。实际上，正是它所提供的这些企业实例——华录①，万燕，新科，爱多，以及与之对比的国外竞争对手飞利浦、索尼、JVC、C-CUBE 等，鲜明而有力地给出了中国激光视盘播放机工业发展的经验证明：企业要想获得生存和发展，必须进行明智的战略定位、选择本国有比较优势的产业；而现阶段中国有比较优势的产业，还集中在劳动密集型的加工制造业。

华录和万燕的失败，说明的正是没有利用比较优势的失败。华录和万燕典型地贯彻执行了《本土》所认为的正确结论。由政府协调多家录像机企业于 1994 年联合出资组建的中国华录电子有限公司，没有落入该文所警告的发展中国家“单纯遵循比较优势”的陷阱，知道“实现这种结构变化不可能仅仅依靠自由放任的市场机制”，因此充分依靠了“中国政府的技术政策和工业政策”的作用。但结果是，华录在成立后仅仅度过了一年的好光景，1995 年就受到 VCD 的冲击，并在此后二三年间逐步陷入半停产和停产状态。

万燕则是试图以产品创新和技术领先获取竞争优势的代表。它从一开始就打破发展中国家利用劳动力比较优势从简单加工业起步的常规做法，自行开发研制新产品。遗憾的是，它也失败了，而且失败的最主要原因正是缺乏新科那种包含生产制造、市场营销、后

---

① 华录是《本土》中的典型事例之一，它是“中国华录电子有限公司”的简称，位于大连，由政府协调 9 家录像机定点生产企业联合出资组建。在避免重复引进的方针下，华录统一对外招标引进技术，目标是突破录像机的大批量生产技术和产品开发技术，建立中国录像机工业的生产体系。

勤服务等在内的综合实力支撑，而这种实力是从组装制造开始形成的。可见，没有从比较优势开始打造的综合实力支持，即使有技术创新也无法形成实际的竞争优势。

与上述恰好相反，没有自行进行技术开发，而且在万燕产品上市17个月之后才推出自己第一款产品的新科却成功了。新科既不是技术先进者，也不是市场先行者，它的成功正说明了比较优势的成功。从万燕身上新科看到VCD市场的广阔前景后，新科等待了17个月才推出自己的产品，主要原因就是在1994年末从JVC和索尼那里得知C-CUBE正在开发比万燕所采用的CL450更先进的CL480芯片，因此等待CL480芯片的问世。它没有采取自行开发战略，不仅成本比万燕低，而且技术比万燕先进。其原因，正是由于明确自己现阶段的比较优势在熟练而低成本的简单组装和快速模仿，而不是产品创新和技术开发。

就在新科通过对VCD的组装制造逐步获得综合实力，直至2000年开发出自己的DVD机芯的过程中，万燕却因为无力把握技术先行者优势产生经营危机。自行进行产品研发的成本过高，使得万燕没有价格优势；唯一有利的市场先机又因为缺乏生产制造和市场营销的综合实力而眼睁睁地丧失，最后沦落到连采购通行技术的财力都没有①，更不用谈进入下一步的DVD竞争阶段。这是不顾比较优势、盲目获取竞争优势的典型而惨痛的教训。

新科发展轨迹的路径是组装（比较优势），目标是机芯（竞争优势），它成功了；而万燕轨迹的开始就是高起点的机芯，却没有获得任何实际的竞争优势，不要说发展，连生存的权利都被剥夺。这两个对比实例无比生动地验证了比较优势理论的科学性，也说明了不遵循客观规律会受到的惩罚。

该论点中“在开放市场条件下”的前提，进一步加重了自己的错误。如果是在封闭市场条件下，重视产品创新和技术能力，比如像万燕这样采取自行技术开发战略，倒是正确之选。但是在开放

① 见《本土》：“根据业内许多人的看法，万燕失败的主要原因之一就是它使用CL450，而跟进者却普遍使用性能更好的CL-480。”

市场条件下，所有要素，既包括自然资源和劳动力等初级要素，也包括资本、技术等高级要素，都可以在全球进行采购和获取，这时放弃最优化的市场配置而选择高成本的内部一体化，就变成了一个不明智的选择。该文事例也充分说明了这一点，新科的对外采购（CL480 机芯）比万燕的自行开发（CL450 机芯）成本更低而技术更先进。可见，正是在全部要素都可以自由流动的全球化时代，企业才更加需要利用别人的比较优势（如技术开发），也更加需要凸显自身的比较优势（如组装制造和市场实力），而不能面面俱到，追求对弱势企业来说完全不可能实现的从产品开发到制造、营销的全面优势。

3. “中国 DVD 工业目前遭到被征收高额专利费的困境，突出说明了中国工业发展在技术结构上所面临的制约。”

阅读到此论点的人可能会像笔者一样对《本土》前半部的结论产生疑问：既然以新科为“领头企业”的中国激光视盘播放机工业已经实现了本土创新，就应该拥有自己的技术能力和知识产权，怎么还要向别人交专利费？既然这些企业实现其产品的主要技术都需要向外方交专利费，这一产业的核心竞争力还能定义为产品创新和技术能力吗？

这个疑惑通过对全文资料的阅读和对文中结论的否定而得到解答：中国激光视盘播放机工业的最大能力并不是被该文反复贴上标签的技术创新能力。应该说，迄今为止，包括新科在内的中国激光视盘播放机工业企业群体，还是属于充分利用比较优势从而在世界加工制造业占有一席之地的劳动密集型企业。而且，它们目前的这一席之地，也正来自于对自己所拥有资源的清醒认识，利用位处中国大市场的本土优势，对先进的重量级跨国集团对手迅速模仿跟随，而不是不明智地定义自己的最大特点为和国外竞争者相比没有优势的技术能力、组织能力或创新能力。

同时，更重要的结论应该是，中国 DVD 工业目前被征收高额专利费的这种局面，正说明了中国工业发展不仅仅是一个技术结构的问题，也不是一个所谓本土创新就能解决的。中国工业发展是一个长期和整体的问题，要拥有实力，就不能掉下“比较优势”这一课。

之所以要给这里的“比较优势”加引号，因为它在这里的应用并不准确，而是借用了对这一概念有曲解和狭义化了的一些说法，它们都将比较优势等同于自然资源或廉价劳动力，因此也等同于落后国家、贫困化发展、比较优势陷阱，等等。实际上，正如上文所分析的，比较优势存在于资源、劳动力、资本和技术这四个方面，也会因经济发展过程中必然的要素禀赋变化而内生地引起贸易模式和国内产业结构的相应调整。发达国家也要利用自己的比较优势，只不过它们的比较优势曾经是自然资源和劳动力，现在是资本和技术。与之对应，发展中国家的比较优势，目前是自然资源和劳动力，但只要好好把握，在目前有竞争力的资源密集型和劳动密集型产业发展中进行资本积累和技术升级，它们的比较优势是可以转化为资本和技术的。

可笑而可忧的是，当发展中国家的优势很明显只存在于资源和劳动力时，还要顾虑是不是要利用这种优势，会不会陷入“比较优势陷阱”，变成“贫困化发展”，中了发达国家的“阴谋诡计”；而现在成为发达国家的国家们，原来都是毫不犹豫地利用自己存在于资源和劳动力上的比较优势的①。尊重客观规律，比较优势存在于哪里，就利用和发展哪里，决不逆规律而行，这也是发达国家们能够发展起来的原因。比如，由于高生产率带来的高工资率和高生活水平，发达国家们目前的比较优势已经不在劳动力和自然资源，而主要存在于资本和技术；那么，要保持自己的发展水平，现在的它们就决不会逆规律而行，为了避免空心化、离制造业化或是减少失业率，而硬要发展劳动密集型产业，因为这是注定要失败的。发达国家的生产率虽高，工资率也高。当它们的生产率/工资率②小

---

① 例如钱德勒在管理史名著《看得见的手——美国企业的管理革命》中所描述的，在19世纪的美国铁器工厂和棉纺纱厂里，普遍存在着超时工作和童工现象。

② 这是一个比单纯生产率更准确的竞争力概念本质，参考克鲁格曼的《国际经济学》（第五版）第二章。

于新兴工业化国家或发展中国家的两者之比时，劳动密集型产业注定在发达国家没有竞争力，注定是要转移到新兴工业化国家的。

4. “突破这种制约（指上句所说的在技术结构上所面临的制约——本书作者注）不仅要求中国企业努力于技术上爬升，而且要求中国政府采取积极的技术政策和工业政策。”

此论点的两个结论：企业在技术上努力爬升和政府采取积极的技术和工业政策，在具体情境下都是需要谨慎对待的危险结论。

企业需要努力提高技术能力，这毫无疑问是正确的，也是每个企业——不仅是“技术相对落后国家的企业”——都应该去做的。问题是，我们应该清醒地看到，技术爬升只是企业获取竞争力的一个必要条件，而不是充分条件；甚至不是对现阶段中国企业最重要的一个必要条件。

《本土》中的几个事例都有力地说明了这一点。华录不可谓在技术上不努力吧？万燕不可谓在技术上没爬升吧？结果如何呢？没有已经通过组织资源、劳动力等进行的成规模生产经营建立的市场影响力和企业实力，技术爬升是很难实现的。即使出于某种特别的契机实现过，如万燕，也没有能力抓住这种技术创新所带来的机遇和利益①。如果不具备条件的企业把技术爬升作为获取竞争优势的首要因素，忽视了其他对现阶段的自己更为重要的因素，才是真正落入了“竞争优势陷阱”。

反过来，如果有了初期模仿性生产和成规模经营所带来的制造和市场实力，再进行技术提高就容易和稳妥得多，而且具有提升企业水平的高成功率和高效率。《本土》中的新科是一个典型的例子；格兰仕是另外一个，它自己称之为“利用比较优势打造竞争优势”②。这也是完全符合本书下节要进一步阐述的产业发展规

① 对此《本土》也评论道：“万燕的领导人显然没有意识到，VCD市场需求的增长会大大超过万燕的供应能力”。开个残酷而认真的玩笑，VCD产品创新这杯羹本不属于没有实力支撑的中国企业，撞上了也分不着；或者说，馅饼从天上掉下来了也捡不到。

② 史丹．利用比较优势打造竞争优势——格兰仕成功的经验与启示．经济管理，2002，20.

律的。

甚至，如果企业已经具有了强大的综合实力，以《本土》中的飞利浦公司为例，在技术创新的某些个别节点上，即使先失一着也无关大局。例如，飞利浦看到万燕和 C-CUBE 已经开发出 VCD①，利用它已经拥有的实力，马上转向和投入该产品方向，仍然保持了自己的产业领导者地位，而且击败了万燕等先行对手。《本土》注释中说“飞利浦利用万燕有求于它的条件，不断要求了解万燕的进展。飞利浦很可能在这个过程中吸收了万燕开发 VCD 机芯的知识和经验，所以它才能够抢在任何其他外国企业之前向中国企业大量供应 VCD 机芯”，认为飞利浦的成功中有不光彩和投机取巧的成分。但是，如果我们稍微深入思考一点，就会问：为什么万燕会有求于飞利浦？为什么万燕要把自己的核心技术机密不断告之于人？答案应该是很清楚的：这是一种商业交换。飞利浦公司拥有强大的研发实力和既往优势，也许从飞利浦的角度来看，可以反过来说万燕才是在产品创新中利用了飞利浦，包括后者的研究基础和技术平台。

对比企业技术提升结论的仅仅不准确，对于该文有关政府技术和工业政策的观点就更要慎重地打一个问号了。在本章前半部应用《本土》自己事例所做的分析中，我们就已经清楚地看到：华录失败了，是政府包办的典型；新科成功了，是自生能力的代表。这里，可以也必须把该文中一个明显不合逻辑的结论做一点小小的文字改动而得出完全相反的结果，原话是：“由政府支持的录像机工业历经 10 年的努力刚刚形成规模，就被起于‘草莽’的 VCD 工业所迅速淹没。这两个工业的不同命运充分说明‘比较优势论’解

① 作为行业领导者，飞利浦之所以开始会对 VCD 的产品开发疏忽，很大程度上是因为 VCD 的出现是一个剑走偏锋的怪胎。VCD 从本质上来说脱离了主流技术和市场趋势。VCD 既不是技术先进——和 DVD 相比不清晰，也不是功能全面——和录像机相比只有放像功能而缺少录像功能，甚至没有价格优势——刚开始和录像机一样也要几千元一台。后来虽然降为几百元，但考虑到如此之大的中国市场所形成的规模经济，录像机和 DVD 也可以做到这个价格。

释工业层次现象的局限性，因为它解释不了前者为什么会衰落，而后者又为什么会崛起。”根据我们对华录和新科的对比分析，运用正常的逻辑推理，结论就应该是：“比较优势理论完全解释了前者为什么衰落和后者为什么崛起，由此我们看到比较优势原理到今天为止仍然具有的完全科学性；这两个工业的不同命运也正充分说明了政府作用的局限性和人为竞争优势的不可行。”

不仅是中国的实例，世界范围内的大量实证结果都说明了政府工业政策和技术政策的局限性。战略贸易政策的提出者克鲁格曼通过案例研究指出，“日本政府对钢铁工业的支持，把资源导向了低收益的领域，从而阻碍了经济增长。”同时，“日本一些最成功的产业，其中特别引人注目的是汽车工业和家电工业，并不在政府优先照顾之列。”作为公认最典型也最成功地应用了战略贸易政策的国家，日本政府作用的结果不过如此。除它之外，“虽然法国经济整体运行良好，但是，那些政府寄予厚望的经济部门却发展得不尽如人意。”① 因此，政府产业政策的有效性是颇值得怀疑的。于1990年首创国家竞争优势理论的波特也在2001年发表的《日本还有竞争力吗?》中，通过对日本各产业部门的实证分析而主张类似观点：“日本非常著名的官僚资本主义不是日本成功的原因；实际上，它与这个国家的失败有着最为密切的关系。”“在具有竞争力的产业，政府模型即使存在，也常常是扮演着微不足道的角色……在不具有竞争力的产业，政府模型则十分普遍”②，更进一步鲜明地指出了产业政策和技术政策对企业和产业发展的有害无益。

《本土》提到世界上“长期存在着落后、停滞的市场经济国家(例如在工业发展上发生倒退的一些拉美国家)”，因此国家要有“政治决心”来“鼓励、支持和保护中国企业的技术学习和能力成长”。但具有国际经济学基本常识的人都知道，和亚洲四小龙等

---

① 保罗·克鲁格曼，茅瑞斯·奥伯斯菲尔德．国际经济学．第五版．中国人民大学出版社，2002：279，272，273.

② 迈克尔·波特，竹内广高，神原鞠子．日本还有竞争力吗？中信出版社，2002：10，70.

NECs（新兴工业化国家）相比，拉美经济不成功的最主要原因不是因为政府的自由放任、开放政策或和外国企业的竞争，正相反，政府主导的旨在对国内幼稚工业进行保护的进口替代战略，是拉美经济走入歧途的罪魁祸首。

不过，中国政府不宜采取积极的工业政策和技术政策，也并不是就只能像该文所说那样表现得“无所作为”或“放任自流”。政府应该从经济政策和产业政策中逐步抽身，但更需要在社会政策的制订和执行中投入力量。这些社会政策包括：教育、培训、交通、能源、基础设施等硬环境建设，自由贸易法、反不正当竞争法、反垄断法等法规制度建设，营造一个自由、开放、竞争的软环境。这也是亚当·斯密在1791年发表的《国富论》中就阐明，也被两百年来众多经济自由主义论者所推崇的国家职能内容。

5. “全球化条件下的市场机制既不能有效地解决通用技术知识的供给问题，也不可能公正地分配来自技术知识的收益。”

相关内容《本土》中还有：“当技术的回报是采取专利费形式时，自由市场机制并不能够在当事各方之间‘公正’地分配经济利益。”“外国公司对中国生产的DVD每台是收15美元还是3美元并不是由市场决定的（因为不存在这种市场），也不是由它们的实际研发成本决定的，而是由权力（power）决定的。”但是，该文并没有说明为什么“不存在这种市场”？为什么一面对专利费形式，市场机制就失灵了？外国公司的专利费标准没按成本定价不对，怎样定价才对？有几家企业和几种商品是按成本定价的？

根据微观经济学的基本原理我们知道，完全竞争市场中不会有超额利润，但产品也都是同质的，没有创新；反过来，当我们需要产品创新时，就一定需要超额利润的财力支持，也一定需要垄断竞争的市场结构。

实际上，正是因为在全球化的条件下，当今的市场机制比以往有国别限制时代更不易被个别厂商所操纵，更接近于自由竞争状态，因此相对而言是最有可能公正地分配来自技术知识的收益的。如果你认为现行的专利费过高，那么，你至少还有两种选择：①自行开发该项技术；②将高额专利费分摊进商品成本，在产品定价时转嫁到消费者头上。

但实际的情况是：①几乎没有中国企业选择不交专利费而自行开发，原因显而易见是自行开发的成本更高、周期更长、效果更差。那么，在和自行开发途径的对比下，我们没有理由说6C联盟①等的专利费标准高了，反而应该说是价廉物美。②中国企业向消费者转嫁专利费开支也不成功。如《本土》中的内容：“由于交纳专利费导致低端产品已基本无利可图，所以新科当年被迫削减100万台的产量”。这又说明什么问题呢？正说明市场机制不仅没有失灵，而且正在发挥作用！

如果DVD专利拥有者向中国企业收取高额专利费如每件15美元，而中国企业愿意付，说明这项专利值这个高价。如果产品中中国制造企业创造的部分有高附加值，它们同样可以向顾客收取高价格例如50美元，从而将此专利费用转移到顾客身上。如果顾客不愿意付高价，只愿意付一个低价如20美元，就说明产品中制造企业创造的部分没有更高的价值，只值这么多。正像《本土》也说到的，新科等中国企业制造的是“低端产品”。低端产品赚取低附加值，高端产品赚取高附加值，合情合理，这一合理状况正是自由市场形成的；如果在某些政府行为的作用下，低端产品赚取了高附加值，那才是真正的不“公正”呢！

只要参与游戏，就必须遵守共同的游戏规则；只要清醒地认识到自己的新手身份并奋发图强，技不如人就一定是暂时的。如果以一种狭隘的民族主义态度呼吁政府“瓦解任何阻遏中国企业技术学习和能力发展的企图和障碍”，即使中国政府做到了，也不过是增加一些依然没有竞争力在襁褓中苟延残喘的企业弱者。同时，运用“由中国企业所提供的知识、经验和市场也促进了外国企业的基础技术和核心元件技术的发展。但它们从终端产品市场做出的这种贡献却无法得到资本主义知识产权形式的承认”这种说法，将

① 指日本东芝、松下、JVC、日立、三菱电机和美国的时代华纳6家拥有DVD专利的国际主导企业。类似联盟还有3C（飞利浦、索尼和先锋）、新9C等。

中国 DVD 企业面临的问题归咎于意识形态——“资本主义产权形式”，也是不正确的归因方式和自我原谅的问题逃避。

退一步说，即使这个专利市场真的被某种“权力”——垄断力量操纵了。这时的中国企业和中国政府该怎么办？《本土》作者说：“导致中国 DVD 工业被征收如此高额专利费的部分原因是中国政府的无所作为。”那么，中国政府应该怎么去作为呢？“经过中国电子音响工业协会代表中国企业与这些公司艰苦谈判后达成的协议，目前中国企业出口的每台 DVD 要缴纳 9 美元的专利费。”谈判之所以艰苦，是因为即使是谈判也需要砝码。在中国企业尚未加入全球价值链的时候就要求从外国对手那里分一杯羹，这种协商的难度仿佛在你根本就还没参加进游戏就要求其他伙伴为你修改游戏规则。该文也认识到“中国的市场是一项宝贵的战略资源。”但是，如果基础差、底子薄的中国企业不尽快先用要求低、起步快的加工组装制造业产品占领这个市场，这一最宝贵的资源也将丧失掉。也就是说，即便专利市场被国外垄断力量所控制，中国企业目前只能获得微薄制造环节利润，中国企业也要，或说更要注意充分利用自己的资源和劳动力比较优势，迅速壮大自己的生产制造和市场经营实力。哪怕是在价值链中占有一个增值最少的组装环节，但由于获得了用产品直接面对顾客的机会，拥有了市场实力，才具有了一点点和专利垄断方谈判的可能。

这一点非常重要，该文中的事例也很明显，可惜作者没有深入分析。如万燕，它没有生产规模，没有占据自己有实力的市场，因此在和飞利浦等协调的过程中，没有任何发言权，处于完全的被动；而新科，虽然觉得身处一个不利的环境，没有获得自己意愿中的高附加值，但毕竟获得了一定的增值。如果不是因为它的产销量世界第一，这个增值也是拿不到的，三星等大量外国公司愿意以最终产品直接面对客户，连制造环节的利润一并攫取。一旦新科通过此途径拥有越来越多的市场份额、制造实力、客户改进，它面对专利方的谈判砝码就越来越重，它在顾客中的价值也越来越高；那么它不是可以把专利费压低，就是可以通过换代产品把售价提高，或者两项都做到。

是的，我们可以说不存在公正的专利市场，强权即真理。但在发展自己的比较优势、壮大企业实力之前，我们连“弱权”都不具备，又如何去争一个公平呢？正是在这种条件下，中国政府决不能轻率采取什么技术政策、产业政策，而是要在自由、开放、竞争的环境中，放手让企业通过利用比较优势壮大自己的实力。当整体实力壮大后，谈判中自然占据主动，也才有可能取得预期的效果。

## 第二节　两对基本概念的混淆

《本土》之所以会出现结论和论证的错误，一个重要原因就是混淆了两对基本概念。这两对概念贯串全文始终，可以说是文章建构的基石。

### 一、在竞争力的层次上，混淆产业竞争力与企业竞争力

在《本土》中随处可以发现产业与企业概念的互换，这种任意性甚至在摘要中就显露了出来。摘要前半部的基本逻辑（也是该文的最重要观点）就是：因为产品创新和能力发展是企业获得竞争优势的原因，所以比较优势理论在解释工业①竞争力上贫乏无力。换句话说，因为企业获取竞争力的关键不是依靠丰富的自然资源和廉价的劳动力等比较优势，所以产业竞争力的来源也不会是比较优势。

企业是微观层次的主体，企业能力属于经营管理的范畴。企业具有起码的组织和学习能力，是企业能够生存的基本条件，不管企

① 本书除引用外尽可能采用“产业”这一国际标准用语。“工业”和“产业”在英文中是同一个单词“industry”，我国常用的“工业”的提法可能来源于我国传统部门设置，这一“工业”概念和制造业相近但又不等于制造业。对照和 ISIC（国际标准产业分类）接轨的我国最新《国民经济行业分类》，我国原统计口径所指的 39 个“工业”行业中，包括门类 C“制造业”中的 28 个大类和门类 A“农林牧渔业”、门类 B“采矿业”、门类 D“电力、燃气及水的生产和供应业”中的 11 个大类。

业身处具有比较优势的产业与否，这种能力都是必需的。产业则是宏观层次的主体，产业竞争力属于比较优势的范畴。产业具有比较优势，并不意味着身处其中的每个企业都有竞争力。产业的有利状况只说明了企业的良好竞争环境，在竞争中是否能够取胜，还要看每个具体企业的经营、管理和创新，或者说是它的资源组织和学习提高能力。这个道理和迈克尔·波特教授的产业分析原理也是一致的。通过五力模型进行产业分析的结果只是选出了平均利润较高的企业群体，并不保证其中每个个体的盈利水平。也就是说，产业选择只解决了企业战略问题的一半——定位（position），另一半——运营（operation），要靠企业提高运营效率来达到。①

反过来，企业具备了一定的组织和学习能力，意味着它在竞争中可能获得成功，而且成功的可能性大小与它所处的产业环境密切相关。企业都需要一定的组织和学习能力，这是它能够生存和发展的必要条件，但并不是获取实际竞争优势的充分条件。同样拥有这些能力的企业，也有因外部条件不配合而失败的。宏观上来看存在着这样的规律，在具有比较优势的产业中，有同样经营能力的企业在世界市场上成功的几率高一些；而在不具有比较优势的产业中，有同样经营能力的企业成功几率低一些。这是比较优势的一个通俗含义。

可见，企业能力和产业竞争力是两个不同的概念，比如说，中国的一家生物医药高科技企业成功了，并不意味着其所处的中国高科技生物医药产业有国际竞争力；反过来，中国的服装来样加工这一劳动密集型产业有竞争力，也并不意味着其中的每家企业或打算进行服装来样加工的每家企业都会成功。所以说，即使《本土》中举出依靠组织能力和产品创新成功的新科事例，也不能说明比较优势原理的无效，因为组织和创新能力是任何企业都需要的，即使它像新科一样已经身处中国具有劳动力比较优势的家用电器制造业；同时，即使该文举出利用了比较优势但失败了的万燕、爱多事

① Michael Porter（2001）Strategy and the Internet, Harvard Business Review, March.

例，也不能说明比较优势原理的无效，因为即使身处具有比较优势的产业，如果它像万燕一样错误认识自己（自行开发新产品却没有相应的生产能力）、忽视合作问题（和 C-CUBE 之间）、缺乏法律意识（没有申请专利），像爱多一样采取冒进的广告策略（天价的央视标王和明星制作）、紊乱的定价策略（1997 年 5 月大降价，9 月逆势提价、11 月又大降价），同时经营不善并产销脱节（降价带来热销但无力迅速扩大生产），即没有起码的资源组织能力，它的失败是必然的。

而且，有必要附加说明的是，正如本章上节分析，新科成功的首要原因并不是注重通过产品创新和技术开发获取竞争优势；恰恰相反，新科成功的最重要原因，正是清醒地认识到自己存在于产品组装制造环节的熟练技能和低廉成本优势，并充分利用之。同样，万燕和爱多事例也并未如《本土》所说充分利用了比较优势。也就是说，万燕和新科事例所说明的内容和《本土》作者举出它们的初衷相反，前者其实正好说明了该文所谓的“竞争优势”的失败，后者恰恰说明了该文定义的“比较优势”的成功。看来，只有经由比较优势打造的竞争优势——如新科、格兰仕等所拥有的，才是可靠的；而不是相反，如万燕、华录等企业违背比较优势规律去人为创造的、缺乏综合实力支持的竞争优势。这种横空出世的所谓“竞争优势”，常常被后来的事实证明是昙花一现。

## 二、在竞争力的主体上，混淆政府作用与企业作用

《本土》在开篇伊始的引论部分就对林毅夫先生两篇论文①中的内容进行引用和反驳，指出“把比较优势看作是工业竞争力的决定因素……这种分析把解释工业竞争力、技术和工业结构变动的变量仅仅局限在宏观经济层次上，完全忽视或压抑掉诸如技术学习、组织能力等企业和工业层次上的变量”，“既不能解释‘要素禀赋结构’升级的源泉是什么，也不能解释‘企业自发地进行技

① 指林毅夫的《发展战略、自生能力和经济收敛》；林毅夫、蔡舫和李周的《比较优势与发展战略——对“东亚奇迹”的再解释》。

术和产业结构升级'的机制到底是什么"。显然，林毅夫两文是该文一破一立构筑自己结论的重要对立观点。但是，不管是该文引论中的直接反驳，还是整篇文章里的相关论述，并不能让阅读者得到对其驳论或立论的认同，反而看到它关于另一对重要概念——竞争力的政府主体和企业主体——的混淆。

针对林毅夫原文中的论述："欠发达国家政府应该以促进要素禀赋的结构升级为目标，而不是以产业和技术结构升级为目标，因为一旦要素禀赋结构升级，利润动机和竞争压力就会驱使企业自发地进行技术和产业结构升级"，该文提出强烈反对，并对应得出自己的中心论点："中国VCD/DVD工业的竞争力不是由比较优势所自动带来的"，"作为工业竞争力源泉的组织能力不可能由比较优势所自动带来"。这里，该文巧妙地将林毅夫论文中的"自发"换成自己结论中的"自动"。但"自发"和"自动"完全是两个概念。

林毅夫论文中的"自发"概念，强调的是政府应该减少对企业的直接干预，营造一个自由和开放的、使所有企业都能公平和充分竞争的环境，由此让企业遵循"优胜劣汰、适者生存"的自然选择规律，锻造出自生能力。《本土》为林毅夫论文强加的"自动"概念，则似乎意味着企业可以躺在比较优势基础上睡大觉，等待天上掉下一个技术和产业结构升级的馅饼。这样一来，错误和荒谬就是理所当然的了。

这一混淆的深入原因，是没有区分竞争力主体的各个不同层次。国家竞争力、地区竞争力、城市竞争力、产业竞争力、企业竞争力、产品竞争力等，虽然都是竞争力的内容，主体却是各不相同的。当问题是提高国家竞争力时，需要宏观层次上的政府努力创造一个良好的环境，既包括交通、通讯、能源、设施等硬环境，也包括教育、培训、制度、法律等软环境；当问题是提高企业竞争力时，需要微观层次上的企业充分利用现有的竞争环境，努力提高经营、管理和组织能力。但是，政府关注制度环境建设而对各个企业的具体行为不干预，并不等于说企业自己也可以只注重比较优势的环境因素而对经营管理不管不顾了；政府让企业在生存竞争中优胜劣汰自发形成自己的竞争力，并不等于说企业自己也不需要学习、提高和能力培养，等待竞争力的自动形成或听凭自己在竞争中被淘汰。

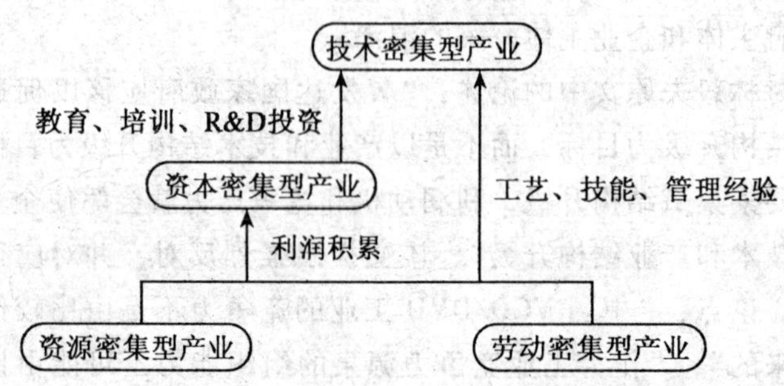


图 7-2　符合比较优势理论的要素禀赋和产业结构升级过程

此外，该文认为比较优势理论不能解释要素禀赋结构升级的源泉的观点，也是任何一个正确理解了比较优势理论内容的人所不能接受的。现代比较优势理论的基本定理之一雷布津斯基（Rybczynski）定理及二阶堂（Dniki）和宇泽（Uzawa）分别用外生动态和内生动态观点解释了要素禀赋的变化原理，被《本土》批驳的林毅夫本人也以内生动态观点从国内资源配置角度对要素禀赋升级做了说明。同时，从几乎每个工业化国家的发展历程，我们可以看到要素禀赋结构升级符合比较优势规律的清楚例证：这些国家总是从利用第一生产要素——自然资源（包括土地、矿山等）或第二生产要素——丰富而廉价的劳动力开始，进行农产品、矿产品等初级产品或劳动密集型加工制造品的贸易；在资源密集型产业和劳动密集型产业中形成利润后进行累积，再逐步开展利用第三生产要素——资本，形成资本密集型产业；在资源密集型和劳动密集型产业中积累的利润还有一个重要用途，就是投资于教育、培训以及企业的 R&D，促使高素质的人才和技术创新产生；所有这些前面的铺垫和准备工作都完成后，一国才可能利用第四生产要素——技术，建立自己的技术密集型产业。这时起作用的还有，在前几个阶段中获得的工艺、技能和管理经验，这些也属于技术要素的一部分，并与企业的成功运作密不可分。图 7-2 模型形象描绘出符合比较优势理论的要素禀赋和产业结构升级过程。

## 第三节　文中：其他不能不指出的错误

除摘要中的主要观点之外，《本土》中还存在一些错误，这里选择其中不能不澄清的几个，并在解释之前将其原文摘引如下：

1. “劳动力便宜似乎能够解释中外企业之间的竞争绩效差异，但却无法解释中国企业之间的差异，所以不可能是真正的解释变量。”

这是《本土》否定比较优势对竞争力源泉解释力的理由，也是一个大大出人意料的说法。我想李嘉图创造比较优势概念时，大概从来没有想到过有人会用它解释同一国、同一产业内两个企业之间的绩效差异。比较优势理论本来就不是被运用来解释一国企业间差异的，因为一国的企业拥有相同的比较优势，如万燕和新科，都拥有廉价劳动力优势；它要解释的是要素禀赋结构不同的两国产业的差异，如中国的劳动力比较优势解释了中国 VCD 组装制造业的群体优势。这里显然出现了两个初级但严重的失误：混淆了产业和企业；混淆了两国和一国。看来，该文没有辨析的还不只是比较优势的深层次内涵，如比较优势的天生动态性——因此产业结构会随要素禀赋结构改变而自发升级，比较优势的生产率本质——因此在物质资源之外还会来源于第四要素技术；似乎是在连比较优势的最基本定义都未明晰的情况下对比较优势理论大行臧否。

2. “……事实证明，新科在价格战中表现出来的竞争力源于由技术优势所带来的成本优势。虽然价格战使爱多陷入财务危机，但却没有降低新科的盈利能力。”

以新科和爱多的对比得出结论，说明新科的竞争力来自技术优势，然后因为新科是中国 VCD 工业的领头企业，所以得出中国 VCD 工业的竞争力来源也是技术优势和本土创新，这种迹近荒唐的推理过程又显示了两个逻辑谬误：首先，新科有技术优势，不证明中国其他 VCD 企业（如这里的被比较者爱多）和中国 VCD 产业整体有技术优势；其次，新科是不是真的有技术优势呢？答案不应在和爱多等中国企业比较中得出。新科对比爱多有技术优势，然而对比索尼、飞利浦、JVC、C-CUBE 甚至自己的合作伙伴 ESS 而言呢？有技术优势吗？它的优势到底是在研发、技术，还是在市场、经营，或者制造、劳动力？这个显而易见的答案才是有关两国产业间比较优势的结论，并能帮助我们看清以新科为领头企业的中国 VCD 工业的真正优势。

3. “为什么像新科这样一个在收音机、录音机、组合音响、CD 播放机等产品阶段都始终重视技术学习的企业，只是在 VCD/DVD 阶段才在技术能力上产生跃升？”

这个《本土》自己提出的问题非常好，可惜回答并不令人信服①。对于这个问题的思考会让我们发现：只有先在组装中学习和跟随，才能进阶到研发和领先；只有先了解外围技术，才能发展核心元件。该文总是说学习、创新和能力，但这些都只能在实际经营中获得。对于中国 VCD 企业来说，如果不先从组装环节开始学习和起步，是不可能拥有能力和创新的。该文也曾说：“这个事实说明技术和市场的演进具有路径依赖的特性（如 CD 光盘的直径实际上就锁定了 VCD 和 DVD 光盘的直径）”，“由于 VCD 工业的发展，中国工业不仅没有在 DVD 阶段陷入像录像机阶段那样被动依赖的局面”，“VCD 工业的发展大大降低了中国企业进入 DVD 工业的壁垒”。但可惜的是，所有这些正确的论据都没有推导出正确的结论，那就是：贸然创新、冒失竞争是不会有结果的；不能盲目创造技术竞争优势，要先利用劳动力比较优势。

4. “这种学习不仅必须包括对元件技术的理解，而且包括对产品形式和产品的使用系统之间匹配性的把握。”

该论点代表性地显示了《本土》中广泛运用和不时隐含的一个主要前提：只有丝毫技术改进和产品创新都没有的企业，才算是

① 该文紧接问题的结论是：“正是从这个环节上可以清楚地看出本土创新对于中国工业发展的意义”。

劳动密集型企业①。由此它的结论是，新科这样拥有“建构技术”的企业是典型的技术能力型企业。类似说法反反复复还有很多，如“新科运用自己的产品概念和技术能力把单独的核心元件整合成为完整的产品”，“新科发展出把核心元件整合为自主定义的产品系统的能力”，“新科以其出色的产品建构创新而成为中国VCD工业的主要创新者之一”，等等。但不管是所谓的“整合能力”还是“建构技术”，都给人故弄玄虚之感，因为在通常的理解中，这种“整合”或“建构”就是组装。

如本句引文，要是连对元件技术的理解和产品匹配的把握也叫“学习”的话，那应该没有不进行学习的企业存在了。对元件技术不理解意味着对外进行技术采购后也无法应用；即使是一个简单制造企业，如果对产品使用的匹配性都不能把握，也是无法进行生产的。按照对“技术”、“创新”和“组装”、“模仿”等概念的一般社会共识，新科及格兰仕等近年崛起的本土企业中的佼佼者都属于进行组装制造和模仿跟随的劳动密集型企业，特别是在它们的起步阶段，这个事实是无论给它们贴上多少本土创新和动态能力的标签也是改变不了的。

5. “中国领头企业的产品创新引发核心元件技术及其供应商的变化。”

说“产品创新”引发这一变化，不如说“经营实力”（包括市场实力与制造能力）引发了这一变化，因为从前面的万燕和新科等事例可以明显看出，这是更符合事实的说法。更重要的是，这个事例说明了，价值活动的9环节，已经从工业经济时代由内部一体化形式形成的链状结构——价值链，演变为信息经济时代由外包和

① 提到劳动密集型或资本密集型还需明晰比较优势的另一个基本概念：要素丰裕度或说要素禀赋内涵的关键是其相对性。劳动密集型产业中也有资本和技术的运用，只是在和贸易伙伴国对比时，该国的资本/劳动存量比率或技术/劳动存量比率比较低。

联盟形成的网状结构——价值网①。居于价值网中心的是价值活动的核心企业，但是，核心企业和中心位置的归属并不依据企业所从事价值活动的性质，而是由企业联盟中各个不同企业的重要性和实力对比决定的。哪个企业在联盟中作用最大、实力最强，哪个企业就是核心企业，并居于价值网的中心位置，而并不一定是技术开发环节或生产制造环节居中。

比如说（图 7-3），价值网的型态可能是飞利浦核心式的，以辅助活动技术开发、人力资源和基础设施等居中，而将生产经营、市场销售等基本活动外包；也可能是新科核心式的，以基本活动生产经营、市场销售、内部后勤和外部后勤居中，而将技术开发等辅助活动外包。借用一句俗语，虽然“店大会欺客”，但“客大也可以欺店”。制造与研发两种活动的地位无所谓孰高孰低。谈到企业能力，行业领先的技术开发是一种能力，熟练低廉的组装制造也是；产品创新是一种能力，模仿跟随也是。《本土》中“系统集成使新科居于产业链的龙头地位”，“已经有不同的供应商正在为新科悄然开发新的芯片”，“新科与提供核心元件技术的外国企业不是单方面的转让关系，而变成双向互动的关系”等资料，都为本文这一论点提供了充实的论据。

进一步的结论是，即使暂时只拥有来源于初级要素的比较优势，只要充分利用它，企业也并不必然处于完全被动的局面。如新科，依靠劳动比较优势和宝贵的市场资源，可以主动对 C-CUBE、ESS、索尼、MTK 等拥有创新技术的外国企业进行选择，寻找最合适的合作伙伴。看来，只有实力——不管这种实力是怎么得来的，是通过新科式的比较优势，还是飞利浦式的竞争优势——才是硬道理。

---

① 9 种价值活动引自迈克尔·波特的价值链内容，但这里不称其为“价值链”而称其为“价值活动”，原因是在信息技术引致企业间联盟和外包化的今天，各个价值活动不再一定在一个企业内全部聚齐，而是可能在几个联盟企业间分配；也不再一定依链状排列，而是常常按网状组合。详细内容参考陈立敏，谭力文．网络经济时代的组织结构变化和新型竞争战略．经济管理，2002，6.

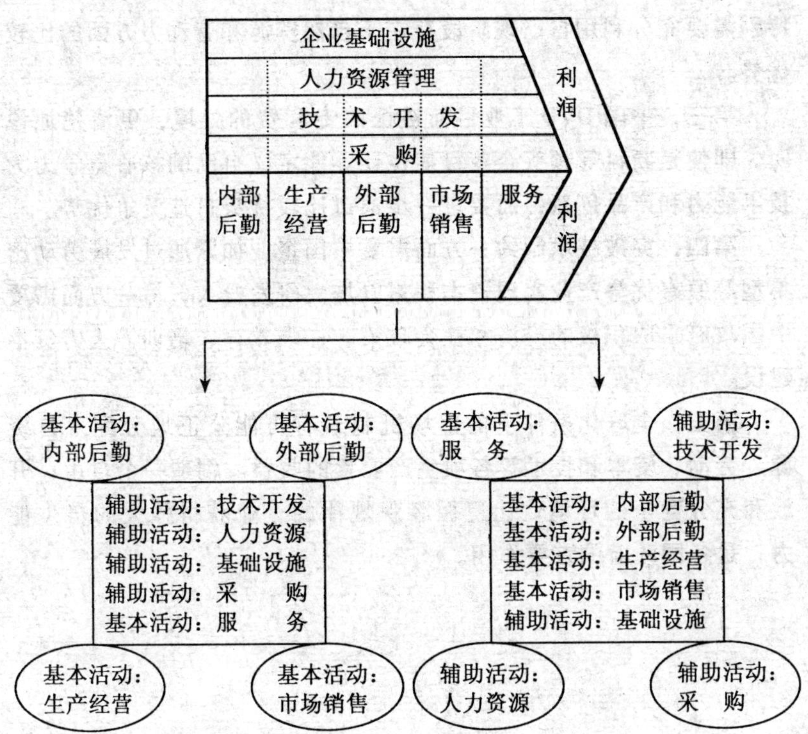


图 7-3　以企业联盟方式突破价值链、形成价值网的两种形式

## 第四节　本章小结

以上对比分析过程的重要性在于，如果不能正确地理解企业能力、产业竞争力和比较优势、竞争优势的概念，将对企业战略决策和国家政策制定形成危险的错误导向。对应《本土》摘要中的几个结论，总结本文与之完全相反的主要观点如下：

第一，针对比较优势理论在解释产业竞争力的源泉上依然具有的巨大效力和完全科学性，中国政府应谨慎防范用产业政策和技术政策去人为创造竞争优势的“竞争优势陷阱”。

第二，正是通过中国激光视盘播放机工业发展经验的分析证明，技术相对落后国家的企业要在开放市场条件下获得竞争优势，特别需要充分利用自己现阶段存在于自然资源和劳动力方面的比较优势。

第三，中国DVD工业目前被征收专利费的处境，更清楚地说明，即使是新科等领头企业目前也还不能定义自己的核心竞争力为技术能力和产品创新，而要进一步通过比较优势打造竞争优势。

第四，突破技术制约一方面需要中国企业加紧通过发展劳动密集型等原有优势产业实现资本积累以加大研发投入，另一方面需要中国政府采取积极的经济和社会政策，加强教育、培训等人力资本建设。

第五，全球化条件下的市场机制最有可能公正地分配来自资源、劳动、资本和技术等各项生产要素的收益。创造一个自由、开放和充分竞争的环境，让遵循客观规律的企业获得强大的自生能力，是各国政府的首要作用。

# 参考文献

（1）艾尔·巴比．社会研究方法．华夏出版社，2000.

（2）Balassa，Bella（1963）An empirical demonstration of classical Comparative Cost Theory，Review of Economics and Statistics 4：231-238.

（3）Balassa，Bella（1965）Trade liberation and revealed comparative advantage，The Manchester School of Economic and Social Studies，33（2）92-123.

（4）Balassa，Bella（1981）A "stage" approach to Comparative Advantage，The Newly Industrializing Countries in the World Economy，Pergamon Press，New York.

（5）Balassa，Bella（1989）Comparative Advantage，Trade Policy and Economic Development，New York University Press.

（6）Barney，Jay（1991）Firm resources and sustained competitive advantage，Journal of Management，17（1），99-120.

（7）Benhofen，Daniel and John Brown（2005）An empirical assessment of the comparative advantage gains from trade：evidence in Japan，The American Economic Review，95（1）208-225.

（8）Burton，Daniel（1994）Competitiveness：Here to stay，The Washington Quarterly：17-21.

（9）Carlin，Wendy，Andrew Glyn，John Van Reenen（2001）Export market performance of OECD countries：An empirical examination of the role of cost competitiveness，The Economic Journal，111（468）：128-162.

（10）小艾尔弗雷德·钱德勒．看得见的手——美国企业的管理革命．商务印书馆，1997.

(11) Chenery, Hollis (1961) Comparative advantage and development, American Economic Review, 51: 18-51.

(12) Choudhri, Ehsan and Lawrence Schembri (2002) Productivity performance and international competitiveness: An old text reconsidered, The Canadian Journal of Economics, 35 (2): 341-362.

(13) Coase, Ronald (1937) The nature of the firm, Economica, 4 (16): 386-405.

(14) 彼得·德鲁克．公司模式将不再单一——彼得·德鲁克论公司的未来．国外社会科学文摘，2002，2.

(15) Dornbusch, Rudiger, Stanley Fischer and Paul A. Samuelson (1977) Comparative advantage, trade and payments in a Ricardian model with a continuum of goods, American Economic Review, 67 (5): 823-839.

(16) Dunning, John (1993) Internationalizing Porter's Diamond, Management International Review (Special Issue), 33: 7-15.

(17) Ellison, G. and E. Glaeser (1997) Geographic concentration in U. S. manufacturing industries: A dartboard approach, Journal of Political Economy 105 (5): 889-927.

(18) Enright, Michael and R. Weder (1995) Studies in Swiss Competitive Advantage, Bern: European Academic Publishers.

(19) Ezeala-Harrison, Fidel (1995) Canada's global competitiveness challenge: Trade performance versus total factor productivity measures, American Journal of Economics and Sociology, 54 (1): 57-78.

(20) Francis, Arthur (1992) The process of national industrial regeneration and competitiveness, Strategic Management Journal, 13 special issue: 61-78.

(21) Frankel, Jeffrey and David Romer (1989) Does trade cause growth? American Economic Review, 89: 379-399.

(22) Grant, Robert (1991) Porter's 'Competitive Advantage of Nations': An Assessment, Strategic Management Journal, 12 (7):

535-548.

(23) Grossman, Gene and Elhanan Helpman (1990) Comparative advantage and long-run growth, The American Economic Review, 80 (4), 796-815.

(24) Harkness, Jon (1978) Factor abundance and comparative advantage, The American Economic Review, 68 (5): 784-800.

(25) Harrison, Ann (1996) Openness and Growth: A Time-series, Cross-country Analysis for Developing Countries, Journal of Development Economics, 48: 419-447.

(26) 埃尔赫南·赫尔普曼，保罗·克鲁格曼．市场结构和对外贸易——报酬递增、不完全竞争和国际贸易．三联书店，1993.

(27) 查尔斯·希尔．当代全球商务．第3版．机械工业出版社，2004.

(28) Jones, Ronald (1971) A three-factor model in theory, trade and history, in Jagdish Bhagwati: Trade Balance of Payments and Growth, Amsterdam: North-Holland, 3-21.

(29) Jorgenson, D. and M. Kuroda (1992) Productivity and international competitiveness in Japan and the U. S., 1960-1985, edited by Bert G. Hickman, International Productivity and Competitiveness, New York, Oxford.

(30) Kotler, Philip (2000) Marketing Management (Tenth Edition), Prentice Hall.

(31) Kotler, Philip, Jatusripitak, Somkid and Maesincee, Suvit (1997) The Marketing of Nations, The Free Press.

(32) 菲利普·科特勒．国家营销．华夏出版社，2001.

(33) Krugman, Paul (1979) Increasing returns, monopolistic competition and international trade, Journal of Internationa Economics, 9: 469-479.

(34) Krugman, Paul (1987) Targeted Industrial Policies: Theory and Evidence, in The New Protectionist Threat to World Welfare, edited by Dominick Salvatore, Amsterdam: North-Holland.

(35) Krugman, Paul (1990) Import Protection as Export Promotion: International Competition in the Presence of Oligopoly and Economics of Scale, in Rethinking International Trade, Cambridge: MIT Press.

(36) Krugman, Paul (1991) Increasing returns and economic geography, Journal of Politics Economics, 99 (3), 483-499.

(37) Krugman, Paul (1994) Competitiveness: a dangerous obsession, Foreign Affairs, 73 (2): 28-44.

(38) Krugman, Paul (1994) The Myth of Asia's Miracle, Foreign Affairs, November.

(39) Krugman, Paul (1999) The Spatial Economy: Cities, Regions and International Trade, MIT Press, Cambridge, Massachusetts.

(40) Krugman, Paul and Maurice Obstfeld (2000) International Economics: Theory and policy, New York: Harper Collins.

(41) 保罗·克鲁格曼，赵洪．新贸易理论需要新贸易政策吗？经济资料译丛，1994，2.

(42) 保罗·克鲁格曼．流行的国际主义．中国人民大学出版社，北京大学出版社，2000.

(43) 保罗·克鲁格曼．战略性贸易政策与新国际经济学．中国人民大学出版社，北京大学出版社，2000.

(44) 保罗·克鲁格曼，茅瑞斯·奥伯斯菲尔德．国际经济学．第五版．中国人民大学出版社，2002.

(45) Learner, E. (1992) Factor-supply difference as a source of comparative advantage, American Economic Review, May.

(46) Lee, Frank and Jianmin Tang (2000) Productivity levels and international competitiveness between Canadian and U. S. industries, The American Economic Review, 90 (2, Papers and proceedings of the one hundred twelfth annual meeting of the American Economic Association): 176-179.

(47) Michaely, Michael (1977) Exports and growth: An empirical investigation, Journal of Development Economics, 4: 49-53.

(48) Neary, J. (1994) Cost asymmetries in international subsidy games: Should governments help winners or losers? Journal of International Economics, 37: 197-218.

(49) Ohlin, Bertil (1933) Interregional and international trade, Cambridge, MA: Harvard University Press.

(50) Oliver, Christine (1997) Sustainable competitive advantage: combining institutional and resource-based views, Strategic Management Journal, 18 (9), 697-713.

(51) Palich, Leslie, Laura Cardinal and Chet Miller (2000) Curvilinearity in the diversification -performance linkage: An examination of over three decades of research, Strategic Management Journal, 21: 155-174.

(52) Peteraf, Margaret A. (1993) The cornerstones of competitive advantage: A resourse-based review, Strategic Management Journal, 14 (3): 179-191.

(53) Pilat and Prasada Rao (1991) A multilateral approach to international comparisons of real output, Productivity and Purchasing Power Parities in Manufacturing, Research Memorandum, No. 40, Institute of Economic Research, Groningen.

(54) 罗伯特·平狄克，丹尼尔·鲁宾费尔德．微观经济学．中国人民大学出版社，1997.

(55) Porter, Michael and Millar, Victor (1985) How Information Gives you Competitive Advantage, Harvard Business Review, July-August.

(56) Porter, Michael (1990) The Competitive Advantage of Nations, Macmillan, London.

(57) Porter, Michael (1996) What is strategy? Harvard Business Review, November/December, 61-78.

(58) Porter, Michael (1998) On Competition, MA: Harvard Business School Press.

(59) Porter, Michael (1998) Clusters and the new economics of

competition, Harvard Business Review, November/December, 77-90.

(60) Porter, Michael, Takeuchi, Hirotaka and Sakakibara, Mariko (2000) Can Japan Compete? Basingstoke, England: Macmillan.

(61) Porter, Michael (2001) Strategy and the Internet, Harvard Business Review, March.

(62) 迈克尔·波特. 竞争战略. 华夏出版社, 1997.

(63) 迈克尔·波特. 竞争优势. 华夏出版社, 1997.

(64) 迈克尔·波特. 国家竞争优势. 华夏出版社, 2002.

(65) 迈克尔·波特, 竹内广高, 神原鞠子. 日本还有竞争力吗? 中信出版社, 2002.

(66) 迈克尔·波特. 免疫浮躁的战略思考. 中外管理, 2002, 8.

(67) 迈克尔·波特. 竞争论. 中信出版社, 2003.

(68) Powell, Thomas (2001) Competitive advantages: Logical and philosophical considerations, Strategic Management Journal, 22 (9): 875-888.

(69) Prahalad, C. K. and Gary Hamel (1990) The core competence of the corporation, Harvard Business Review, May-June, 79-91.

(70) Redding, Stephen (1999) Dynamic comparative advantage and the welfare effects of trade, Oxford Economic Papers, 51: 15-39.

(71) Ricart, John Enric, Enright, Michael, Ghemawat, Pankaj, Hart, Stuart and Khanna, Tarun (2004) New frontiers of international strategy, Journal of International Business Studies, 35: 175-200.

(72) Rugman, Alan (1991) Diamond in the Rough, Business Quarterly, 55: 61-64.

(73) Rugman, Alan and Joseph D' Cruz (1993) The "Double-Diamond" model of international competitiveness: the Canadian experience, Management International Review (special issue), 33: 17-39.

(74) Samuelson, Paul (1948) International Trade and the Equalization of Factor Prices, Economic Journal, 58 (230): 163-184.

(75) Samuelson, Paul (1962) The gains from international trade

once again, Economic Journal, 72: 820-829.

(76) Samuelson, Paul (1971) Ohlin was right, Swedish Journal of Economics, 73: 365-384.

(77) Senge, Peter and Carstedt, Goran (2001) Innovating Our Way to the Next Industrial Revolution, MIT Sloan Management Review, Winter.

(78) 亚当·斯密. 国富论. 陕西人民出版社, 2001.

(79) Spanos, Yiannis and Spyros Lioukas (2001) An examination into the casual logic of rent generation: contrastiing Porter's competitive strategy framework and the resource-based perspective, Strategic Management Journal, 22 (10): 907-934.

(80) 彼罗·斯拉法. 李嘉图著作和通信集（第一卷）政治经济学及赋税原理. 商务印书馆, 1962.

(81) Teece, David (1992) Foreign investment and the technological development in Silicon Valley, Califonia Management Review, 34 (2).

(82) Teece, David, Gary Pisano and Amy Shuen (1997) Dynamic capabilities and strategic management, Strategic Management Journal, 18 (7), 509-533.

(83) 莱斯特·瑟罗. 创造财富——知识经济时代的制胜法则. 世界知识出版社, 2001.

(84) Van Ark (1996) Productivity and compotitiveness in manufacturing: A comparison of Europe, Japan and the United States, International Productivity Difference, edited by K. Wagner and B. Van Ark, North Holland, Amsterdam, the Netherlands.

(85) Vollrath, Thomas and De Huu Vo. (1988) Investigating the nature of world agricultural competitiveness, U. S. Department of Agriculture, Economic Research Service, Technical Bulletin No. 1754 (December).

(86) Warr, Peter (1994) Comparative and competitive advantage, Asian Pacific Economic Literature, 8: 1-14.

(87) 彼得·沃尔："论比较优势与竞争优势"，《国外财经》1995，2.

(88) Wernerfelt, Birger (1984) A resource-based view of the firm, Strategic Management Journal 5 (2), 171-180.

(89) Wright, Mike, Igor Ilatotchev, Robert Hoskisson and Mike Peng (2005) Strategy research in emerging economies: challenging the conventional wisdom, Journal of Management Studies, 42, 1-33.

(90) Wynne, Jose (2005) Wealth as a determint of comparative advantage, The American Economic Review, 95 (1): 226-254.

(91) 克瑞斯·祖克，保罗·狄波拉．持续增长，从核心业务开始．财富．中文版．2002，5.

(92) 蔡舫等．工业竞争力与比较优势——WTO 框架下提高我国工业竞争力的方向．管理世界，2003，2.

(93) 陈建国，张宇贤．跨国汽车公司在华战略调整对中国汽车产业的影响．宏观经济研究，2004，3.

(94) 陈立敏．波特和李嘉图的契合点：比较优势理论与竞争优势理论的对比分析．南大商学评论，2007，8，11.

(95) 陈立敏．基于比较优势四个来源的新钻石框架及其政策含义：兼论波特模型的解释困难．国际贸易问题，2006，3.

(96) 陈立敏．企业能力、产业竞争力、比较优势与政府作用：也论中国激光视盘播放机工业的发展启示．财贸经济，2006，3.

(97) 陈立敏，谭力文．评价中国制造业国际竞争力的实证方法研究：兼与波特方法与指标比较．中国工业经济，2004，5.

(98) 陈立敏，谭力文．产业国际竞争力的评价方法研究：兼论波特体系的内在矛盾．经济管理，2003，24.

(99) 陈立敏，谭力文．信息技术对竞争景框的影响：对波特观点的完善与修正．中国工业经济，2003，10.

(100) 陈立敏，谭力文．网络经济时代的组织结构变化和新型竞争战略．经济管理，2002，6.

(101) 崔浩．比较优势理论研究新进展．经济学动态，2003，12.

(102) 樊纲. 论竞争力——关于科技进步与经济效益关系的思考. 管理世界，1998，3：10-15.

(103) 范爱军. 中国各类出口产业比较优势实证分析. 中国工业经济，2002，2.

(104) 范纯增，姜虹. 中国外贸产业国际竞争力结构优化研究. 经济管理，2002，2.

(105) 冯子标. 论产业选择及其实现途径. 经济学动态，2002，8.

(106) 符正平. 新竞争经济学及其启示——评波特竞争优势理论. 管理世界，1999，3.

(107) 付钧文. 日本制造业国际竞争力的保持及其新的解释. 世界经济研究，2006，3.

(108) 管汉晖. 比较优势理论的有效性：基于中国历史数据的检验. 经济研究，2007，10.

(109) 郭克莎. 工业化新时期新兴主导产业的选择. 中国工业经济，2003，2.

(110) 郭克莎. 加入 WTO 后的中国工业. 经济管理出版社，2003.

(111) 郭克莎. 中国工业发展战略及政策的选择. 中国社会科学，2004，1.

(112) 国家统计局设计管理司. 国家统计报表制度修订的主要内容. 中国统计，2003，1.

(113) 国家统计局设计管理司 2002 年 7 月 11 日网上发布的《国民经济行业分类代码表》。

(114) 国务院发展研究中心课题组. 产业集聚及其对经济发展的意义. 经济学动态，2003，8.

(115) 洪银兴. 从比较优势到竞争优势——兼论国际贸易的比较利益理论的缺陷. 经济研究，1997，6.

(116) 洪银兴. WTO 条件下贸易结构调整和产业升级. 管理世界，2001，2.

(117) 洪银兴. 经济全球化条件下的比较优势和竞争优势. 经

济学动态，2002，12.

（118）胡锦涛．在中央人口资源环境工作座谈会上的讲话．新华社，2004-04-04.

（119）胡立君，陈静．中国打造世界制造中心的路径依赖初探——兼论缓提“中国是世界制造中心”的口号．中国工业经济，2003，1.

（120）胡昭玲．战略性贸易政策理论实证文献评述．经济学动态，2003，4.

（121）黄静波．新自由主义贸易政策论及其演进．经济学动态，2003，11.

（122）黄泰岩．多元化：鲜花还是陷阱——王石先生访谈录．经济理论与经济管理，2003，6.

（123）黄祖辉，张昱．产业竞争力的测评方法：指标与模型．浙江大学学报．人文社会科学版，2002，7.

（124）金碚．产业国际竞争力研究．经济研究，1996，11.

（125）金碚，等．竞争力经济学．广东经济出版社，2003.

（126）金碚．世界分工体系中的中国制造业．中国工业经济，2003，5.

（127）金碚，李钢，陈志．加入 WTO 以来中国制造业国际竞争力的实证分析．中国工业经济，2006，10.

（128）金碚，李钢，陈志．中国制造业国际竞争力现状分析及提升对策．财贸经济，2007，3.

（129）金晓斌，陈代云，路颖，联蒙珂．公司特质、市场激励与上市公司多元化经营．经济研究，2002，9.

（130）（中国社会科学院课题组）江小涓，等．抓紧产业结构调整升级 促进新兴支柱产业发展．宏观经济研究，2003，5.

（131）江小涓．中国对外开放进入新阶段：更均衡合理地融入全球经济．经济研究，2006，3.

（132）蓝庆新，王述英．论中国产业国际竞争力的现状与提高对策．经济评论，2003，1.

（133）李德水．关于 GDP 的几点思考．经济研究，2004，4.

26-28.

(134) 李海舰．跨国公司进入及其对中国制造业的影响．中国工业经济，2003，5：15-21.

(135) 李辉文．现代比较优势理论的动态性质——兼评比较优势陷阱．经济评论，2004，1.

(136) 李建平，罗其友．我国畜产品比较优势和国际竞争力的实证分析．管理世界，2002，1.

(137) 李京文，乔根森．生产率与中美日经济增长研究．中国社会科学出版社，1993.

(138) 李静萍，高敏雪．中国对外直接投资的现状、差距与潜力．经济理论与经济管理，2005，7.

(139) 李庆华．多角化经营悖论试析．中国软科学，2001，9.

(140) 李群．新贸易理论文献回顾和述评．产业经济研究，2002 年创刊号.

(141) 李小平，卢现祥．中国制造业的结构变动和生产率增长．世界经济，2007，5.

(142) 李朝明．中国民营企业跨国经营实证研究．经济理论与经济管理，2006，7.

(143) 林毅夫，蔡舫，李周．比较优势与发展战略——对“东亚奇迹”的再解释．中国社会科学，1999，5.

(144) 林毅夫．发展战略、自生能力和经济收敛．经济学季刊，2002，1，2.

(145) 林毅夫，李永军．出口与中国的经济增长．经济学季刊，2003，4.

(146) 林毅夫．后发优势与后发劣势——与杨小凯教授商榷．经济学．季刊，2003，7.

(147) 林毅夫，李永军．比较优势、竞争优势与发展中国家的经济发展．管理世界，2003，7.

(148) 林幼平，等．经济全球化背景下中国政府经济职能问题研究综述．经济评论，2003，6.

(149) 刘福垣．我国在世界制造业中的地位．宏观经济研究，

2003，2.

(150)（国务院发展研究中心课题组）刘世锦，等．加入 WTO 后的中国：调整、改革与竞争力的提升．管理世界，2002，6.

(151) 刘世锦．让高增长行业起作用．管理世界，2003，2.

(152) 卢艳秋，余戈，朱秀梅．提高我国化工产业国际竞争力的对策．国际贸易问题，2003，4.

(153) 路风，慕玲．本土创新、能力发展和竞争优势——中国激光视盘播放机工业的发展及其对政府作用的政策含义．管理世界，2003，12.

(154) 陆善勇．对外贸易与经济增长关系研究的新进展．经济理论与经济管理，2003，12.

(155) 骆静，聂鸣．基于钻石模型的集群分析方法．经济管理，2002，22.

(156)（财政部统计评价司课题组）孟建民，侯孝国．我国国有经济分行业发展态势与预测．宏观经济研究，2003，1.

(157) 慕海平．中国制造业的发展前景．宏观经济研究，2003，2.

(158) 潘照．国家竞争力研究．外国经济与管理，2003，4.

(159) 裴长洪，王镭．试论国际竞争力的理论概念与分析方法．中国工业经济，2002，4.

(160) 秦臻，秦永和．中国高技术产业国际竞争力分析——以航空航天器制造业为例．中国软科学，2007，4.

(161) 任若恩．关于中国制造业国际竞争力的初步研究．中国软科学，1996，9.

(162) 任若恩．关于中国制造业国际竞争力的进一步研究．经济研究，1998，2.

(163) 盛斌．中国制造业的市场结构和贸易政策．经济研究，1996，8.

(164) 史丹．利用比较优势打造竞争优势——格兰仕成功的经验与启示．经济管理，2002，20.

(165) 史清琪，张于哲．国外产业国际竞争力评价理论与方法．宏观经济研究，2001，2.

（166）舒鹏．发展中国家实施战略性贸易政策的可行性探讨．国际贸易问题，2003，6.

（167）帅国敏，程国强，张金隆．中国农产品国际竞争力的估计．管理世界，2003，1.

（168）田向利．经济增长与社会发展理念的演进——从 GDP、HDI、GGDP 概念的应用看人类发展观的变革．经济学动态，2003，12.

（169）汪斌，邓艳梅．中日贸易中工业制品比较优势及国际分工类型．世界经济，2003，4.

（170）王辑慈．别树一帜的国家竞争优势理论．管理世界，1992，1.

（171）王丽华，杨志勋．我国中药产业的国际竞争力研究．国际贸易问题，2003，2.

（172）王南方，等．十年东风恋．长江日报，2004-03-12.

（173）王仁曾．产业国际竞争力决定因素的实证研究——进展、困难、模型及对中国制造业截面数据的估计与检验．统计研究，2002，4.

（174）王新玲．正在成为世界制造基地的中国家电制造业．中国工业经济，2003，4.

（175）魏浩，毛日升，张二震．中国制成品出口比较优势及贸易结构分析．世界经济，2005，2.

（176）魏后凯，吴利学．中国地区工业竞争力评价．中国工业经济，2002，11.

（177）文玫．中国工业在区域上的重新定位和聚集．经济研究，2004，2.

（178）夏清华，谭力文．中国制造企业的比较优势与竞争劣势．中国软科学，2003，3.

（179）项保华，叶庆祥．企业竞争优势理论的演变和构建——基于创新视角的整合与拓展．外国经济与管理，2005，3.

（180）徐康宁．当代西方产业集群理论的兴起、发展和启示．

经济学动态，2003，3.

（181）杨嵘．中国石油产业竞争力的国际比较．经济评论，2004，1.

（182）于蕾，沈桂龙．世界工厂与经济全球化下中国国际分工地位．世界经济研究，2003，4.

（183）余书炜．多元化经营策略批判——论竞争风险．南开管理评论，2000，6.

（184）袁瑞娟．中国城市竞争力问题研究综述．经济学动态，2003，1.

（185）杨汝岱，朱诗娥．中国对外贸易结构与竞争力研究：1978—2006. 财贸经济，2008，2.

（186）杨小凯，张永生．新贸易理论、比较利益理论及其经验研究的新成果：文献综述．经济学．季刊，2001，10.

（187）张金昌．波特的国家竞争优势理论剖析．中国工业经济，2001，9.

（188）张金昌．用出口数据评价国际竞争力的方法研究．经济管理，2001，20.

（189）张金昌．国际竞争力评价的理论和方法．经济科学出版社，2002.

（190）张军．中国的工业改革与经济增长：问题与解释．上海三联书店，2003.

（191）张其仔．开放条件下我国制造业的国际竞争力．管理世界，2003，8.

（192）张维迎．竞争力与企业成长．北京大学出版社，2006.

（193）张小蒂，李晓钟．影响比较优势转化为竞争优势的主要因素分析．数量经济技术经济研究，2003，8.

（194）赵伟等．外向 FDI 与中国技术进步：机理分析与尝试性实证．管理世界，2006，7.

（195）赵文丁．新型国际分工格局下中国制造业的比较优势．中国工业经济，2003，8.

（196）（中国人民大学竞争力与评价研究中心）赵彦云，甄峰. 2002年中国国际竞争力评价报告 . 经济理论与经济管理，2003，3.

(197) 赵彦云 . 2002年世界竞争力主流竞争要素与中国发展要点 . 宏观经济研究，2002，10.

(198) 郑风田 . 如何提升国家竞争力——波特的《国家竞争优势》评介 . 中国图书评论，2003，3.

(199) 郑风田，李茹 . 我国柑橘国际竞争力的比较优势分析 . 国际贸易问题，2003，4.

(200) 郑海涛，任若恩 . 多边比较下的中国制造业国际竞争力研究：1980—2004. 经济研究，2005，12.

(201) 中国国家统计局历年《中国统计年鉴》及主要统计指标解释.

(202) 中国商务部、国家统计局、国家外汇管理局历年《中国对外直接投资统计公报》.

(203) 周松兰 . 韩国的脱工业化特点、产业结构调整重点及其启示 . 外国经济与管理，2004，2.

(204) 周振华 . 产业融合：新产业革命的历史性标志——兼析电信、广播电视和出版三大产业融合案例 . 产业经济研究，2003，1.

(205) 邹薇 . 再论国家竞争力的内涵及其测度体系 . 经济评论，2002，3.

(206) 邹微 . 关于中国国际竞争力的实证测度与理论研究 . 经济评论，1999，5.

# 后 记

Time really flies。刚刚进入学术研究领域的那份新鲜和喜悦仿佛还在昨天，回首这个跋涉原来已历十年。

驽钝的人总爱相信一分耕耘一分收获，就像我，确切地说是信奉十分耕耘总有一分收获。因此，这本并不完美的著作，也成为我孜孜以求的一个里程碑：在《中国工业经济》、《财贸经济》、《国际贸易问题》、《经济管理》、《宏观经济研究》、《技术经济》等期刊发表了数篇论文和参编了《战略管理》、《国际企业管理》两本教材之后，终于出版了自己的第一部专著。它在博士学位论文的基础上深入研究和反复打磨形成，每章各有侧重且几乎都脱化出一篇权威期刊论文，可以说是六年研究工作、六篇学术论文和六个创新点的集中体现：

**比较优势理论与竞争优势理论的对比分析**。就国家竞争力内容来说，两者在定义、原理、主张上是相同或相近的，在国家层次上比较优势理论包含竞争优势学说，而企业层次上超额价值就是一种比较优势。

**基于比较优势来源的竞争优势分析框架**。以比较优势的四个来源——自然资源、劳动力、资本、技术——为支点和扩展了的生产要素概念，建立新菱形模型，解释国家竞争力的产生与强化机制，及与生产率提高和政府作用的关系。

**产业竞争力的四个层次与对应评价方法**。众多评价方法可归纳为四类，分别以竞争力的四个层次为评价对象：竞争力的来源——环境，竞争力的实质——生产率，竞争力的表现——市场份额，竞争力的结果——利润。

**波特国家竞争优势理论及其竞争力评价体系的矛盾和问题**。理论体系中存在企业层面利润出发点与国家层面生产率出发点之间的不一致，评价方法中存在多因素法钻石模型与进出口数据法实证测定之间的矛盾。

**中国制造业的出口竞争力与国际竞争力。**中国制造业的显示性比较优势和显示性竞争优势变化趋势不一致，说明产业的出口竞争力和国际竞争力是两个不同的概念。对于中国这样国内市场庞大并已竞争国际化的国家来说，占领国内市场同样是产业国际竞争力增强的表现，也是提升产业国际竞争力的关键。

**政府作用与产业竞争力的关系。**比较优势不仅限于廉价的资源和劳动力，同样可以来源于资本和技术。无论发达国家还是发展中国家，政府的作用都是发挥出各国比较优势的作用，而避免陷入“竞争优势陷阱”。

因此，当这些思考和文字终于集体亮相的时候，我由衷地感慨和感谢，对这些可亲可敬的名字：

我的博士和硕士导师谭力文教授，是一位极其优秀的教授兼团队核心与带头人。很少有人能像谭老师这样，自己造诣精深、成就显赫之外，还为学科的发展深谋远虑，并对每个学生的成长关怀备至。谭老师的温文尔雅和平易风趣之下蕴藏着巨大的影响力，他也影响了我的很多重要选择。

硕士阶段开始的老师和领导吴先明教授，同时也是我学习深造和留校任教的重要推引人。吴老师似乎总是比我本人更信任我，一直给予我坚定有力的支持和帮助。同在战略与跨国管理研究领域，也使我越来越佩服他的著作等身，越来越了解他的深厚造诣。

和吴先明教授一样，李燕萍教授也是我学习阶段的老师和工作时期的领导。超强的工作能力、极富亲和力的待人风格及在人力资源领域的开拓性成绩，使她成为众多女性的楷模。我也必须提到赵锡斌教授、梁文潮教授等在这一研究过程中有价值的指导和帮助，还有新加坡国立大学商学院院长 Bernard Yeung 教授，作为全球战略与国际商务领域的知名学者，感谢他在任职纽约大学斯特恩商学院期间对我的欣赏和邀请，使我得以在这个世界著名城市和一流学府中完成留学访问任务。

夏清华教授从来都是我们的学习榜样，不仅学术研究硕果累累，而且在教学定位和专业发展上颇具远见卓识。我还不断感受着年轻有为的学者们如严若森博士、刘明霞博士、秦仪博士、方爱华博士、李梅博士、刘林青博士等带来的激励和启迪，我庆幸能够与这样一些我佩服的人们为伍。

经济与管理学院内外这样令我景仰的领导、老师、兄弟、朋友还有很多，图书馆内、教学楼前，甚至讲话中、文献里，我不时领略着教授风骨、邂逅着名士风范。何其有幸，在我热爱的珞珈山水间，从事着自己喜欢的工作。自由的氛围才能激发浓厚的兴趣，兴趣的深入才能产生真正的创新；而教室里一双双明亮的眼睛闪现着热情和才华，感召我去传递这些思想的火花……

最后，要特别感谢我的父母，他们总以西方式的民主给我充分自由，又在东方式的关爱中倾尽全部心力；感谢我的先生和他 18 年来对我的爱护，还有每天都令人惊奇的张家齐小少年，最自我菲薄的时候也能由他看到自己的价值。

陈立敏

戊子年秋